高等职业教育"十二五"规划教材·财务会计系列

# 成本核算与控制

主　编　李红朴　靳　鑫
副主编　朱　珊　王艳霞　姚玉芳

电子工业出版社
**Publishing House of Electronics Industry**
北京·BEIJING

## 内 容 简 介

本书由 9 个项目构成,分别讲述了成本核算岗位工作流程、成本会计岗位职责与学习目标、成本认知、成本核算工作认知、品种法核算、分步法核算、分批法核算、产品成本核算的辅助方法、成本报表的编制与分析。全面覆盖了企业成本核算工作岗位的工作内容。每个项目均精心编写导入案例,能激发学生进行思考,从而有进一步探索学习的兴趣。

本书适用于财务会计专业的高职高专学生与教师使用,也可作为中小企业的成本核算人员、参加助理会计师考试人员的参考书。

**图书在版编目(CIP)数据**

成本核算与控制 / 李红朴,靳鑫主编. —北京:电子工业出版社,2014.6
高等职业教育"十二五"规划教材. 财务会计系列

ISBN 978-7-121-22332-7

Ⅰ. ①成… Ⅱ. ①李… ②靳… Ⅲ. ①企业管理—成本计算—高等职业教育—教材②企业管理—成本控制—高等职业教育—教材 Ⅳ. ①F275.3

中国版本图书馆 CIP 数据核字(2014)第 003759 号

策划编辑:胡辛征
责任编辑:郝黎明
印　　刷:三河市鑫金马印装有限公司
装　　订:三河市鑫金马印装有限公司
出版发行:电子工业出版社
　　　　　北京市海淀区万寿路 173 信箱　邮编　100036
开　　本:787×1 092　1/16　印张:15.5　字数:396.8 千字
版　　次:2014 年 6 月第 1 版
印　　次:2015 年 11 月第 2 次印刷
定　　价:38.00 元

凡所购买电子工业出版社图书有缺损问题,请向购买书店调换。若书店售缺,请与本社发行部联系,联系及邮购电话:(010)88254888。

质量投诉请发邮件至 zlts@phei.com.cn,盗版侵权举报请发邮件至 dbqq@phei.com.cn。

服务热线:(010)88258888。

# 前　言
## PREFACE

　　本书以我国颁布的《会计法》、《企业会计准则》、《企业会计制度》及成本核算的有关规定为依据，紧密结合我国企业成本核算的实际，系统地阐述了成本核算的基本理论与方法。在本书编写过程中，我们借鉴了会计实践及教学的各种有益经验，并以工业企业为主要对象，对成本核算的相关内容做了重点介绍。本教材打破以往以知识传授为主要特征的传统学科课程模式，更注重于能力的培养，采用以职业工作任务为导向，以工作过程系统化为课程的设计理念。通过对同学们未来就业岗位进行广泛的调研，对企业多次进行实地考察，并邀请企业的会计人员对会计岗位的工作和职业能力进行分析，并在此基础上，紧紧围绕"项目导向，任务驱动，基于工作过程"来选择和组织课程的教学内容。在编写过程中，我们力求做到突出重点、便于教学、简明实用、通俗易懂和理论联系实际。

　　本书由 9 个项目构成，全面覆盖了企业成本核算工作岗位的工作内容。每个项目均精心编写导入案例，能激发学生进行思考，从而有进一步探索学习的兴趣。教材内穿插着"学中做"模块，能让学生及时把握与巩固理论要点，为今后职称考试做准备。"做中学"模块所编案例力求新颖、仿真，全部具有可操作性，能在一定程度上使学生在校内达到工学结合的教育效果。

　　本书体现的特色：

　　1．充分体现"易学、好教"的编写特色。易学——概念、内容介绍简洁易懂，结构合理，符合学生认知能力。好教——本书附有大量的企业成本核算原始会计资料，并配有教学课件，有效减轻教师的工作压力。

　　2．案例引入，学做合一。采用新颖的编写形式，穿插多样的提示模块，运用案例导读引导全篇，能有效激发学生的学习兴趣，易于为学生所接受。

　　3．内容实用、突出能力。以高职毕业生就业岗位的实际情况为依据，全面落实"教、学、做"相结合的最新高职教育理念。教材的每个项目都配有"学中做"与"做中学"模块。"学中做"模块精选实际工作中的真实任务，帮助学生把握理论要点，不仅实现了对理论学习的巩固，同时还能为将来的工作做好准备。"做中学"模块精编实训案例，让学生自己动手完成所规定的任务，有效地把理论知识融入到成本核算的实务工作当中。

　　4．项目导向、任务驱动。将真实的工作目标作为项目，以任务引领知识、技能、方法，让学生在完成工作任务的过程中学习知识，训练技能，获得实现目标所需要的职业能力。

　　本书是河北省教育厅教改项目《基于实践载体的高职会计实践教学体系研究》的重要建

设成果之一。本书主要包括"学习任务单"、"案例导入"、"学中做"、"做中学"、"想一想"等模块项目，可供学生自学和教师教学使用。

本书由河北地质职工大学经管系与十多家财务公司、会计事务所、企事业单位合作，由李红朴、靳鑫主编，朱珊、王艳霞、姚玉芳、蔡云婷等参加编写，张义群、徐欣、白玲、王晓黎等行业专家指导。

本书各部分内容几易其稿，虽经反复斟酌与校对，但是由于时间仓促，且编者学识水平有限，书中难免有疏漏和不足之处，敬请读者批评指正。

编　者
2014 年 1 月

# 目 录
CONTENTS

# 成本核算岗位简介

## 项目1 / 成本核算岗位工作流程

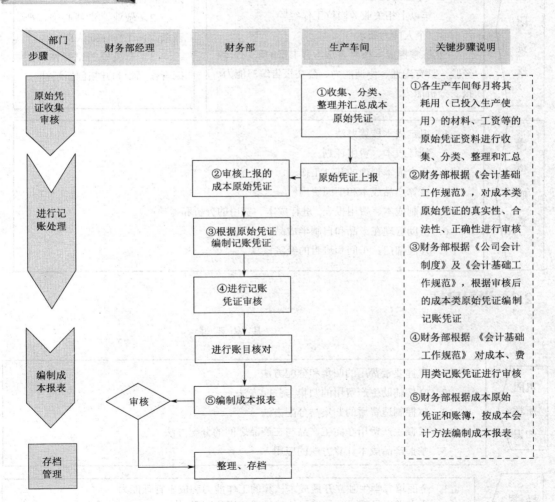

| 部门<br>步骤 | 财务部经理 | 财务部 | 生产车间 | 关键步骤说明 |
|---|---|---|---|---|
| 原始凭证收集审核 | | | ①收集、分类、整理并汇总成本原始凭证 | ①各生产车间每月将其耗用（已投入生产使用）的材料、工资等的原始凭证资料进行收集、分类、整理和汇总 |
| | | ②审核上报的成本原始凭证 ← 原始凭证上报 | | ②财务部根据《会计基础工作规范》，对成本类原始凭证的真实性、合法性、正确性进行审核 |
| 进行记账处理 | | ③根据原始凭证编制记账凭证 | | ③财务部根据《公司会计制度》及《会计基础工作规范》，根据审核后的成本类原始凭证编制记账凭证 |
| | | ④进行记账凭证审核 | | ④财务部根据《会计基础工作规范》对成本、费用类记账凭证进行审核 |
| 编制成本报表 | | 进行账目核对 | | ⑤财务部根据成本原始凭证和账簿，按成本会计方法编制成本报表 |
| | 审核 ← | ⑤编制成本报表 | | |
| 存档管理 | | 整理、存档 | | |

## 项目 2  成本会计岗位职责与学习目标

### 2.1  成本会计岗位职责

**基 本 要 求**

**相 关 说 明**

| 任职资格 | 1. 学历<br>本科及以上学历, 财务会计、财务管理专业<br>2. 专业经验<br>三年以上相关业务岗位工作经验<br>3. 个人能力要求<br>熟练掌握成本核算方法, 有丰富的现场管理经验, 具有沟通、协调能力、公文报告编写能力、报表分析能力 | 1. 具有中级会计师及以上职称, 熟练使用 Office 系列办公软件及财务软件<br>2. 敬业, 责任心强, 严谨踏实, 工作仔细认真<br>3. 有良好的纪律性、团队合作意识和开拓创新精神 |
|---|---|---|

| 岗位职责 | 1. 拟定成本核算办法<br>2. 制订成本、费用计划<br>3. 负责成本管理的基础工作<br>4. 核算产品成本和期间费用<br>5. 编制成本、费用报表, 进行成本、费用的分析和考核<br>6. 协助管理在产品和自制半成品<br>7. 开展部门、车间和班组的经济核算 |
|---|---|

### 2.2  学习目标

**基 本 要 求**

| 巩固所学知识 | 1. 掌握要素费用的归集和分配方法<br>2. 掌握辅助生产费用的归集与分配方法<br>3. 掌握制造费用的归集与分配方法<br>4. 掌握生产费用在完工产品与在产品之间的分配方法<br>5. 掌握产品成本计算方法的应用 |
|---|---|

| 操作技能 提高会计 | 1. 全面培养学生独立开展成本核算的工作能力和成本管理能力<br>2. 要求学生了解成本核算岗位的设置和岗位职责<br>3. 熟悉企业成本核算的业务流程<br>4. 掌握成本计算的品种法、分批法和分步法的基本技能 |
|---|---|

# 成本核算

**项目3　成本认知**

| 学习任务单 | | | |
|---|---|---|---|
| 本单元标题：项目3　成本认知 | | | |
| 重点难点 | 成本的概念及作用、产品成本概念<br>成本会计对象、职能、工作组织<br>成本、费用、支出的区别与联系<br>工业企业成本内容 | | |
| 教学目标 | 能力（技能）目标 | 知识目标 | 素质目标 |
| | （1）理解成本的概念、产品成本的内涵；<br>（2）能分清楚费用、支出、成本的范围；<br>（3）熟悉一种物品包含的成本内容 | （1）掌握成本、产品成本的概念；<br>（2）了解成本会计对象、成本职能；<br>（3）了解成本会计工作组织特点；<br>（4）能够正确区分成本、费用、支出 | （1）工作耐心细致；<br>（2）思维严谨，逻辑清晰 |
| 扩展目标 | 能设计一种以上工业之外其他行业的成本核算工作流程 | 能了解多个工业之外其他行业的生产经营过程 | |
| 能力训练任务及案例 | （1）列举食品加工厂发生的成本费用；<br>（2）分解产品的成本 | | |
| 教学资源 | 教师：课本、课件、单元教学设计、整体教学设计 | | |
| | 实训条件：教学多媒体设备 | | |

案例导入

　　林月从一所厨师学校毕业后，在家人的支持和朋友的鼓励下，决定自己进行创业，开办一家食品加工厂，产品是以面包为主的糕点。根据需要，她租下了生产场地，购置了一批设备，并招聘了5名生产工人，3名销售人员。2013年9月，林月的食品加工厂正式开工，当月只生产一种产品，就是肉松面包。由于企业刚开张，规模还不大，她决定自己记录一下财务收支状况。9月当月记录如下：

　　烤箱：25 000元

　　搅拌机：3000元

　　烤盘等小工具设备：3000元

　　场地租金：36 000元（付半年）

　　送货面包车一部：40 000元

　　面粉：7000元

　　鸡蛋：1000元

　　糖、油、酵母等辅料：1000元

　　水电费：1000元

　　生产工人工资：10 000元

　　销售人员工资：6000元

　　对于产品的销售价格，林月决定按市价的60%，即3元一个，供货给邻近的超市和便利店，以期快速打开市场。9月过去了，账面显示，销售收入总共有36000元。面对9月份这一系列的开支与收入，林月到底是赚还是亏，赚多少，亏又是多少？肉松面包定价3元是不是一个合理的价格？一个肉松面包的出售，到底能给自己带来多少盈利或损失？这些都让林月很茫然。于是，她决定聘请一位有经验的会计师来替她把关，算算成本账。

## 3.1　成本的概念

| 学习任务单 | |
|---|---|
| 本单元标题：3.1　成本的概念 | |
| 重点难点 | 成本的概念及作用、产品成本概念<br>成本会计对象、职能、工作组织 |

续表

| 学习任务单 | | | |
|---|---|---|---|
| 本单元标题：3.1　成本的概念 | | | |
| 教学目标 | 能力（技能）目标 | 知识目标 | 素质目标 |
| 教学目标 | 理解成本的概念、产品成本的内涵 | （1）掌握成本、产品成本的概念；<br>（2）了解成本会计对象、成本职能；<br>（3）了解成本会计工作组织特点 | （1）工作耐心细致；<br>（2）思维严谨，逻辑清晰 |
| 能力训练任务及案例 | 列举食品加工厂发生的成本费用 | | |
| 教学资源 | 教师：课本、课件、单元教学设计、整体教学设计 | | |
| 教学资源 | 实训条件：教学多媒体设备 | | |

　　成本在会计学科当中是一个非常重要的概念。在会计基础的学习当中，我们都知道，会计的恒等式之一即为：收入－费用=利润。作为一名会计人员，如要正确地核算出企业某会计期间的利润，不仅要准确确认出该会计期间的产品销售收入，同样也要准确确认出当期的费用。而我们这里所提到的产品生产成本，即与费用存在着重要的勾稽关系。

　　随着商品经济的不断发展，经济学科、管理学科的内容也在不断地丰富、发展和变化当中，成本概念的内涵与外延也呈现出一种多样化的态势。当前流行的成本概念当中包括有制造成本、变动成本、固定成本、边际成本、机会成本等十多种，而本书当中所指的成本，如无特别指明，即为产品生产的制造成本。要准确把握产品制造成本的概念，有必要从其理论与现实两个角度来进行理解。

### 3.1.1　理论成本

　　成本首先是一个价值范畴，是商品价值的重要组成部分，是商品经济发展到一定阶段的产物。马克思在其政治经济学方面的一系列论著当中亦有指出，商品（$w$）的价值，应是生产资料（$c$）、活劳动（$v$）及剩余价值（$m$）的总和。用公式来表达，即为$w=c+v+m$。公式中所提到的生产资料（$c$），也被称做是物化劳动，包括劳动对象与劳动手段两个部分的价值。例如"案例导入"部分所提到的商品——面包的价值当中，应包括着面粉、糖、油、鸡蛋等（劳动对象）的价值转移，也还包括着烤箱、搅拌机（劳动手段）等的价值逐步转移，因为劳动手段这一概念所属的生产工具当中，往往单位价值较高，使用时间也较长，所以，它们的价值总是逐步地转移到每一件（批）商品的价值当中，这一价值转移方式与劳动对象价值转移的方式有着明显的不同。公式中所提到的活劳动（$v$），指的是劳动力的价值，生产资料必然要与劳动力相结合，才能转化为商品，一般而言，劳动力的价值是以工资作为体现的。公式中所提到的剩余价值（$m$），指的是劳动者用剩余劳动所创造出的新价值。

就上述公式，马克思指出：如果我们从这个商品价值中减去剩余价值 $m$，那么，在商品中剩下的只是一个生产要素上耗费的资本价值 $c+v$ 的等价物或补偿价值……商品价值的这个部分，即补偿所消耗的生产资料价值和所耗用的劳动力价格部分，只是补偿商品使资本家自身耗费的东西，所以，对资本家来说，这就是商品的成本价格。这一理论是对成本概念的高度概括，商品成本是由 $c+v$ 两部分所组成的。这也即是我们所说的"理论成本"。

理论成本示意图如图 3-1 所示。

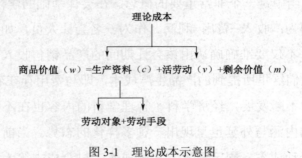

图 3-1  理论成本示意图

### 3.1.2  现实成本

理论成本是人们理解成本概念的基石，也是学者对成本概念进行进一步研究的根本，是立论所在。但是随着社会的不断进步、商品经济的不断发展，所带来的生产过程和经营方式也千变万化，并且仍在不断推陈出新，同时，在现实生产活动当中，国家也会以财经法规、制度、准则等形式来规定成本–的范围，而这些法规、制度、准则也处于一种动态的变化过程当中，基于此，传统的理论成本不可避免地会与现实成本存在着这样或那样的差异。

财政部《企业会计制度》当中对成本的定义为：成本是企业为生产产品、提供劳务而发生的各种耗费。2006 年新《企业会计准则》当中，并没有对成本进行明确的定义，当前人们对现实成本一般性的理解为：生产者为生产一定种类和数量的产品所消耗而又必须补偿的物化劳动和活劳动中必要劳动的货币表现。

## 3.2　划分支出、费用与成本的关系

| 学习任务单 | | | |
|---|---|---|---|
| 本单元标题：3.2　划分支出、费用与成本的关系 | | | |
| 重点难点 | 成本、费用、支出的区别与联系 | | |
| 教学目标 | 能力（技能）目标 | 教学目标 | 素质目标 |
| | 能分清楚费用、支出、成本的范围 | 能够正确区分成本、费用、支出 | （1）工作耐心细致<br>（2）思维严谨，逻辑清晰 |
| 能力训练任务及案例 | 能划分支出、费用与成本的关系 | | |
| 教学资源 | 教师：课本、课件、单元教学设计、整体教学设计 | | |
| | 实训条件：教学多媒体设备 | | |

　　要深刻、准确地理解成本的内涵，有必要掌握企业支出、费用与成本之间的关系。支出、费用与成本三者既存在着联系，相互之间又存在着区别。

### 3.2.1　支出与费用的关系

　　支出与费用的关系首先见图 3-2。

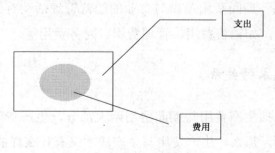

图 3-2　支出与费用的关系

　　从图中我们可以看出二者之间的关系：费用是支出的一部分，支出包含但不仅限于费用。费用肯定是支出，但支出不一定是费用。

　　支出是指企业一切的开支与耗费，它所涵盖的范围是最为宽广的。一般来讲，支出可以分为：资本性支出、收益性支出、所得税支出、营业外支出与利润分配支出。这五

个内容涵盖了企业开支与耗费的方方面面，如前文"案例导入"部分林月所列支的 9 月份一系列开支，通通可以称之为"支出"。资本性支出是指该支出的发生与本期及其后若干个会计期间经济效益均有关的支出，如外购固定资产、无形资产、对外进行长期投资等。这种支出的发生会对 1 个以上的会计期间经济效益的核算产生影响；收益性支出是指某类支出的发生仅与发生当期经济效益有关，如生产领用原材料、生产工人工资、企业支付的办公费用等；所得税支出是指企业在取得经营收益后，依法应向政府缴纳的税金支出；营业外支出是指与企业的生产经营活动没有直接联系的那一部分支出，如企业支出的罚款、违约金、非常损失等；利润分配支出是指企业对投资者分配利润所带来的支出，如支付股利等。

费用是指企业为销售商品、提供劳务等日常经营活动所发生的经济利益的流出。在费用的这个概念当中，需要着重理解以下两点：① 费用应是一种日常经营活动。比如企业生产经营当中，发生的材料领用、工资支付、所得税款支付等支出，属于日常行为，可列在费用范围之内，而支付罚款、购买固定资产等，属于非日常活动，就应是支出而非费用；② 费用必须要与企业销售商品、提供劳务等行为有关。比如企业因火灾而造成的损失，就应列为支出而非费用。特别要强调的是，列在费用范围内的支出，以上两个条件缺一不可。比如企业购入生产用固定资产，虽然与生产经营有关，但由于不属于日常行为，所以也应作为支出而不是费用。费用按与产品生产的关系可进一步划分为生产费用与期间费用。生产费用是指产品生产过程中发生的物化劳动和活劳动的货币表现，如产品生产过程中所发生的材料费用、燃料费用、动力费用、工人工资等耗费，它同产品生产有着直接的关系；期间费用是指与企业的经营管理活动有密切关系的耗费，而同产品的生产无直接关系，如销售费用、管理费用、财务费用等。

### 3.2.2 费用与成本的关系

前文述及，费用包括生产费用与期间费用两大部分，生产费用是与企业产品生产直接相关的那一部分耗用，那么，生产费用与生产成本又有什么样的关系呢？

生产费用与生产成本就像是一枚硬币的两面，是对同一事物从两个不同的角度进行论述。费用是从期间这一角度来看待的，而成本是以对象这一角度来看待。以前文"案例导入"部分数据为例，林月的工厂 9 月份总共购买了 7000 元面粉，假如这些面粉当月全部被领用生产成了产品肉松面包，那么，正确的表述应该为 9 月份该厂发生了材料费用为 7000 元，这即是从 9 月份这一期间角度加以描述的，也可以说 9 月份该厂产品肉松面包的材料成本为 7000 元，这即是从对象的角度加以描述的。当月所发生的生产费用不一定和当月产品成本对等，但是，生产费用归根结底会转化为生产成本。接上例，如果所领用的 7000 元面粉，当月截止只使用了 6000 元，那么剩下的 1000 元费用，会结转下期，在以后的会计期间内，转化为生产成本。

正确地理解支出、费用与成本的关系，对于成本核算工作来讲意义非常重大。企业的业务开支纷繁复杂，理清三者之间的界限，确定成本核算的范围，是正确进行成本核算工作的首要任务。

## 3.3　确定成本项目

| 学习任务单 | | | |
|---|---|---|---|
| 本单元标题：3.3　确定成本项目 | | | |
| 重点难点 | 工业企业成本内容 | | |
| 教学目标 | 能力（技能）目标 | 知识目标 | 素质目标 |
| | 熟悉一种物品包含的成本内容 | 能够正确区分确定成本项目 | （1）工作耐心细致；<br>（2）思维严谨，逻辑清晰 |
| 扩展目标 | 能设计一种以上工业之外其他行业的成本核算工作流程 | 能了解多个工业之外其他行业的生产经营过程 | |
| 能力训练任务及案例 | 分解产品的成本 | | |
| 教学资源 | 教师：课本、课件、单元教学设计、整体教学设计 | | |
| | 实训条件：教学多媒体设备 | | |

我们已经知道，产品成本与生产费用的关系最为密切，一定的生产成本最初都是以生产费用的形式体现出来。在当前社会，企业为生产产品所发生的生产费用种类日益多样化，一件产品的生产所引起费用发生的种类成百甚至上千种亦不稀奇，所以为了方便记录、核算与管理，人们往往要对所发生的成本费用进行归类。一般制造业企业可将成本费用分为直接材料、燃料与动力、直接人工、制造费用、废品损失、停工损失 6 大类。在这里需要说明的是，一个企业在进行成本核算过程当中，到底需要设置几个成本项目这是不一定的。因为企业生产工艺、特点、管理要求均不相同，所以这项工作也需要因地制宜地安排。一般来讲，在产品成本中比重较大的成本费用，应专设成本项目；反之，为了简化核算，所发生比重较小的成本费用，可不必单设成本项目，而与其他成本项目

合并进行处理。

直接材料：指直接用于产品生产、构成产品实体的原材料、主要材料以及有助于形成产品形成的辅助材料等；

直接人工：指直接从事产品生产人员的工资及提取的福利费；

制造费用：指直接或间接用于产品生产、但不便于直接计入产品成本，因而没有专设成本项目的费用，如车间管理人员工资、生产设备的折旧等。

以上 3 个成本项目，是任何企业进行成本核算所必不可少的项目。值得注意的是，成本项目的确立与设置，是与成本计算对象的确定不可分割的，而且在成本核算工作进行过程当中，成本计算对象的确定在前，成本项目的设置在后。成本计算对象是生产费用的承担者，即归集和分配生产费用的对象。当前成本计算对象一般有品种、批次、步骤三种，如何来确定，需要综合考虑企业生产工艺的特点、管理的要求、生产规模的大小、产品结构的复杂程度等。

 做中学

- - - - - - - - - - - - - - - - - - - - - - - - - - - - - - - - - - - - - - - - -

【业务操作 3.1】识别生产成本与期间费用并掌握成本的一般核算程序

东方公司 12 月份生产甲产品有关成本费用资料如下：① 生产耗用原材料 60 000 元；② 生产耗用燃料 3000 元；③ 生产耗用水电费 1000 元；④ 计算生产工人工资 15 000 元；⑤ 计算车间管理人员工资 5000 元；⑥ 计算销售部门人员工资 4000 元；⑦ 计算企业管理人员工资 9000 元；⑧ 支付车间办公费 1000 元；⑨ 支付厂部办公室电话费 800 元；⑩ 支付第三季度报刊杂志费 600 元；⑪ 支付购买职工劳保用品费 1400 元；⑫ 支付车间机器修理费 300 元；⑬ 支付为购买车间设备借款应由本季度负担的利息 30 000 元；⑭ 固定资产报废清理净损失 10 000 元。该企业会计人员将上述费用分类列示如下：

生产成本＝ ①＋④＋⑤＝8400（元）

生产费用＝ ②＋③＋⑧＋⑫＝5300（元）

期间费用＝ ⑦＋⑨＋⑩＋⑪＋⑬＋⑭＝51800（元）

讨论问题：

1. 生产成本与生产费用有什么区别？

2. 期间费用包括哪些内容？

3. 你认为该企业会计人员对这些费用所做的分类是否正确？如不正确，正确的金额应为多少？

4. 成本核算的一般程序与账务处理是怎样的？

讨论问题：

理论成本＝

实际成本＝

直接费用＝

间接费用＝

生产成本＝

生产费用＝

期间费用＝

## 项目4  成本核算工作认知

| 学习任务单 | | | |
|---|---|---|---|
| 本单元标题：项目4  成本核算工作认知 | | | |
| 重点难点 | 企业分类的方式<br>各种成本计算方法的特点<br>成本核算的一般程序 | | |
| 教学目标 | 能力（技能）目标 | 知识目标 | 素质目标 |
| | （1）能将指定企业归入恰当的类型；<br>（2）能针对企业生产类型及特点选择恰当的成本计算方法；<br>（3）能为指定企业设计相应的成本核算工作流程 | （1）掌握企业的分类；<br>（2）了解各种成本计算方法的特点；<br>（3）了解成本核算工作的原则及要求；<br>（4）掌握成本核算的一般程序 | （1）工作耐心细致；<br>（2）思维严谨，逻辑清晰 |
| 扩展目标 | 能设计一种以上工业之外其他行业的成本核算工作流程 | 能了解多个工业之外其他行业的生产经营过程 | |
| 能力训练任务及案例 | 本教学单元由三个不同企业生产过程开始，引导学生认识到不同企业生产过程有很大差异，在进行成本核算之前，应对企业进行合理的分类，选择恰当的成本计算方法，并根据企业生产规模、特点及管理要求，因地制宜地设计出恰当的成本核算工作流程。<br>任务一  将指定企业归入恰当的类型 | | |

续表

| 学习任务单 |
| --- |
| 本单元标题：项目4　成本核算工作认知 |

| 能力训练<br>任务及案例 | 教师列表展出几家学生耳熟能详的知名企业及身边的中小企业名称，请学生将这些企业归入恰当的类型。<br>任务二　为指定企业选择恰当的成本计算方法<br>请学生为在任务一归类好的企业选择恰当的成本计算方法。<br>任务三　设计成本核算工作流程<br>请学生设计生产企业的成本核算工作流程。 |
| --- | --- |
| 教学资源 | 教师：课本、课件、单元教学设计、整体教学设计 |
|  | 实训条件：教学多媒体设备 |

## 案例导入

张华从自己喜爱的服装设计专业毕业后，在家人的支持和朋友的鼓励下，决定自己进行创业，开办一家自己的服装厂，专门生产经营自己设计出来的服装。根据需要，他选定了厂址，购置了一批设备，并招聘了数十名生产工人。2009年9月，张华的服装厂正式开工，加工了自己最得意的两款作品，男女休闲装。他把当月所发生的开支记了一个流水账。当月该厂发生了如下开支：

面料：50 000元

丝线：10 000元

配饰：1000元

其他配件：2000元

车间用电费：2000元

厂部用电费：1000元

工人工资：30 000元

厂长等管理人员工资：18 000元

机器修理费：500元

张华难住了。应该如何正确地将这些支出计算在自己的两种产品成本当中，以作为制定价格的依据，进行盈利测算呢？这让张华很茫然。于是，他决定聘请一位有经验的会计来替他把关，算算成本账。

## 4.1  进行成本核算组织的设置

| 学习任务单 | | |
|---|---|---|
| 本单元标题：4.1  进行成本核算组织的设置 | | |
| 重点难点 | 成本核算组织的设置 | |

| 教学目标 | 能力（技能）目标 | 知识目标 | 素质目标 |
|---|---|---|---|
| | 会进行成本核算组织的设置 | 掌握进行成本核算组织的设置 | （1）工作耐心细致；<br>（2）思维严谨，逻辑清晰 |

| 能力训练任务及案例 | 会进行成本核算组织的设置 |
|---|---|
| 教学资源 | 教师：课本、课件、单元教学设计、整体教学设计 |
| | 实训条件：教学多媒体设备 |

　　成本核算组织机构是处理成本核算工作的职能部门，是整个企业会计机构的一部分。成本核算机构设置是否适当，将会影响到成本核算工作的效率和质量。成本核算工作的组织设置大体有两种方式，即集中工作方式与分散工作方式。

　　如果是中小企业进行成本核算，那么组织形式可设定为集中工作方式。集中工作方式是指由厂部会计机构集中负责成本核算的各项工作，车间等其他部门中相关人员只负责登记原始记录和填制原始凭证并对它们进行初步的审核、整理和汇总，为厂部进一步工作提供资料。

　　如果是一家规模较大的企业要进行成本的核算工作，那么最好选用分散工作方式。分散工作方式是指成本核算的各项具体工作分散由各个车间等基层单位的成本核算人员来进行，厂部的成本核算机构只负责成本数据的最后汇总以及处理那些不便于分散到车间等部门去进行的成本工作。

　　两种方式并无好坏之分，各有利弊，优缺点呈一种互补的态势。详见表4-1。企业在确定成本核算的组织工作形式时，要以企业自身规模的大小和内部有关单位管理的要求为依据，从有利于充分发挥成本核算职能及提高成本核算工作效率的角度去考虑。

表4-1  成本核算组织方式比较

| 成本组织机构 | 优点 | 缺点 |
|---|---|---|
| 集中工作方式 | 1. 有利于企业管理当局及时掌握企业有关成本的全面信息； | 1. 不便于直接从事生产经营活动的基层单位及时掌握成本信息； |

续表

| 成本组织机构 | 优点 | 缺点 |
|---|---|---|
| 集中工作方式 | 2. 有利于集中进行成本数据处理；<br>3. 可以减少成本核算机构的层次和成本核算人员的数量 | 2. 不利于调动基层人员自我控制成本和费用的积极性 |
| 分散工作方式 | 1. 有利于各级成本核算单位及时了解成本信息，便于控制或降低成本费用；<br>2. 有利于建立责任中心，推行责任会计制度，促进各单位加强经营管理水平 | 1. 相应地增加了成本核算的层次和人员，增加了开支；<br>2. 不便于管理当局及时全面掌控成本信息 |

　　成本核算工作方式确定下来以后，面临的重要问题就是配备合格的成本核算工作人员。成本核算工作的质量也主要取决于人。成本核算人员的配备要根据企业的要求选用适当水平和素质的不同层次人才，但总的要求就是能够胜任工作。

## 4.2　企业的分类与成本核算方法

| 学习任务单 |
|---|

| 本单元标题：4.2　企业的分类与成本核算方法 |
|---|

| 重点难点 | 企业分类的方式<br>各种成本计算方法的特点 | | |
|---|---|---|---|
| 教学目标 | 能力（技能）目标 | 知识目标 | 素质目标 |
| | （1）能将指定企业归入恰当的类型；<br>（2）能针对企业生产类型及特点选择恰当的成本计算方法 | （1）掌握企业的分类；<br>（2）了解各种成本计算方法的特点；<br>（3）了解成本核算工作的原则及要求 | （1）工作耐心细致；<br>（2）思维严谨，逻辑清晰 |
| 能力训练任务及案例 | 1. 将指定企业归入恰当的类型<br>教师列表展出几家学生耳熟能详的知名企业及身边的中小企业名称，请学生将这些企业归入恰当的类型。<br>2. 为指定企业选择恰当的成本计算方法<br>请学生为在任务一归类好的企业选择恰当的成本计算方法。 | | |
| 教学资源 | 教师：课本、课件、单元教学设计、整体教学设计 | | |
| | 实训条件：教学多媒体设备 | | |

　　由于企业生产组织类型的多样性、产品生产工艺过程的复杂性以及成本管理的不同要求，产品成本计算并不简单。生产类型的不同特点和不同的管理要求决定着产品成本

的计算对象、成本计算期和生产费用在完工产品与在产品之间的分配方法，不同的成本的计算对象、成本计算期和生产费用在完工产品与在产品之间的分配方法相互结合，形成了企业产品成本计算的不同方法。

企业的生产类型如表 4-2 所示。

表 4-2　企业生产类型

| 分类角度 | 企业分类 | | 典型企业 |
|---|---|---|---|
| 按工艺过程分类 | 单步骤生产 | | 发电、采掘、燃气等 |
| | 多步骤生产 | 连续加工式 | 棉纺织业 |
| | | 平行加工式 | 机械制造业 |
| 按生产组织方式 | 大量生产 | | 冶金、纺织、造纸等 |
| | 成批生产 | | 服装、食品等 |
| | 单件生产 | | 造船、大型机械设备制造等 |

需要说明的是，上述两种分类不是孤立、相斥的，而是交融的，如大量成批生产既可以是单步骤生产，也可能是多步骤生产的。

企业因产品生产类型的特点和管理要求的不同，存在着三种不同的成本计算对象（指成本核算过程中为归集生产费用而确定的对象，是成本的承担者），即产品的品种、批别和生产步骤。依据这三种不同的成本计算对象，形成了品种法、分批法和分步法三种基本成本计算方法。生产特点和管理要求与产品成本计算方法之间的关系如表 4-3 所示。

表 4-3　生产特点和管理要求与产品成本计算方法之间的关系

| 生产特点 | 管理要求 | 成本计算对象 | 成本计算期 | 期末在产品成本的计算 | 成本计算方法 |
|---|---|---|---|---|---|
| 大量大批单步骤生产或多步骤生产 | 管理上不要求分步骤计算成本 | 产品品种 | 按月计算，与会计报告期一致 | 单步骤生产下一般不需要计算 | 品种法 |
| 单件小批多步骤生产 | 管理上不要求分步骤计算成本 | 产品批别 | 不定期计算，与生产周期一致 | 一般不需要计算 | 分批法 |
| 大量大批多步骤生产 | 管理上要求分步骤计算成本 | 产品品种及其所经过的步骤 | 按月计算，与会计报告期一致 | 需要计算 | 分步法 |

在实际工作中，由于产品生产情况的多样性，企业管理条件的差异性，为了简化成本计算工作或较好地利用管理条件，还需采用一些其他的成本计算方法，如分类法、定额法等。

分类法是为了适应一些企业产品品种规格繁多，成本核算工作量繁重的情况而设计的一种简化成本计算方法。它的基本特点是：以产品类别为成本计算对象，将生产费用先按产品的类别进行归集，计算各类产品成本，然后再按照一定的分配标准在类内各种产品之间分配，来计算各种产品的成本。它主要适用于产品的品种规格多，但每类产品的结构、所用原材料、生产工艺过程都基本相同的企业。

定额法是在定额管理基础较好的企业，为了加强生产费用和产品成本的定额管理，加强成本控制而采用的成本计算方法。它的基本特点是：以产品的定额成本为基础，加上或减去脱离定额差异以及定额变动差异来计算产品的实际成本。它适用于管理制度比较健全、定额管理基础工作较好、产品生产定型和消耗定额合理且稳定的企业。

分类法和定额法从计算产品实际成本的角度来说，不是必不可少的，因而是计算产品成本的辅助方法，这些辅助方法必须结合基本方法使用。

## 4.3  读懂并填写成本核算的会计资料

| 学习任务单 | | | |
|---|---|---|---|
| 本单元标题：4.3  读懂并填写成本核算的会计资料 | | | |
| 重点难点 | 会看、会填成本核算的会计资料 | | |
| 教学目标 | 能力（技能）目标 | 知识目标 | 素质目标 |
| | 会看会填成本核算的会计资料 | 掌握成本核算的会计资料填写 | （1）工作耐心细致；<br>（2）思维严谨，逻辑清晰 |
| 能力训练任务及案例 | 会看会填成本核算的会计资料 | | |
| 教学资源 | 教师：课本、课件、单元教学设计、整体教学设计 | | |
| | 实训条件：教学多媒体设备 | | |

要正确进行成本核算工作，首要的会计资料就是完备的原始记录。这些原始记录是按照规定的格式，记载生产经营过程中各项经济业务发生或完成情况的最初书面证明。它是做好成本核算工作的前提条件。与成本核算有关的原始记录主要包括以下几类：

（1）反映生产经营过程中材料物资消耗的原始记录，如领料单、限额领料单、材料退库单等。

（2）反映活劳动消耗的原始记录，如职工考勤记录、工时记录、产量记录、工资单、停工记录等。

（3）反映在生产经营过程中发生并取得的各种费用支出的原始记录，如各种支付费用的发票、账单、凭证等。

（4）其他原始记录，如设备折旧的记录和维修记录、废品损失记录等。

不同企业的原始记录并不完全一样，其范围、内容以及凭据的格式决定于各企业的生产特点和成本管理要求。

按照新企业会计准则的要求，企业进行成本核算，一般应设置"生产成本"、"制造费用"、"废品损失"、"停工损失"等账户。下面就主要账户加以介绍。

1. "生产成本"账户

进行成本核算，首先要设置"生产成本"账户。在《财务会计》课程中，我们已经学习了"生产成本"账户的基本体系，即总账下设各种明细账，会计上要求总账与其所属明细账要平行登记。

（1）"生产成本"总账。

为了归集生产过程中所发生的各种生产费用，应设置"生产成本"账户，该账户借方登记企业为进行产品生产而发生的各种生产费用；贷方登记转出的完工入库的产品成本；余额在借方，表示在产品成本，即在产品占用的资金。

（2）"生产成本"明细账。

企业可以按照生产目的的不同，在"生产成本"总账科目下设置"基本生产成本"和"辅助生产成本"两个明细科目，进行明细核算。

"基本生产成本"明细账是为了归集基本生产所发生的各种生产费用，计算基本生产产品成本设置的。基本生产是指为完成企业主要生产目的而进行的商品产品生产。该明细账借方登记企业为进行基本生产而发生的各种费用；贷方登记转出的完工入库的产品成本；余额在借方，表示基本车间在产品成本，即在产品占用的资金。"基本生产成本"科目应按产品品种或产品批别、生产步骤等成本计算对象设置产品成本明细分类账（或称基本生产明细账、产品成本计算单），账内按产品成本项目分设专栏或专行。

"辅助生产成本"明细账是为了归集辅助生产所发生的各种生产费用，计算辅助生产所提供的产品和劳务的成本而设置的。辅助生产是指为基本生产服务而进行的产品生产和劳务供应。辅助生产所提供的产品和劳务，有时也对外销售，但这并不是主要目的。该账户的借方登记为进行辅助生产而发生的各种费用；贷方登记完工入库产品的成本或分配转出的劳务成本；余额在借方，表示辅助生产在产品的成本，即辅助生产在产品占用的资金。"辅助生产成本"明细账可以按辅助生产车间和生产的产品、劳务分设明细分类账，账中按辅助生产的成本项目或费用项目分设专栏或专行进行明细登记。

2. "制造费用"账户

"制造费用"账户核算企业生产车间（部门）为生产产品和提供劳务而发生的各项间

接费用。该账户的借方登记实际发生的制造费用；贷方登记分配转出的制造费用；除采用制造费用计划分配法（详见项目五）外，该账户月末应无余额。

企业应按车间、部门设置"制造费用"明细分类账，账内按费用项目设立专栏进行明细核算。需要说明的是，辅助车间是否单独核算制造费用，要以辅助车间的情况而定。

3. "废品损失"账户

如果企业需要单独核算废品损失，就应设置"废品损失"账户。该账户的借方登记不可修复废品的生产成本和可修复废品的修复费用；贷方登记废品残料回收的价值、应收的赔款以及转出的废品净损失；该账户月末应无余额。

"废品损失"账户应按车间设置明细分类账，账内按产品品种分设专户，并按成本项目设置专栏或专行进行明细登记。

在进行成本核算的会计业务处理当中，与上述成本类账户具有对应关系的账户还包括"现金"、"银行存款"、"原材料"、"库存商品"、"应收账款"、"其他应收款"、"应付账款"、"应付职工薪酬"、"累计折旧"等。

## 4.4　成本核算的一般程序及要求

| 学习任务单 | | | |
|---|---|---|---|
| 本单元标题：4.4　成本核算的一般程序及要求 | | | |
| 重点难点 | 成本核算的一般程序 | | |
| 教学目标 | 能力（技能）目标 | 知识目标 | 素质目标 |
| 教学目标 | 能为指定企业设计相应的成本核算工作流程 | 掌握成本核算的一般程序 | （1）工作耐心细致；<br>（2）思维严谨，逻辑清晰 |
| 扩展目标 | 能设计一种以上工业之外其他行业的成本核算工作流程 | 能了解多个工业之外其他行业的生产经营过程 | |
| 能力训练任务及案例 | 请学生设计生产企业的成本核算工作流程 | | |
| 教学资源 | 教师：课本、课件、单元教学设计、整体教学设计 | | |
| 教学资源 | 实训条件：教学多媒体设备 | | |

成本核算的一般程序是指对企业在生产经营过程中发生的各项生产经营费用，逐步进行归集和分配，计算出各种产品的成本的基本过程。这一过程包括如下内容：

1. 确定成本计算对象

前文已述及，成本计算对象是费用的承担者，解决费用按照用途往哪里记的问题。成本计算对象的确定是成本核算的前提。就工业企业而言，产品成本计算对象可以是产品品种、产品批别、产品步骤、产品类别以及产品或劳务的生产部门等。因为企业的生产特点和管理要求不同，所以应该根据自身情况选择合适的成本计算对象。

2. 对企业的各项费用进行严格的审核和控制

审核和控制费用要按照国家的有关规定和企业内部的要求规范进行，确定其应否计入生产经营管理费用，以及应计入产品成本还是期间费用。要对各项费用的合理、合法性进行严格审核、控制，实际上就是做好前述费用界限划分的第一、第二两个方面的工作。

3. 确定成本计算期

成本计算期是指成本计算的间隔期，即多长时间计算一次成本。产品成本计算期的确定，主要取决于企业生产组织的特点。通常，在大批量生产情况下，产品成本的计算期间与会计期间相一致；在单件、小批量生产的情况下，产品成本的计算期间则与产品的生产周期相一致。

4. 将各种共同费用在各种产品之间进行分配和归集

将应计入本月产品成本的各项生产费用，在各种产品之间进行分配和归集，计算出按成本项目反映的各种产品的成本，这是本月生产费用在各种产品之间横向的分配和归集，是界限的划分工作。

5. 在完工产品与月末在产品之间进行费用分配

对于月末既有完工产品又有在产品的企业，将该种产品的生产费用累计数，在完工产品与月末在产品之间进行分配，计算出该种产品的完工产品成本和月末在产品成本。这是生产费用在同种产品的完工产品和月末在产品之间纵向的分配和归集。

## 项目 5　品种法核算

| 学习任务单 | | |
|---|---|---|
| 本单元标题：项目 5　品种法核算 | | |
| 重点难点 | 品种法计算的主要特点 | |
| | 品种法的优、缺点 | |
| | 品种法的计算程序 | |

续表

| 学习任务单 | | | |
|---|---|---|---|
| 本单元标题：项目 5　品种法核算 | | | |
| 教学目标 | 能力（技能）目标 | 知识目标 | 素质目标 |
| | （1）能运用品种法进行产品成本的计算；<br>（2）能正确编制与审核相关费用单据，并进行相应账务处理 | （1）品种法的特点与计算步骤；<br>（2）相关账户设置与账务流转程序 | （1）工作耐心细致；<br>（2）思维严谨，逻辑清晰 |
| 能力训练任务及案例 | 5.1　材料费用的归集与分配<br>5.2　人工费用的归集与分配<br>5.3　其他费用的归集与分配 | | |
| 能力训练任务及案例 | 5.4　辅助生产费用的归集与分配<br>5.5　制造费用的归集与分配<br>5.6　废品损失的核算<br>5.7　生产成本在完工产品和月末在产品之间的分配 | | |
| 教学资源 | 教师：课本、课件、单元教学设计、整体教学设计 | | |
| | 实训条件：教学多媒体设备，手工会计用品 | | |

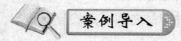

案例导入

　　林月在聘请的许会计的帮助下开始进行成本核算，在许会计的建议下她以产品品种为成本计算对象进行成本核算。让我们一起来看一下怎样进行品种法下的成本核算吧！

【品种法简介】

一、品种法的概念

　　品种法是以产品品种作为成本计算对象来归集生产费用、计算产品成本的方法。如前所述，成本计算对象有三类，包括品种、批次和步骤，但不论企业的生产特点是什么、采用什么作为成本计算对象，最终都应按照产品品种计算出产品成本，所以就此而言，品种法是成本计算方法中最基本的方法。

二、品种法的特点

　　品种法的特点表现在以下三个方面。

1. 以产品品种作为成本计算对象

　　以品种法作为成本计算方法的企业，往往是大量重复生产一种或几种产品。在只生产一种产品的企业，只需要以这一产品开设生产成本明细账，并按成本项目开设专栏即可。由于只有一个品种，所以在生产过程中所发生的费用都可视为直接费用，因而直接将其计入产品成本计算单中的有关栏目。如果企业生产两种或以上产品，则需要按每一种产品分别开设生产成本明细账，并按成本项目开设专栏。发生的直接费用直接计入产品成本计算单中的有关栏目，而对几种产品共同发生的费用，则分别计入各产品生产成本明细账的有关栏目。

2. 成本核算期与会计核算期一致

企业的成本核算期或与会计核算期一致，或与其生产周期一致。由于采用品种法核算的企业往往是大量重复生产的企业，其生产是连续不断的，不可能在产品生产完工时就计算出产品成本，只能定期在月末计算当月产出的完工产品成本，故成本计算期应与会计核算期保持一致，而与其生产周期不一致。

3. 月末需计算分配完工产品成本与在产品成本

由于品种法的成本核算期与会计核算期保持了一致，所以当一个完整的会计期间结束时，也需要对产品成本进行核算，这种固定的计算时间往往会引起在产品的出现。因此，一般，采用品种法进行成本核算，在月末需计算分配完工产品成本与在产品成本。

三、采用品种法核算产品成本流程

采用品种法核算产品成本的流程：

（1）开设基本生产成本明细账（或产品成本计算单）。

（2）分配发生的各种生产费用。

（3）确定应计入当月产品成本的待摊费用和预提费用。

（4）分配辅助生产费用。

（5）分配基本车间制造费用。

（6）确定当月全部生产费用。

（7）计算完工产品总成本与单位成本。

如果没有月末在产品，则本月所归集的全部生产费用就是本月完工产品总成本，以完工产品总成本除以完工产品的数量计算出完工产品的单位成本。如果有月末在产品，则采用适当的分配方法，将生产费用在完工产品和月末在产品之间进行分配。先确定月末在产品成本，再确定本月完工产品的总成本，进而计算各种产品的单位成本，并依据计算结果编制完工产品成本汇总表。具体流程如图 5-1 所示。

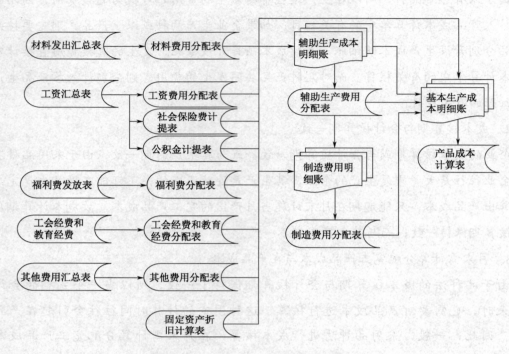

图 5-1 品种法下产品成本核算流程

## 5.1 材料费用的归集与分配

| 学习任务单 | | | |
|---|---|---|---|
| 本单元标题：5.1 材料费用的归集与分配 | | | |
| 重点难点 | 材料发出计价方法；<br>材料费用的归集；<br>材料费用的分配方法；<br>材料费用分配后的账务处理 | | |
| 教学目标 | 能力（技能）目标 | 知识目标 | 素质目标 |
| | （1）能设置存货类账项资料；<br>（2）能填制收、发料原始凭证，登记账页；<br>（3）能够分配材料成本，并编制材料费用分配表，进行账务处理 | （1）掌握发出材料的计价方法；<br>（2）掌握材料费用归集的方法；<br>（3）理解定额耗用量法、定额费用比例法；<br>（4）能够对多种产品共同耗用的材料费用进行分配 | （1）工作耐心细致<br>（2）思维严谨，逻辑清晰 |

续表

| 学习任务单 | | |
|---|---|---|
| 本单元标题：5.1　材料费用的归集与分配 | | |
| 扩展目标 | （1）能够对企业不同部门发生的材料费用进行正确的处理；<br>（2）了解燃料费用、低值易耗品、包装物等费用分配 | |
| 能力训练任务及案例 | 通过食品厂的例子，引出本次课程的主题，即材料费用的核算<br>（1）设置存货类账项资料；<br>（2）填制收、发料原始凭证，登记账页；<br>（3）分配材料成本 | |
| 教学资源 | 教师：课本、课件、单元教学设计、整体教学设计 | |
| | 实训条件：教学多媒体设备 | |

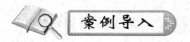

案例导入

　　林月的食品厂经过三个月的运营后，肉松面包的销售情况一直不错。2013 年 12 月，林月决定再开发一种新的产品——牛角面包。12 月，林月外购了三批面粉、一批肉松，如表 5-1 所示。

表 5-1　购料单

| 购货日期 | 购货数量 | 购买单价 | 运杂费 |
|---|---|---|---|
| 12 月 4 日 | 面粉 1000 kg | 2.10 元 | 100 元 |
| 12 月 4 日 | 肉松 50 kg | 9.5 元 | |
| 12 月 15 日 | 面粉 2000 kg | 2.20 元 | 150 元 |
| 12 月 22 日 | 面粉 2000 kg | 2.15 元 | 150 元 |

　　当月，为生产两种产品，共领用了面粉 4500 kg，为生产肉松面包领用肉松 35 kg。通过开业这一段时间的学习，林月已经知道，面粉和肉松作为生产产品的主要材料，是应该计入产品成本当中的。但是，面粉每次的购买单价不一样，而且还被两种产品共同耗用；肉松却只是肉松面包耗用，这样如何确认每种产品所耗的材料成本呢？

### 5.1.1　材料领用业务核算

　　材料在购入后，总会经由生产部门领用，这个过程也就是材料的价值转移到产品价值的过程。同种材料，如果是多次购买获得，且购买单价并不一致，生产部门领用该种材料的价值确认就存在多种方法，一般包括先进先出法、加权平均法、个别计价法等。同样的经济业务，如果选择方法不一致，则计算出来的产品成本也是不一致的。在这里要强调的是，这些方法本身并无好坏之分，具体选用何种方法，需要企业会计人员根据实际情况加以判断。具体操作在初级会计实务中已介绍，这里不再赘述。

### 5.1.2　材料领用业务管理

材料领用业务，一般应遵循如下管理办法：

（1）领料部门填写原材料申领单并提交给仓库，必须有申领人及部门主管签名才可发放。

（2）仓管员审核领料单并对实物进行库存检查，保证账实相符合。

（3）仓库安排发料，并在领料单上签名确认。

（4）单据有三联，一联仓库保留，一联交财务作为原始凭证，一联领用方保留。

（5）保管员每日下班前盘点所有物料，如有误，应及时修正。

在材料领用的过程中，最常见的单据就是领料单及限额领料单，格式如表 5-2 和表 5-3 所示。

表 5-2　**领料单**

领料部门：　　　　　　　　　　　年　　月　　日　　　　　　　　编号：

| 材料编号 | 材料名称 | 材料规格 | 计量单位 | 数量 | | 单价 | 金额 | 用途 |
|---|---|---|---|---|---|---|---|---|
| | | | | 请领 | 实发 | | | |
| | | | | | | | | |
| | | | | | | | | |
| | | | | | | | | |

记账：　　　　　　　　保管部门主管：　　　　　　　发料人：　　　　　　　　领料人：

表 5-3　**限额领料单**

领料部门：　　　　　　　　　　　年　　月　　日　　　　　　　　编号：

| 材料类别 | 材料编号 | 材料名称 | 规格 | 计量单位 | 领用限额 | 实领总数量 | 计划单价 | 金额 | 用途 |
|---|---|---|---|---|---|---|---|---|---|
| | | | | | | | | | |

续表

| 材料类别 | 材料编号 | 材料名称 | 规格 | 计量单位 | 领用限额 | 实领总数量 | 计划单价 | 金额 | 用途 |
|---|---|---|---|---|---|---|---|---|---|
| 日期 | 请领 | | 实发 | | | 退库 | | | 限额结余 |
| | 数量 | 领料单位主管 | 数量 | 发料人 | 收料人 | 数量 | 发料人 | 交料人 | |
| | | | | | | | | | |
| | | | | | | | | | |

保管部门负责人:          生产部门负责人:          记账:          保管员:

### 5.1.3 材料费用分配方法简介

前已述及,材料领用的过程,即材料价值转移的过程。材料费用的发生,不一定全部直接用于生产产品,还有可能被生产车间一般耗用、辅助生产部门耗用、管理部门耗用等。当该笔材料费用的发生,可以明确指明用途并确认该笔材料的价值时,材料费用是无须进行分配的,只需按照其价值,计入相应的账户当中即可。一般来讲,借方为"基本生产成本"、"辅助生产成本"、"制造费用"、"管理费用"等科目,贷方为"原材料"科目。

当某笔材料费用的发生,其用途有两个或两个以上(也就是同一笔费用的发生会有两个费用分配对象),并且每个用途所消耗材料的价值不能直接确定的时候,才需要将材料费用进行分配,并记在相应的账户当中。通常情况下,材料费用是按用途、部门、受益对象来分配的,这要视企业的生产特点和管理要求而定。总之不管如何分配,均应着力体现出"谁受益谁分摊"、"受益多的分摊多"这一原则。

材料费用的分配方法有很多,但基本可以概况为如下统一的步骤:

$$材料费用分配率=\frac{待分配费用总额}{分配标准总额}$$

某分配对象应负担的费用=该对象的分配标准×材料费用分配率

材料费用分配方法的多样性体现在所选取的分配标准不同上。由于生产过程中,材料的耗用量一般与产品的质量、体积、数量等有关,所以在分配材料费用的时候,可以将质量、体积、数量等指标作为分配标准。如果企业材料消耗定额制定比较准确,也可以按照材料的定额消耗量或定额费用比例来进行分配。

### 5.1.4 材料费用分配核算

1. 按生产产品的数量进行分配

 **学中做**

【例5-1】 东风家具厂2013年12月为生产家用餐桌与办公桌两种产品，共领用木料150 000元，其中生产餐桌200张，生产办公桌300张。单件餐桌与办公桌所耗木料基本相同。

$$材料费用分配率=\frac{150\,000}{200+300}=300（元/张）$$

$$餐桌应分配的材料费用=200×300=60\,000（元）$$

$$办公桌应分配的材料费用=300×300=90\,000（元）$$

这种方法较为简单，只需要将产品数量作为分配标准，在不同的费用计算对象之间进行分配即可。其他如按质量、体积等分配标准来进行计算与此类似，故在此不再赘述。

2. 按生产产品的材料定额耗用量进行分配

材料定额耗用量是指一定产量下按照材料消耗定额计算的可以消耗的数量，其中材料消耗定额是指单位产品可以消耗的材料数量限额。该种方法的计算步骤如下：

某种产品材料定额耗用量=该种产品实际产量×单位产品材料消耗定额

$$材料耗用量分配率=\frac{材料实际消耗总量}{各种产品材料定额耗用量之和}$$

某种产品应分配的材料数量=该种产品定额消耗的材料总量×材料耗用量分配率

某种产品应分配的材料费用=该种产品应分配的材料数量×材料单价

 **学中做**

【例5-2】东风家具厂2013年12月为生产办公桌与办公椅两种产品，共领用木料150立方米，每立方米木料价格为1000元。当月加工制成办公桌100张，办公椅500把。办公桌单位消耗材料定额为0.5立方米木料，办公椅单位消耗材料定额为0.2立方米木料。

办公桌材料定额耗用量=100×0.5=50（立方米）

办公椅材料定额耗用量=500×0.2=100（立方米）

$$材料定额耗用量分配率=\frac{150}{50+100}=1$$

办公桌应分配的木料数量=50×1=50（立方米）

办公椅应分配的木料数量=100×1=100（立方米）

办公桌应分配的材料费用=50×1000=50 000（元）

办公椅应分配的材料费用=100×1000=100 000（元）

**3. 按生产产品的材料定额费用进行分配**

材料定额耗用量与材料定额费用这两个概念是有关联的。用材料定额耗用量乘以该种材料的计划单价，即为材料定额费用。对于多种产品共同耗用某一种材料而言（一对多），以材料定额耗用量作为分配标准，或以定额费用作为分配标准，其分配结果应该是一致的。但是，在多种产品共同耗用多种材料的情况下（多对多），采用定额费用作为分配标准，将在一定程度上简化计算工作量。该种方法的计算步骤如下：

某种产品某种材料定额费用=该种产品实际产量×单位产品该种材料费用定额

=该种产品实际产量×单位该种材料消耗定额×计划单价

$$材料耗用量分配率=\frac{各种材料实际费用总额}{各种产品各种材料定额费用之和}$$

某种产品应分配负担的材料费用=该种产品各种材料定额费用之和×材料耗用量分配率

## 学中做

【**例5-3**】东风家具厂2013年12月为生产办公桌与办公椅两种产品，共领用木料150 400元，油漆29 000元。当月加工制成办公桌100张，办公椅500把。办公桌单位消耗木料定额为400元，消耗油漆60元；办公椅单位消耗木料定额为200元，消耗油漆20元。

办公桌木料定额消耗费用=100×400=40 000（元）

办公桌油漆定额消耗费用=100×60=6000（元）

办公椅木料定额消耗费用=500×200=100 000（元）

办公椅油漆定额消耗费用=500×20=10 000（元）

$$材料耗用量分配率=\frac{150\ 400+29\ 000}{(40\ 000+6000)+(100\ 000+10\ 000)}=1.15（元/把）$$

办公桌应分配负担的材料费用=（40 000+6000）×1.15 = 52 900（元）

办公椅应分配负担的材料费用=（100 000+10 000）×1.15 = 126 500（元）

4. 材料费用分配的账务处理

在实际工作中，成本核算人员根据当期领退料凭证，通过编制"材料费用分配表"来进行材料费用的归集与分配，并据此做出账务处理。

 **学中做**

---------------------------------------------------------------

【例 5-4】东风家具厂 2013 年 12 月发料情况如表 5-4 所示。

表 5-4　发出材料明细表

2013 年 12 月　　　　　　　　　　　　　　　　　　　　　　　　　　　　单位：元

| 材料类别 | 发料数量 | 单位成本 | 用途 |
|---|---|---|---|
| 原材料 A | 200 千克 | 600 | 甲产品生产用 |
| 原材料 B | 126 千克 | 1000 | 甲、乙产品共用 |
| 燃料 | 120 千克 | 60 | 锅炉车间 100 千克、机修车间 20 千克 |
| 燃料 | 20 千克 | 60 | 基本生产车间用 |
| 燃料 | 10 千克 | 60 | 管理部门用 |
| 辅助材料 | 200 千克 | 40 | 基本生产车间用 |
| 修理用备件 | 50 只 | 6 | 基本生产车间用 |

该企业当月投产甲产品 140 件、乙产品 140 件，单件消耗原材料 B 定额分别为 2.5 千克、3.5 千克。根据上述已知条件，编制"原材料费用分配表"，如表 5-5 所示。

表 5-5　原材料费用分配表

2013 年 12 月　　　　　　　　　　　　　　　　　　　　　　　　　　　　单位：元

| 应借账户 | | 成本或费用明细账 | 间接计入 | | | 直接计入 | 合计 |
|---|---|---|---|---|---|---|---|
| | | | 耗用材料 | 分配率 | 分配金额 | | |
| 基本生产成本 | 甲产品 | 直接材料 | 350 | | 52 500 | 120 000 | 172 500 |
| | 乙产品 | 直接材料 | 490 | | 73 500 | | 73 500 |

续表

| 基本生产成本 | 小计 | 成本或费用明细账 | 840 | 150 | 126 000 | 120 000 | 246 000 |
|---|---|---|---|---|---|---|---|
| 辅助生产成本 | 锅炉车间 | 直接材料 | | | | 6000 | 6000 |
| | 机修车间 | 直接材料 | | | | 1200 | 1200 |
| | 小计 | | | | | 7200 | 7200 |
| 制造费用 | 基本生产车间 | 修理费 | | | | 300 | 300 |
| | | 机物料消耗 | | | | 9200 | 9200 |
| | 小计 | | | | | 9500 | 9500 |
| 管理费用 | | 机物料消耗 | | | | 600 | 600 |
| 合计 | | | | | 126 000 | 137 300 | 263 300 |

根据"原材料费用分配表"编制如下会计分录。

借：基本生产成本——甲产品　　　　　　　　172 500
　　　　　　　　——乙产品　　　　　　　　73 500
　　辅助生产成本——锅炉车间　　　　　　　6000
　　　　　　　　——机修车间　　　　　　　1200
　　制造费用——基本生产车间　　　　　　　9500
　　管理费用　　　　　　　　　　　　　　　600
　　贷：原材料　　　　　　　　　　　　　　263 300

## 5.2　人工费用的归集与分配

| 学习任务单 | | | |
|---|---|---|---|
| **本单元标题：5.2　人工费用的归集与分配** | | | |
| 重点难点 | 计时工资与计件工资的计算方法<br>工资费用的分配方法<br>职工薪酬的账户设置与账务流转程序 | | |
| 教学目标 | 能力（技能）目标 | 知识目标 | 素质目标 |
| | （1）能对职工薪酬进行计算与分配；<br>（2）能正确编制与审核相关费用单据，并做相应账务处理 | （1）计时工资与计件工资的计算方法；<br>（2）工资费用的分配方法；<br>（3）职工薪酬的账户设置与账务流转程序 | （1）工作耐心细致；<br>（2）思维严谨，逻辑清晰 |

续表

| 学习任务单 | |
|---|---|
| **本单元标题：5.2　人工费用的归集与分配** | |
| 扩展<br>目标 | （1）填制完成的单据、凭证及账簿；<br>（2）了解企业不同部门工资归集的差别 |
| 能力训练<br>任务及案例 | （1）学生根据项目资料建账；<br>（2）教师引导学生学习人工费用的归集与分配方法；<br>（3）学生登记原始单据及账簿 |
| 教学资源 | 教师：课本、课件、单元教学设计、整体教学设计 |
| | 实训条件：教学多媒体设备 |

案例导入

糕点师傅王师傅是 2013 年 9 月 15 日应聘到林月的食品加工厂工作的，按照合同约定，王师傅的月工资应为 3000 元。月末结算工资的时候，林月为王师傅的工资计算是这样的：$3000 - \dfrac{3000}{22} \times 12 = 1363.64$ 元（公式中的 22 是 9 月份当月的工作日，公式中的 12 为王师傅当月的工作日），而王师傅认为工作半个月他应得的工资应该为 1500 元。同时林月也听朋友提到过，企业还要为职工缴纳"五险一金"，还要计提"职工福利费"、"工会经费"、"教育经费"等，这些都应该如何来核算呢？和产品成本又有什么关系呢？

### 5.2.1　职工薪酬概述

在项目 1 成本认知部分，我们已经知道，产品成本是由物化活动和活劳动两部分构成的，即生产工人的工资应计入在产品成本当中。但是社会经济发展到了今天，计入在产品成本的人工费用部分，已经远不是企业用货币支付给职工当月或当年工资这一内容，它的含义更为宽泛。2006 年新颁布的《企业会计准则》第 9 号，引入了职工薪酬这一概念。在这之前，我国一直没有一个完整的、明晰的框架对人工费用予以规范。会计上对人工费用的核算，主要是对应付工资、应付福利费的核算，至于人工费的其他组成部分，则分散于其他的有关规定中。因此，对于企业在生产经营过程中发生的人工成本究竟是多少，在会计核算中并没有提供一个完整的指标。

1. 职工薪酬的概念

职工薪酬，是指企业为获得职工提供的服务而给予各种形式的报酬及其他相关支出。职工薪酬的概念涵盖了职工在职期间和离职后提供给职工的全部货币性薪酬和非货币性福利，既包括提供给职工本人的薪酬，也包括提供给职工配偶、子女或其他被赡养人的福利等。

2. 非货币性薪酬

主要为非货币性福利，通常包括企业将自己的产品发放给职工作为福利，将企业拥有的资产无偿提供给职工使用，为职工无偿提供医疗保健服务等。

3. 职工薪酬的组成内容

（1）职工工资、奖金、津贴和补贴，即按国家统计局规定的构成工资总额的内容。

（2）职工福利费，指由企业根据工资总额的一定比例计算确定的，用于职工的医药费、职工困难补助、职工医疗室医务费及其他生活福利部门的经费等。

（3）"五险一金"，即医疗保险费、养老保险费、失业保险费、工伤保险费和生育保险费及住房公积金，由企业根据工资总额的一定比例计算确定。

（4）工会组织经费和职工教育经费。

（5）非货币性福利。

（6）因解除与职工的劳动关系给予的补偿。

（7）其他因获得职工的劳动关系而给予的补偿。

## 5.2.2 工资总额的核算

1. 工资总额的组成

各单位在一定时期内直接支付给全体职工的劳动报酬总额，称为工资总额。工资总额包括以下六个部分，这六个部分当中，计时工资与计件工资是最基本的部分。

（1）计时工资。指按计时工资标准和工作时间支付给职工的劳动报酬，包括对已做工作按计时工资标准支付的工资，实行结构工资制的单位支付给职工的基础工资和职务工资，新录用职工的见习工资等。

（2）计件工资。指按职工所完成的工作量和计件单价计算支付的劳动报酬。包括：在超额累进计件、直接无限计件、限额计件和超定额计件等计件工资形式下，按有关计算规定和计件单价支付给职工的工资；按工作任务包干方法支付给职工的工资；按营业额提成或利润提成办法支付给个人的工资。

（3）奖金。指支付给职工的超额劳动的报酬和增收节支的劳动报酬，包括生产奖金、节约奖、劳动竞赛奖等。

（4）津贴和补贴。指为补偿职工特殊或额外劳动消耗和因其他特殊原因支付给职工的津贴，以及为了保证职工工资水平不受物价上升影响而支付给职工的物价补贴等。

（5）加班加点工资。指按职工加班加点的时间和加班加点的工资标准支付给职工的劳动报酬。

（6）特殊情况下支付的工资。指根据国家法律、法规和政策规定在某些非工作时间内支付的工资，如病、伤、产假工资等。

2．工资计算的相关凭证

计算工资的有关凭证主要有职工的考勤表（主要用于计时工资方式）和产量记录（主要用于计件工资方式）。

考勤记录是登记员工出勤和缺勤情况的原始记录，它是企业计算员工工资的重要原始资料，同时也是分析和考核员工工作时间利用情况的原始资料。各个车间的生产班组都要设置考勤登记簿或考勤卡，逐日登记各个职工的出勤、缺勤（包括工伤、事假、病假）及迟到、早退情况。月终，根据考勤记录统计每个员工在当月的出、缺勤情况和各个员工的月标准工资，计算其当月的工资额。

产量记录是登记各个生产班组或生产人员在出勤时间内完成产量和耗用工时的原始记录，它是计算计件工资的重要依据，也是统计产量和工时耗费的依据。每个企业都应根据其生产类型和劳动组织特点，分车间、班组或人员制定并登记产量登记簿，或登记"工作通知单"、"工票"等。月末，根据产量登记簿或工作通知单、工票等有关产量记录和计件工资率，计算各班组或人员的工资额。产量记录表如表 5-6 所示。

表 5-6　产量记录表　　　　　　　　年　月　日

| 班别 | 品名 | 前班结存 | 前部门移交 | 本班生产 | 本班结存 | 移交人 | 总收人 |
|------|------|----------|------------|----------|----------|--------|--------|
| 早班 |  |  |  |  |  |  |  |
|  |  |  |  |  |  |  |  |
|  |  |  |  |  |  |  |  |
|  |  |  |  |  |  |  |  |
| 中班 |  |  |  |  |  |  |  |
|  |  |  |  |  |  |  |  |

续表

| 班别 | 品名 | 前班结存 | 前部门移交 | 本班生产 | 本班结存 | 移交人 | 总收人 |
|---|---|---|---|---|---|---|---|
| 中班 | | | | | | | |
| | | | | | | | |
| 夜班 | | | | | | | |
| | | | | | | | |
| | | | | | | | |
| | | | | | | | |

除上述考勤记录与产量记录外，核算职工工资的凭证还有工时记录单、废品通知单、奖金、津贴、补贴通知单等。

3．计时工资的计算

计时工资是根据企业考勤记录支付给职工个人的劳动报酬。企业在计算计时工资时，可采用月薪制和日薪制两种。大多企业采用月薪制。

（1）月薪制（扣缺勤法）下计时工资的计算。月薪制下，工资标准是按月计算的，即不论大月还是小月，只要职工当月出满勤，就可以得到固定的月标准工资。为便于计算职工出现缺勤或事、病假的情况，采用这种方法时，往往还需要计算日工资率。具体的计算公式如下：

应付计时工资＝标准工资－缺勤应扣工资

缺勤应扣工资＝事假和旷工天数×日工资率＋病假天数×日工资率×扣款百分比

日工资率＝标准工资／21.75 天

 **学中做**

- - - - - - - - - - - - - - - - - - - - - - - - - - - - - - - - - - - - - - - - - - - - - - - - - - - -

【例5-5】东风家具厂职工赵飞月标准工资为4500元。2013年12月，赵飞请事假2天，病假3天。根据公司相关规定，职工事假期间工资全额扣除，病假期间工资扣除40%。

$$日工资率＝\frac{4500}{21.75}＝206.90（元/天）$$

赵飞当月应得工资＝4500－（206.90×2＋206.90×3×40%）＝3837.92（元）

（2）日薪制下计时工资的计算。日薪制下，根据职工实际出勤天数和日工资率计算其应得工资：

$$应付工资=出勤工资+病假应付工资$$

式中：

$$出勤工资=出勤天数×日工资率$$
$$病假应付工资=病假天数×日工资率×计发比例（支付标准）$$

 **学中做**

- - - - - - - - - - - - - - - - - - - - - - - - - - - - - - - - - - - - - - -

【例5-6】东风家具厂职工赵飞日标准工资为300元。2013年12月，赵飞出勤22天，请事假2天，病假3天。根据公司相关规定，职工事假期间工资全额扣除，病假期间工资扣除40%。

$$赵飞当月应得工资=300×（22－2－3）+300×3×（1－40%）=5640（元）$$

4. 计件工资的计算

计件工资是按职工完成的工作量和计件单价计算支付的劳动报酬。计算计件工资时，应注意有废品出现的情况。对于由于材料缺陷等客观原因造成的废品，称为料废，企业应照付计件工资；如果是由生产工人加工过失等主观原因造成的废品，即称为工废，则不付计件工资。计件工资按照支付对象的不同，分为个人计件工资和集体计件工资两种。

（1）个人计件工资。

个人计件工资是按个人完成的产品数量和单位计件工资标准计算的工资。个人计件工资计算的公式是：

$$个人计件工资=\Sigma[（合格品数量+料废品数量）×单位计件工资]$$

 **学中做**

- - - - - - - - - - - - - - - - - - - - - - - - - - - - - - - - - - - - - - -

【例5-7】东风家具厂职工张为2013年12月，加工出课桌15张，座椅30把。按照企业规定，课桌的计价单价为50元，座椅的计件单价为20元。上述产品入库质检时发现，课桌有1张是不合格的，经判定是由张为加工失误造成的；座椅有2把为不合格品，与加工材料有关。

$$张为当月应得工资=（15-1）×50+30×20 = 1300（元）$$

（2）集体计件工资。集体计件工资应先根据集体完成的工作量（合格品数量+料废数量）乘以计件单价，计算出集体计件工资总额，然后再采用适当的方法，将其在集体成员之间进行分配。分配时，一般将工作时间与各成员的小时工资率（或日工资率）的乘积作为分配标准进行集体计件工资的分配。

集体计件工资的计算程序及相关公式如下：

① 计算集体计件工资，计算公式与个人计件工资计算公式相同。

② 计算集体计时工资总额，计时工资计算公式如前所述。

③ 计算计件工资分配率。

$$计件工资分配率=\frac{集体计件工资}{集体计时工资总额}$$

④ 计算每人应得计件工资。

某人应得计件工资=该人计时工资×计件工资分配率

 **学中做**

-------------------------------------------------------------------------

【例5-8】东风家具厂木工一组由黄河、李云、张华、王飞四名等级不同的工人组成。2013 年 12 月，该小组共加工课桌 150 张，座椅 660 把。经检验全部为合格品。按照企业规定，课桌的计价单价为 50 元，座椅的计件单价为 20 元。

集体计件工资=150×50+660×20=20700（元）

该小组各成员的实际工作时间、日工资率及集体计件工资的分配情况，如表 5-7 所示。

表 5-7　集体计件工资分配表

| 工人姓名 | 工作天数 | 日工资率 | 分配标准 | 分配率 | 应付计件工资 |
|---|---|---|---|---|---|
| 黄河 | 22 | 300 | 6600 | | 7590 |
| 李云 | 20 | 250 | 5000 | | 5750 |
| 张华 | 22 | 200 | 4400 | | 5060 |
| 王飞 | 20 | 100 | 2000 | | 2300 |
| 合计 | — | — | 18 000 | 1.15 | 20 700 |

企业职工工资经由上述方法计算得出后，会计上借记"生产成本——基本生产成本"等账户（基本生产车间生产工人的工资，应直接或分配计入"生产成本——基本生产成

本"账户；基本生产车间管理人员的工资，应计入"制造费用"账户；辅助生产车间人员的工资，应计入"生产成本——辅助生产成本"账户；行政管理部门人员的工资，应计入"管理费用"账户；专设销售机构人员的工资应计入"销售费用"账户，固定资产购建或修理等工程人员的工资，应计入"在建工程"账户），贷方记入"应付职工薪酬——工资"账户。

### 5.2.3 与产品成本有关的其他人工费用的核算

前已述及，产品成本当中的人工费用的构成，不仅包括以货币形式发放给生产人员的工资，还应包括非货币性福利，以及以工资总额为基数计提的各项费用，具体应包括职工福利费、工会经费、教育经费、"五险一金"等。

1. 职工福利费的计算

企业依据国家有关规定，按照职工工资总额的一定比例从有关成本费用中提取，形成用于职工医疗卫生和生活困难补助等方面支出的资金，即为提取职工福利费。

 学中做

- - - - - - - - - - - - - - - - - - - - - - - - - - - - - - - - - - - - - -

【例5-9】东风家具厂 12 月"工资结算汇总表"确定工资总额，企业确定的职工福利费提取比例为工资总额的 6%，据此编制"职工福利费计算表"，如表 5-8 所示。

表5-8 东风家具厂提取职工福利费计算表

2013 年 12 月 单位：元

| 车间或部门（人员类别） | 工资总额 | 计提比例 | 应计职工福利费 |
|---|---|---|---|
| 基本生产车间 | 94 200 | | 5652 |
| 产品生产工人 | 88 000 | | 5280 |
| 基本车间管理人员 | 6200 | | 372 |
| 辅助生产车间 | 13 100 | | 786 |
| 生产工人 | 11 000 | | 660 |
| 辅助车间管理人员 | 2100 | | 126 |
| 企业管理部门 | 8000 | | 480 |

续表

| 车间或部门（人员类别） | 工资总额 | 计提比例 | 应计职工福利费 |
|---|---|---|---|
| 专设销售机构人员 | 2000 | | 120 |
| 固定资产建设工程人员 | 4000 | | 240 |
| 合计 | 121 300 | 6% | 7278 |

## 2. 社会保险费的计算

企业依据国家有关规定，按照职工工资总额的一定比例从有关成本费用中提取，形成用于职工医疗卫生和生活困难补助等方面支出的资金，称为提取职工福利费。提取职工福利费是通过编制"提取职工福利费计算表"来计算的。

 **学中做**

- - - - - - - - - - - - - - - - - - - - - - - - - - - - - - - - - - - - - - - - - - - - -

【例 5-10】东风家具厂 12 月"工资结算汇总表"确定工资总额，企业按照国家的规定对医疗保险费、养老保险费、失业保险费、工伤保险费和生育保险费等社会保险费依据职工工资总额分别按 8%、20%、2%、0.8%和 0.8%的比例提取，据此编制"社会保险费计算表"，如表 5-9 所示。

表 5-9　东风家具厂社会保险费计算表

2013 年 12 月　　　　　　　　　　　　　　　　　　　　　　　　　　单位：元

| 车间或部门（人员类别） | 工资总额 | 医疗保险费（8%） | 养老保险费（20%） | 失业保险费（2%） | 工伤保险费（0.8%） | 生育保险费（0.8%） | 合计 |
|---|---|---|---|---|---|---|---|
| 基本生产车间 | 94 200 | 7536 | 18 840 | 1884 | 753.6 | 753.6 | 29 767.2 |
| 产品生产工人 | 88 000 | 7040 | 17 600 | 1760 | 704 | 704 | 27 808 |
| 基本车间管理人员 | 6200 | 496 | 1240 | 124 | 49.6 | 49.6 | 1959.2 |
| 辅助生产车间 | 13 100 | 1048 | 2620 | 262 | 104.8 | 104.8 | 4139.6 |
| 生产工人 | 11 000 | 880 | 2200 | 220 | 88 | 88 | 3476 |
| 辅助车间管理人员 | 2100 | 168 | 420 | 42 | 16.8 | 16.8 | 663.6 |
| 企业管理部门 | 8000 | 640 | 1600 | 160 | 64 | 64 | 252.8 |
| 专设销售机构人员 | 2000 | 160 | 400 | 40 | 16 | 16 | 632 |

续表

| 车间或部门<br>（人员类别） | 工资<br>总额 | 医疗保险费<br>（8%） | 养老保险费<br>（20%） | 失业保险费<br>（2%） | 工伤保险费<br>（0.8%） | 生育保险费<br>（0.8%） | 合计 |
|---|---|---|---|---|---|---|---|
| 固定资产建设<br>工程人员 | 4000 | 320 | 800 | 80 | 32 | 32 | 1264 |
| 合计 | 121 300 | 9704 | 24 260 | 2426 | 970.4 | 970.4 | 38 330.8 |

**3. 住房公积金、工会经费、职工教育经费的计算**

对于住房公积金、工会经费、职工教育经费等，国家规定了计提基础和计提比例，企业应当依据国家规定的标准计提。

 **学中做**

- - - - - - - - - - - - - - - - - - - - - - - - - - - - - - - - - - - - - - - - - - - - -

【例 5-11】东风家具厂 12 月"工资结算汇总表"确定工资总额，按照有关规定，住房公积金、工会经费、职工教育经费的提取比例分别为工资总额的 8%、2% 和 1.5%，据此编制"住房公积金、工会经费、职工教育经费计算表"，如表 5-10 所示。

表 5-10　东风家具厂住房公积金、工会经费、职工教育经费计算表

2013 年 12 月　　　　　　　　　　　　　　　　　　　　　　　　　　　　单位：元

| 车间或部门（人员类别） | 工资总额 | 住房公积金（8%） | 工会经费（2%） | 职工教育经费（1.5%） |
|---|---|---|---|---|
| 基本生产车间 | 94 200 | 7536 | 1884 | 1413 |
| 产品生产工人 | 88 000 | 7040 | 1760 | 1320 |
| 车间管理人员 | 6200 | 496 | 124 | 93 |
| 辅助生产车间 | 13 100 | 1048 | 262 | 196.5 |
| 生产工人 | 11 000 | 880 | 220 | 165 |
| 车间管理人员 | 2100 | 168 | 42 | 31.5 |
| 企业管理部门 | 8000 | 640 | 160 | 120 |
| 专设销售机构人员 | 2000 | 160 | 40 | 30 |
| 固定资产建设工程人员 | 4000 | 320 | 80 | 60 |
| 合计 | 121 300 | 9704 | 2426 | 1819.5 |

4. 非货币性福利的核算

学中做

- - - - - - - - - - - - - - - - - - - - - - - - - - - - - - - - - - - - - - - -

【例5-12】东风家具厂2013年12月，将自产电脑桌发放给企业职工。企业共有职工500名，其中生产工人400名，生产车间技术人员40名，企业管理人员60名。电脑桌市场售价为3100元，单位生产成本为2000元。企业增值税税率为17%。该项经济业务应做如下会计处理：

| | |
|---|---|
| 借：生产成本——基本生产成本 | 1010800 |
| 　制造费用 | 101080 |
| 　管理费用 | 151620 |
| 　贷：应付职工薪酬——非货币性福利 | 1263500 |
| 借：应付职工薪酬 | 1263500 |
| 　贷：库存商品 | 1000000 |
| 　　应交税费——应交增值税（销项税额） | 263500 |

学中做

- - - - - - - - - - - - - - - - - - - - - - - - - - - - - - - - - - - - - - - -

【例5-13】东风家具厂为远途上班的生产工人免费提供职工集体宿舍，该宿舍楼是企业自建的，每月计提折旧4000元。该项经济业务应做如下会计处理。

| | |
|---|---|
| 借：制造费用 | 4000 |
| 　贷：应付职工薪酬—非货币性福利 | 4000 |
| 借：应付职工薪酬——非货币性福利 | 4000 |
| 　贷：累计折旧 | 4000 |

### 5.2.4　工资费用的分配

工资费用的分配，是将企业员工的工资总额作为一种费用，按照它的用途或员工所属部门进行分配并计入各种产品成本和期间费用，或者从规定的资金来源中支出。工资结算凭证中所列的各个车间、部门当月的应付职工薪酬总额，就是分配人工费用的依据。

基本生产车间人员的人工费用若采用计件工资结算，则可直接计入各种产品成本。采用计时工资结算时，若只生产一种产品，也可直接计入该产品成本；如果生产多种产品，需按一定的标准分配，计入各种产品成本。

分配标准一般是产品的实际生产工时、定额工时或产品产量等。如果企业生产多种产品，而且各种产品的单件生产工时存在较大差异，按各种产品产量分配生产人员工资的结果就必然脱离各种产品生产过程中实际消耗的生产人员劳动数量。因此，按照生产工时或定额工时分配人工费用比较科学。而且，生产各种产品的工时可以直接相加，计算过程也相对简捷。

以工时作为分配标准的分配率计算公式与计算材料分配率相似，具体如下：

$$人工费用分配率=\frac{生产人员工资总额}{各种产品实际生产工时总数}$$

某种产品应分配的人工费用=该产品生产工时×人工费用分配率

 **学中做**

- - - - - - - - - - - - - - - - - - - - - - - - - - - - - - - - - - - - - - - - - - - - - -

【例5-14】东风家具厂2013年12月支付生产人员计时工资总额为28 000元，根据工时记录，办公桌耗用2500工时，办公椅耗用625工时，两种产品分配工资费用过程如下：

$$工资费用分配率=\frac{生产人员工资总额}{各种产品实际生产工时总数}=\frac{28000}{2500+625}=8.96（元/工时）$$

办公桌应负担的工资费用=2500×8.96=22 400（元）

办公椅应负担的工资费用=625×8.96=5600（元）

## 5.3 其他费用的归集与分配

| 学习任务单 | | | |
|---|---|---|---|
| 本单元标题：5.3 其他费用的归集与分配 | | | |
| 重点难点 | 对折旧费、利息、税金及其他支出进行计算与分配的方法 | | |
| 教学目标 | 能力（技能）目标 | 知识目标 | 素质目标 |
| | （1）能将折旧费、利息、税金及其他支出进行计算与分配； | （1）折旧费的计算方法；<br>（2）利息、税金及其他支出的分配方法； | （1）工作耐心细致；<br>（2）思维严谨，逻 |

续表

| 学习任务单 | | |
|---|---|---|
| 本单元标题：5.3　其他费用的归集与分配 | | |
| 教学<br>目标 | （2）能正确编制与审核相关的费用单据，并做相应账务处理 | （3）账户设置与账务流转程序 | 辑清晰 |
| 扩展<br>目标 | （1）填制完成相应的单据、凭证及账簿；<br>（2）了解企业不同部门折旧及其他支出归集的差别 | | |
| 能力训练<br>任务及案例 | （1）学生根据项目资料建账；<br>（2）教师引导学生学习其他费用的归集与分配的方法；<br>（3）学生登记原始单据及账簿 | | |
| 教学资源 | 教师：课本、课件、单元教学设计、整体教学设计 | | |
| | 实训条件：教学多媒体设备 | | |

 案例导入

林月听朋友提到，企业还要为生产设备等资产提折旧，向银行借款的利息费也要进行核算，这些都应该如何来核算呢？和产品成本又有什么关系呢？

### 5.3.1　折旧费的分配

固定资产在长期使用过程中，虽然保持着原有的实物形态，但其价值会随着固定资产的损耗而逐渐减少。固定资产由于损耗而减少的价值就是固定资产折旧。折旧费按固定资产的使用部门结合用途进行汇总后，分配并计入产品成本或期间费用。

企业固定资产核算员，负责进行固定资产取得、持有、处置等日常核算，并按使用情况编制固定资产折旧计算表，月末将折旧计算表传递至成本核算岗位，进行成本核算。

## 学中做

【例5-15】根据东风家具厂固定资产情况表见表5-11，编制固定资产折旧费用分配表见表5-12，并根据折旧费用分配表资料，填制相关的会计凭证并进行记账。

（1）根据东风家具厂固定资产情况表编制折旧费分配表。

表 5-11　固定资产情况表

2013 年 12 月

| 使用部门 | 固定资产项目 | 上月折旧额 | 上月增加固定资产 | | 上月减少固定资产 | | 本月折旧额 |
|---|---|---|---|---|---|---|---|
| | | | 原值 | 折旧额 | 原值 | 折旧额 | |
| 铸造车间 | 厂房 | 3500 | — | — | — | — | 3500 |
| | 机器设备 | 6810 | 70 000 | 3500 | 200 000 | 1000 | 9310 |
| | 小计 | 10 310 | 70 000 | 3500 | 200 000 | 1000 | 12 810 |
| 加工车间 | 厂房 | 3600 | — | — | — | — | 3600 |
| | 机器设备 | 7800 | 90 000 | 4500 | — | — | 12 300 |
| | 小计 | 11 400 | 90 000 | 4500 | | | 15 900 |
| 装配车间 | 厂房 | 3600 | — | — | — | — | 3600 |
| | 机器设备 | 3500 | — | — | — | — | 3500 |
| | 小计 | 7100 | | | | | 7100 |
| 供电车间 | 厂房 | 2800 | 21 000 | 420 | — | — | 3220 |
| | 机器设备 | 3100 | 13 000 | 650 | — | — | 3750 |
| | 小计 | 5900 | 34 000 | 1070 | | | 6970 |
| 供水车间 | 厂房 | 500 | — | — | — | — | 500 |
| | 机器设备 | 800 | — | — | — | — | 800 |
| | 小计 | 1300 | | | | | 1300 |
| 销售部 | 房屋 | 650 | — | — | — | — | 650 |
| | 办公设备 | 450 | 5200 | 260 | — | — | 710 |
| | 小计 | 1100 | 5200 | 260 | | | 1360 |
| 厂部 | 房屋 | 4600 | 24 500 | 490 | — | — | 5090 |
| | 办公设备 | 3600 | 17 400 | 870 | — | — | 4470 |
| | 汽车 | 2600 | 180 000 | 1800 | — | — | 4400 |
| | 小计 | 10 800 | 221 900 | 3160 | | | 13 960 |
| 合计 | | 47 910 | | 12 490 | | 1000 | 59 400 |

表 5-12　固定资产折旧费用分配表

| 应借科目 | | 成本或费用项目 | 直接计入 | 分配计入 | | | 合计 |
| --- | --- | --- | --- | --- | --- | --- | --- |
| | | | | 分配标准 | 分配率 | 分配额 | |
| 制造费用 | 铸造车间 | 折旧费 | 12 810 | | | | 12 810 |
| | 加工车间 | 折旧费 | 15 900 | | | | 15 900 |
| | 装配车间 | 折旧费 | 7 100 | | | | 7 100 |
| | 小计 | | 35 810 | | | | 35 810 |
| 辅助生产成本 | 供电车间 | 折旧费 | 6 970 | | | | 6 970 |
| | 供水车间 | 折旧费 | 1 300 | | | | 1 300 |
| | 小计 | | 8 270 | | | | 8 270 |
| 销售费用 | | 折旧费 | 1 360 | | | | 1 360 |
| 管理费用 | | 折旧费 | 13 960 | | | | 13 960 |
| 合计 | | | 59 400 | | | | 59 400 |

（2）折旧费的分配去向按使用部门确定，如表 5-13 所示。

表 5-13　折旧费分配去向表

| 基本生产车间 | → | 制造费用账户 |
| --- | --- | --- |
| 辅助生产车间 | → | 辅助生产成本账户 |
| 专设销售机构 | → | 销售费用账户 |
| 厂部管理部门 | → | 管理费用账户 |

通过表 5-13 掌握以下几点。

基本生产车间的折旧：制造费用——×车间（折旧费）。

辅助生产车间的折旧：生产成本——辅助生产成本——×车间（折旧费）。

管理部门的折旧：管理费用——公司经费。

公司经费：在厂部发生的管理人员的工资及福利费、差旅费、办公费、厂部固定资产折旧费及修理费，购入或领用的物料、低摊、其他。

本题编制如下会计分录。

借：制造费用——铸造车间　　　　　　　　　12 180

　　　　　——加工车间　　　　　　　　　15 900

　　　　　——装配车间　　　　　　　　　　7100

　　辅助生产成本——供电车间　　　　　　　6970

　　　　　　　　——供水车间　　　　　　　1300

　　销售费用——折旧费　　　　　　　　　　1360

　　管理费用——公司经费　　　　　　　　　13 960

　　贷：累计折旧　　　　　　　　　　　　　　　　　59 400

### 5.3.2　利息、税金及其他支出分配

企业生产经营活动中发生的要素耗费，除外购材料、燃料及动力、职工薪酬和折旧费外，还包括利息、税金和其他支出。

利息费用是指借款费用中除了予以资本化以外的其他借款的利息支出，包括短期借款利息、应付票据利息、票据贴现利息、减去银行存款的利息收入后的净额等。利息费用作为期间费用中财务费用的组成项目，不构成产品的生产成本。

税金包括房产税、车船使用税、土地使用税和印花税，俗称"四小税"，属于期间费用中的管理费用，也不构成产品的生产成本。

其他支出包括固定资产修理费、差旅费、邮电费、保险费、劳动保护费、运输费、办公费、水电费、技术转让费、业务接待费、租赁费、印刷费、职工技术培训费及图书报刊资料、办公用品订购费等。这些支出有的计入产品成本，有的计入期间费用。企业应按照其发生的地点和用途进行分配。

## 🖐️ 学中做

- - - - - - - - - - - - - - - - - - - - - - - - - - - - - - - - - - - - - - - - - -

【例5-16】根据公司利息、税金及其他支出明细表的资料，编制利息、税金及其他支出分配表并根据分配表资料，填制相关的会计凭证并登记明细账，如表5-14所示。

**表 5-14  利息、税金及其他支出明细表**

2013 年 12 月

| 部门或用途 | 金额 | | | | | | | | | |
|---|---|---|---|---|---|---|---|---|---|---|
| | 利息 | 税金 | 差旅费 | 劳保费 | 邮电费 | 招待费 | 修理费 | 办公费 | 其他 | 合计 |
| 铸造车间 | — | — | | 5800 | 120 | | 120 | 6500 | 1800 | 14 340 |
| 加工车间 | — | — | | 5100 | 100 | | 260 | 6500 | 1650 | 13 610 |
| 装配车间 | — | — | | 5600 | 90 | | 9800 | 7200 | 1365 | 24 055 |
| 供电车间 | — | — | | 4300 | 80 | | 200 | 3650 | 1120 | 9350 |
| 供水车间 | — | — | | 990 | 60 | | 100 | 890 | 1154 | 3194 |
| 销售部 | — | — | 6360 | | 560 | | — | 4600 | 1136 | 12 656 |
| 厂部 | — | — | 16360 | | 1200 | 9868 | 650 | 12 650 | 8600 | 49 328 |
| 筹资 | 12 000 | — | | | | | | | | 12 000 |
| 缴税 | — | — | | | | | | | | |
| 合计 | 12 000 | | 22 720 | 21 790 | 2210 | 9868 | 11 130 | 41 990 | 16 825 | 138 533 |

固定资产修理，是为确保固定资产正常工作状态而进行的必要维护，该项支出并不产生未来的经济利益，不符合资产的确认条件，既不能计入产品成本，也不能计入固定资产的价值，属于费用化支出，应直接计入当期损益。

成本不是由费用构成的，二者不存在交集。成本属于资产范畴，是资产之间的等额转换，不会引起所有者权益的减少，不是费用。

费用是指在日常活动中发生的导致所有者权益减少、与所有者分配利润无关的经济利益的流出。固定资产修理费符合费用的定义，所以不计入产品成本。

对发生在基本生产车间的支出进行分配时，应将其中的修理费进行剥离计入"管理费用"账户，其余支出计入"制造费用"账户，详细内容如图 5-2 所示。

（1）根据公司利息、税金及其他支出明细表的资料，编制利息、税金及其他支出分配表，如表 5-15 所示。

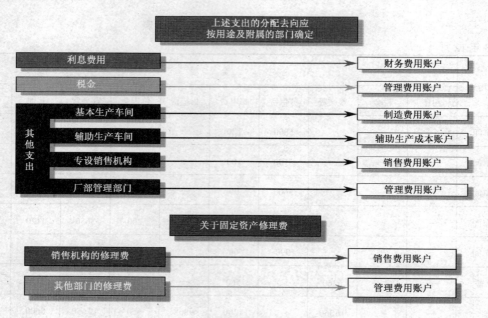

图 5-2　其他费用分配去向表

表 5-15　利息、税金及其他支出分配表

| 应借科目 | | 成本或费用项目 | 直接计入 | 分配计入 | | | 合计 |
|---|---|---|---|---|---|---|---|
| | | | | 分配标准 | 分配率 | 分配额 | |
| 制造费用 | 铸造车间 | 办公费等 | 14 220 | | | | 14 220 |
| | 加工车间 | 办公费等 | 13 350 | | | | 13 350 |
| | 装配车间 | 办公费等 | 14 255 | | | | 14 255 |
| | 小计 | | 41 825 | | | | 41 825 |
| 辅助生产成本 | 供电车间 | 办公费等 | 9150 | | | | 9150 |
| | 供水车间 | 办公费等 | 3094 | | | | 3094 |
| | 小计 | | 12 244 | | | | 12 244 |
| 销售费用 | | 办公费等 | 11 656 | | | | 11 656 |
| 管理费用 | | 办公费等 | 59 808 | | | | 59 808 |
| 财务费用 | | 利息费 | 12 000 | | | | 12 000 |
| 合计 | | | 138 533 | | | | 59 400 |

（2）根据分配表编制会计分录。

借：制造费用——铸造车间　　　　　　　　　　　　14 220

　　　　　　——加工车间　　　　　　　　　　　　13 350

　　　　　　——装配车间　　　　　　　　　　　　14 255

　　　　　　——辅助生产成本（供电车间）　　　　　9150

　　　　　　——辅助生产成本（供水车间）　　　　　3094

　　销售费用——办公费　　　　　　　　　　　　　11 656

　　管理费用——公司经费　　　　　　　　　　　　59 808

　　财务费用——利息费　　　　　　　　　　　　　12 000

　　贷：银行存款　　　　　　　　　　　　　　　　　138 533

## 5.4　辅助生产费用的归集与分配

| 学习任务单 | | | |
|---|---|---|---|
| 本单元标题：5.4　辅助生产费用的归集与分配 | | | |
| 重点难点 | 辅助生产费用的内涵<br>"直接分配法"的特点与计算步骤<br>"交互分配法"的特点与计算步骤<br>相关账户设置与账务流转程序 | | |
| 教学目标 | 能力（技能）目标 | 知识目标 | 素质目标 |
| 教学目标 | （1）能进行辅助生产费用的归集；<br>（2）能运用"直接分配法"分配辅助生产费用；<br>（3）能运用"交互分配法"分配辅助生产费用；<br>（4）能运用"代数分配法"分配辅助生产费用；<br>（5）能运用"计划分配法"分配辅助生产费用；<br>（6）能运用"顺序分配法"分配辅助生产费用；<br>（7）能正确编制与审核相关费用单据，并做相应账务处理 | （1）辅助生产费用的内涵；<br>（2）"直接分配法"的特点与计算步骤；<br>（3）"交互分配法"的特点与计算步骤；<br>（4）"代数分配法"的特点与计算步骤；<br>（5）"计划分配法"的特点与计算步骤；<br>（6）"顺序分配法"的特点与计算步骤；<br>（7）相关账户设置与账务流转程序 | （1）工作耐心细致；<br>（2）思维严谨，逻辑清晰 |

续表

| 学习任务单 | |
|---|---|
| 本单元标题：5.4 辅助生产费用的归集与分配 | |
| 扩展目标 | （1）能够设置辅助生产费用账户，编制辅助生产费用分配表；<br>（2）理解直接分配法、交互分配法的区别及优、缺点；<br>（3）理解代数分配法、顺序分配法的原理及优、缺点，理解计划成本分配法下实际成本的含义 |
| 能力训练任务及案例 | （1）学生根据项目资料建账；<br>（2）教师引导学生学习辅助费用的归集与分配的方法；<br>（3）学生登记原始单据及账簿 |
| 教学资源 | 教师：课本、课件、单元教学设计、整体教学设计 |
| | 实训条件：教学多媒体设备 |

 案例导入

　　林月的食品加工厂经过半年的运作，生产销售的情况一直很理想，企业规模也逐渐大了起来。但这期间有两个问题一直困扰着她，那就是生产过程中可能出现的断电情况及生产设备的维修问题。经过慎重研究，她决定在食品厂内新设两个小型辅助车间，即供电车间与维修车间，以保证生产经营的正常运作。新成立车间，不可避免地就要有新的投入，每月也会发生新的开支，那么这些投入与开支怎样记在产品成本里呢？

### 5.4.1　辅助生产费用的归集

1. 5辅助生产费用概述

　　辅助生产费用是指为基本生产车间、管理部门或其他辅助生产车间提供产品或劳务而发生在辅助生产车间内的各项耗费。基本生产车间是企业内从事各种产品生产的车间，并以生产各种商品产品为主要任务，是企业的主要生产单位。企业内专门从事为基本生产车间、管理部门提供产品或劳务的服务部门称为辅助生产车间，其从事的生产活动称为辅助生产，而从事辅助生产所发生的各项费用就是辅助生产费用。辅助生产车间的主要任务是为企业内的其他车间或部门提供产品或劳务服务，如供水、供电、供热、供汽、运输、修理等，它是企业的辅助生产单位。虽然辅助生产车间有时也可能对外提供服务，但这并不是辅助生产车间的主要任务。

辅助生产车间所产出的产品或劳务的价值，最终会通过一定的方式转移到产品中。换言之，辅助生产成本将直接影响企业产品的生产成本水平。只有先确定了辅助生产成本，才能计算基本生产成本。由于辅助生产费用月终应在各受益对象之间进行分配，因此，正确、及时地组织辅助生产费用的核算，对于企业产品成本的计算具有重要的意义。

2. 辅助生产费用归集的程序

核算辅助生产所发生的各项费用，首先是对辅助生产费用进行归集。与基本生产费用相同，辅助生产费用也是通过"生产成本"账户进行归集的。所不同的是，在归集和分配辅助生产费用时，应在该账户下设"辅助生产成本"二级账户，一般应按车间及产品和劳务种类设置明细账，以进行明细分类核算。对于发生的各项辅助生产费用，应通过"生产成本——辅助生产成本"账户的借方和有关科目的贷方进行归集，并计入相应明细账的有关成本项目。其中，对于所发生的直接费用，直接计入各明细账的有关成本项目中，对于间接费用则应分配计入该账户。

辅助生产费用归集的程序有两种，它们的区别主要表现在辅助生产车间制造费用归集的程序上。

（1）如果企业的辅助生产规模较大，制造费用较多，或对外提供产品、劳务等，则需要单设"制造费用"账户来归集辅助生产过程中发生的间接费用，月终再分配转入"生产成本——辅助生产成本"账户，这与基本生产车间的间接费用的处理方法是相同的。

（2）如果辅助生产车间发生的间接费用很少，而该辅助生产车间又不对外提供产品或劳务，则为简化核算，该车间可以不设"制造费用"账户，所发生的间接费用直接计入"生

产成本——辅助生产成本"账户的各有关费用项目中，这时的辅助生产成本明细账，是按照成本项目与费用项目相结合来设置的。

 学中做

- - - - - - - - - - - - - - - - - - - - - - - - - - - - - - - - - - - - - -

【例5-17】东风家具厂下设机修与运输两个辅助车间。2013年12月，该企业所填制的辅助生产成本明细账如表5-16和表5-17所示。

表 5-16　辅助生产费用明细账

辅助生产车间：机修车间　　　　　　　　　　　　　　　　　　　　　　　单位：元

| 年 | | 凭证号数 | 摘要 | 明细项目 | | | | | | 合计 |
|---|---|---|---|---|---|---|---|---|---|---|
| 月 | 日 | | | 材料费 | 燃料费 | 人工费 | 动力费 | 折旧费 | 修理费 | |
| 12 | 31 | 略 | 耗用材料 | 5000 | | | | | | 5000 |
| | 31 | | 耗用燃料 | | 800 | | | | | 800 |
| | 31 | | 工人工资 | | | 1700 | | | | 1700 |
| | 31 | | 福利费 | | | 238 | | | | 238 |
| | 31 | | 动力费 | | | | 3500 | | | 3500 |
| | 31 | | 计提折旧 | | | | | 1000 | | 1000 |
| | 31 | | 修理费用 | | | | | | 1300 | 1300 |
| | | | 本月合计 | 5000 | 800 | 1938 | 3500 | 1000 | 1300 | 13 538 |
| | 31 | | 本月结转 | 5000 | 800 | 1938 | 3500 | 1000 | 1300 | 13 538 |

表 5-17　辅助生产费用明细账

辅助生产车间：运输车间　　　　　　　　　　　　　　　　　　　　　　　单位：元

| 2013 年 | | 凭证号数 | 摘要 | 明细项目 | | | | | | 合计 |
|---|---|---|---|---|---|---|---|---|---|---|
| 月 | 日 | | | 材料费 | 燃料费 | 人工费 | 动力费 | 折旧费 | 修理费 | |
| 12 | 31 | 略 | 耗用材料 | 4000 | | | | | | 4000 |
| | 31 | | 耗用燃料 | | 3750 | | | | | 3750 |
| | 31 | | 工人工资 | | | 1500 | | | | 1500 |
| | 31 | | 福利费 | | | 210 | | | | 210 |
| | 31 | | 动力费 | | | | 1500 | | | 1500 |
| | 31 | | 计提折旧 | | | | | 1300 | | 1300 |
| | 31 | | 修理费用 | | | | | | 2450 | 2450 |
| | | | 本月合计 | 4000 | 3750 | 1710 | 1500 | 1300 | 2450 | 14 710 |
| | 31 | | 本月结转 | 4000 | 3750 | 1710 | 1500 | 1300 | 2450 | 14 710 |

3. 辅助生产费用归集的账务处理

辅助生产车间发生的各项费用，如材料、工资、福利费、折旧费、外购动力等，应根据"材料费用分配表"、"工资费用分配表"、"折旧费用分配表"、"外购动力费用分配表"等有关凭证，计入"生产成本——辅助生产成本"账户的借方和有关科目的贷方。结转完工产品和提供劳务的实际成本，则计入"生产成本——辅助生产成本"账户的贷方和有关账户的借方。对于提供产品的辅助生产车间，该账户月末一般应有借方余额，表示该产品的在产品成本；对于提供劳务的辅助生产车间来说，该账户月末应无余额。

辅助生产费用归集时的会计分录如下。

借：生产成本——辅助生产成本

　　贷：原材料

　　　　应付职工薪酬

　　　　累计折旧

　　　　银行存款等

### 5.4.2　辅助生产费用的分配

辅助生产费用的分配是指将辅助生产成本各明细账上所归集的费用，采用一定的方法计算出产品或劳务的总成本和单位成本，并按受益对象耗用的数量计入基本生产成本或期间费用的过程。

如前所述，辅助生产部门的产品或劳务主要是服务于基本生产部门和行政管理部门的。但在某些辅助生产部门之间也有相互提供产品或劳务的情况，如运输车间接受机修车间的修理服务，机修车间可能又会接受运输车间的运输服务等。这样为了确定运输车间的成本，需要确定出机修车间的成本，而为了确定机修车间的成本，又需要确定出运输车间的成本。因此，为了正确计算基本生产产品的成本，在辅助生产费用分配的同时，还应考虑各辅助生产部门之间费用的相互分配，这也是辅助生产费用分配的一个主要特性。辅助生产费用经过分配后，应从"生产成本——辅助生产成本"账户的贷方转入"生产成本——基本生产成本"、"制造费用"、"管理费用"、"销售费用"和"在建工程"等账户。

辅助费用的分配是一个较为复杂的过程，为了使分配的结果尽量客观，在分配时要根据企业各辅助生产部门生产产品或劳务的特点及受益单位提供服务的情况，结合企业管理的条件和要求选用适当的分配方法。分配辅助生产费用的方法很多，但主要有直接分配法、交互分配法、计划成本分配法、代数分配法和顺序分配法等，下面分别加以说明。

1. 直接分配法的运用

直接分配法是指将辅助生产部门发生的产品或劳务成本，全部直接分配给辅助生产部门以外各受益对象负担的一种方法。它的特点是辅助生产部门之间相互提供产品或劳务的成本互不分配，即辅助部门之间的成本既不转出，也不转入。它的分配计算公式如下：

$$费用分配率=\frac{某辅助生产部门待分配费用}{该辅助生产部门提供给辅助生产部门以外受益对象的劳务总量}$$

某受益对象应负担的辅助生产费用=该受益对象接受的劳务供应总量×费用分配率

 学中做

------------------------------------------------------------

【例5-18】东风家具厂的两个辅助生产车间机修车间、运输车间成本总额分别为13 538元和14 710元，假定这两个辅助生产车间供应的对象和劳务量分配如表5-18所示。

表5-18 辅助生产车间提供劳务量汇总表

| 受益对象 | | 机修/小时 | 运输/公里 |
| --- | --- | --- | --- |
| 辅助生产部门 | 机修车间 | | 1000 |
| | 运输车间 | 600 | |
| 基本生产部门 | | 900 | 9000 |
| 行政管理部门 | | 100 | 3000 |
| 合计 | | 1600 | 13 000 |

根据上述资料，用直接分配法计算各辅助生产部门的费用分配率如下：

$$机修车间分配率=\frac{13\,538}{1600-600}=13.538（元/小时）$$

$$运输车间分配率=\frac{14\,710}{13\,000-1000}=1.2258（元/公里）$$

根据费用分配率计算的各受益对象应负担的辅助生产成本，用分配表列出，如表5-19

所示。

表 5-19　辅助生产费用分配表（直接分配法）

| 辅助生产部门名称 | | | 机修车间 | 运输车间 | 合计 |
|---|---|---|---|---|---|
| 待分配费用 | | | 13 538 | 14 710 | 28 248 |
| 供应辅助生产部门以外单位的劳务量 | | | 1000 | 12 000 | — |
| 费用分配率（单位成本） | | | 13.538 | 1.2258 | — |
| 应借账户 | 制造费用——基本生产车间 | 耗用劳务量 | 900 | 9000 | — |
| | | 应分配金额 | 12 184.2 | 11 032.2 | 23 216.4 |
| | 管理费用 | 耗用劳务量 | 100 | 3000 | — |
| | | 应分配金额 | 1353.8 | 3677.8 | 5031.6 |
| 分配金额合计 | | | 13 538 | 14 710 | 28 248 |

根据上述列表编制如下会计分录。

借：制造费用——基本生产车间　　　　　　　　　　　　23 216.4

　　管理费用　　　　　　　　　　　　　　　　　　　　5 031.6

　　贷：生产成本——辅助生产成本——机修车间　　　　　　13 538

　　　　　　　　　　　　　　——运输车间　　　　　　　14 710

从上例可以看出，直接分配法由于各辅助生产部门待分配费用只对其以外的单位分配一次，因而计算工作简便。但由于各辅助生产部门包括的费用不全，如上例中机修车间的费用不包括所耗用的运输费，运输车间的费用中没有包括所耗用的机修费，这也会造成分配结果不够精确。因而，该种方法只适合各辅助生产部门之间相互提供劳务较少的情况。

2. 交互分配法的运用

交互分配法又称为二次分配法，是指先将辅助生产部门相互提供的劳务进行分配，然后再将交互分配后的实际费用，分配给辅助生产部门以外各受益单位的一种方法。应用交互分配法进行核算时，应遵循以下程序。

（1）交互分配。相关计算公式如下：

$$交互分配率 = \frac{某辅助生产部门待分配费用}{该辅助生产部门提供的劳务总量}$$

　　某辅助生产部门分配转入的辅助生产费用=该辅助生产部门受益的劳务量×对应交互分配率

　　某辅助生产部门分配转出的辅助生产费用=提供给某辅助生产部门的劳务量×对应交互分配率

　　某辅助生产部门对外待分配费用=原待分配费用+分配转入的辅助生产费用−分配转出的辅助生产费用

　　（2）对外分配。在这里进行的第二次分配的方式，与直接分配法一致，区别在于待分配的费用发生了变化。在这里用到的待分配费用，是经过第一次分配后形成的结果。相关计算公式如下：

$$某辅助生产部门对外费用分配率=\frac{该辅助生产部门对外待分配费用}{对外提供的劳务总量}$$

　　某受益单位应分摊的辅助生产费用=该单位受益的劳务量×对外费用分配率

 **学中做**

对例5-18中提供的资料，采用交互分配法进行辅助生产费用的分配计算如下。

1. 交互分配

$$机修车间交互分配率=\frac{机修车间待分配费用}{机修车间提供的劳务总量}=\frac{13\,538}{1600}=8.4613（元/小时）$$

$$运输车间交互分配率=\frac{运输车间待分配费用}{运输车间提供的劳务总量}=\frac{14\,710}{13\,000}=1.1315（元/公里）$$

机修车间分配转出的费用=600×8.4613=5076.78（元）

运输车间分配转出的费用=1000×1.1315=1131.50（元）

可以看出，一个部门分配转出的费用，即为另外部门分配转入的费用。以上面的数据为依据，机修车间分配转出的5076.78元，即是运输车间分配转入的费用；同理，运输车间分配转出的费用，也即为机修车间分配转入的费用。经过第一次在辅助部门内部交互分配后，两个辅助生产部门对外待分配费用发生了变化。但值得注意的是，变化前和变化后，辅助生产部门总的辅助生产费用之和是没有改变的。

机修车间对外待分配费用=13 538−5076.78+1131.50=9592.72（元）

运输车间对外待分配费用=14 710−1131.50+5076.78=18 655.28（元）

交互分配前，机修车间与运输车间待分配费用之和为13 538+14 710=28 248（元）。交互分配后，机修车间与运输车间待分配费用之和为9592.72+18 655.28=28 248（元），辅助生产部门总的辅助生产费用之和是没变的。

2. 对外分配

机修车间对外费用分配率 $=\dfrac{机修车间对外待分配费用}{对外提供的劳务总量}=\dfrac{9592.72}{1000}=9.5928$（元/小时）

运输车间对外费用分配率 $=\dfrac{运输车间对外待分配费用}{对外提供的劳务总量}=\dfrac{18655.28}{12000}=1.5546$（元/公里）

根据费用分配率计算的各受益对象应负担的辅助生产成本，采用交互分配法将两个辅助生产部门所发生的辅助生产成本进行分配后的结果用分配表列出，如表5-20所示。

表5-20　辅助生产费用分配表（交互分配法）

| 项目 | | | 交互分配 | | | 对外分配 | | |
|---|---|---|---|---|---|---|---|---|
| 辅助生产车间名称 | | | 机修 | 运输 | 合计 | 机修 | 运输 | 合计 |
| 待分配费用 | | | 13 538 | 14 710 | 28 248 | 9592.79 | 18 655.21 | 28 248 |
| 劳务供应数量总额 | | | 1600 | 13 000 | | 1000 | 12 000 | |
| 费用分配率 | | | 8.4613 | 1.1315 | | 9.5928 | 1.5546 | |
| 应借账户 | 辅助生产成本 | 机修车间 数量 | | 1000 | | | | |
| | | 机修车间 金额 | | 1131.50 | 1131.50 | | | |
| | | 运输车间 数量 | 600 | | | | | |
| | | 运输车间 金额 | 5076.78 | | 5076.75 | | | |
| | 金额小计 | | 5076.78 | 1131.50 | 6208.28 | | | |
| | 制造费用 | 生产车间 数量 | | | | 900 | 9000 | |
| | | 生产车间 金额 | | | | 8633.52 | 13 991.40 | 22 624.92 |
| | 管理费用 | 数量 | | | | 100 | 3000 | |
| | | 金额 | | | | 959.27 | 4663.81 | 5623.08 |
| | 对外分配金额合计 | | | | | 9592.79 | 18 655.21 | 28 248 |

根据上述列表编制如下会计分录。

第一次，交互分配会计分录。

借：辅助生产成本——机修车间　　　　　　　　　　1131.50

　　辅助生产成本——运输车间　　　　　　　　　　5076.78

　　贷：辅助生产成本——机修车间　　　　　　　　　507 6.78

　　　　辅助生产成本——运输车间　　　　　　　　　113 1.50

第二次，对外分配会计分录。

借：制造费用　　　　　　　　　　　　　　　　　22 624.92

　　管理费用　　　　　　　　　　　　　　　　　　5623.08

　　贷：辅助生产成本——机修车间　　　　　　　　　9592.79

　　　　辅助生产成本——运输车间　　　　　　　　18 655.21

与之前所学习的直接分配法相比，交互分配法对企业发生的辅助生产成本进行了二次分配，克服了直接分配法只将所发生的辅助生产成本在辅助部门以外受益单位进行分配的缺陷，这样使分配的结果较为客观、准确。但由于进行二次分配，所以计算工作量相对较大。另外，由于交互分配的分配率是根据交互分配前的待分配费用计算的，而并非各辅助部门的实际单位成本，因而分配结果并不能完全反映客观实际。这种方法在辅助部门相互提供劳务较多的情况下较为适宜。

3. 计划分配法的运用

通过前面两种辅助生产费用的分配方法学习，可以看出，在进行辅助生产费用分配的时候，最重要的步骤是对费用分配率的确定。因为在案例（或实际生产场景）中，辅助部门对外分配的劳务量是已知的、给定的，当费用分配率确定后，用费用分配率乘以对外提供的劳务量，就可以得出对外分配的结果。计划分配法下，首先，由生产部门会同财务等有关部门，根据以往生产的实际情况，将费用分配率用一个计划数确定下来，用计划分配率乘以实际分配出的劳务量（含辅助生产部门之间的分配），即可得出某个辅助生产部门费用分配的结果。由于这种分配结果是一个计划数，所以，再将计划数加上实际与计划差异的分配，即可得出最终的分配结果。综上所述，可以将计划分配法计算过程归纳如下。

（1）按计划成本分配。计算公式如下

某受益对象应分配劳务费用（含辅助生产部门）=该受益对象的受益数量×计划分配率

（2）计算成本差异。计算公式如下

成本差异=实际成本−计划成本

　　　　=（原待分配费用+其他辅助部门分配转入的计划成本）−计划成本

（3）成本差异分配。计算出的成本差异，一般有两种处理方式。当成本差异较小的时候，为简化核算，可不进行分配，直接计入管理费用当中，在这种情况下，实际分配结果与计划分配结果相等；当成本差异较大的时候，需将差异分配到辅助生产部门以外的受益单位，具体分配如下：

$$成本差异分配率=\frac{成本差异额}{辅助生产部门以外的受益单位劳务量}$$

某受益单位应分成本差异=该受益单位受益量×成本差异分配率

某部门分配到的实际成本=所分配的计划成本+成本差异

 **学中做**

仍以例 5-18 的资料为例，采用计划分配法进行辅助生产费用的分配计算如下。

补充条件：假定机修车间计划分配率为 8.4，运输车间计划分配率为 1.2，据此可编制辅助生产费用分配表（表 5-21）。

表 5-21　辅助生产费用分配表（计划分配法）

| 项目 | | | | 机修车间 | | 运输车间 | | 费用合计 |
|---|---|---|---|---|---|---|---|---|
| | | | | 数量 | 费用 | 数量 | 费用 | |
| 待分配费用 | | | | | 13 538 | | 14 710 | 28 248 |
| 计划成本分配 | | 计划分配率 | | | 8.4 | | 1.2 | |
| | 应借账户 | 辅助生产成本 | 机修 | | | 1000 | 1200 | 1200 |
| | | | 运输 | 600 | 5040 | | | 5040 |
| | | | 小计 | | 5040 | | 1200 | 6240 |
| | | 制造费用 | 基本生产车间 | 900 | 7560 | 9000 | 10 800 | 18 360 |
| | | 管理费用 | | 100 | 840 | 3000 | 3600 | 4440 |
| | 按计划成本分配合计 | | | | 13 440 | | 15 600 | 29 040 |
| | 辅助生产实际成本 | | | | 14 738 | | 19 750 | 34 488 |
| 成本差异分配 | 待分配成本差异 | | | | 1298 | | 4150 | 5448 |
| | 成本差异分配率 | | | | 1.298 | | 0.3458 | |

续表

| 项目 | | | 机修车间 | | 运输车间 | | 费用合计 |
|---|---|---|---|---|---|---|---|
| | | | 数量 | 费用 | 数量 | 费用 | |
| 应借账户 | 制造费用 | 基本生产车间 | 900 | 1168.20 | 9000 | 3 112.2 | 4280.40 |
| | 管理费用 | | 100 | 129.80 | 3000 | 1037.8 | 1167.60 |
| 成本差异分配合计 | | | | 1298 | | 4150 | 5448 |

根据上述列表编制会计分录如下。

按计划分配率分配辅助生产部门成本的会计分录。

借：辅助生产成本——机修车间         1200

      ——运输车间         5040

  制造费用——基本生产车间        18 360

  管理费用             4440

 贷：辅助生产成本——机修车间        13 440

       ——运输车间        15 600

按成本差异分配的会计分录。

借：制造费用——基本生产车间         4280.40

  管理费用             1167.60

 贷：辅助生产成本——机修车间         1298

       ——运输车间         4150

在实际工作当中采用计划分配法对于成本会计人员而言是比较便捷的，因为这种方法无须计算分配率，每月直接可将辅助生产费用在受益对象之间进行分配，只需在年末时一次结转差异，将分配出的实际成本调整为计划成本。当差异较小时，还可将此差异直接转为管理费用进行处理，所以采用这种方法大大简化了辅助生产费用的分配工作。但需要注意的是，采用这种方法，企业必须有健全的成本管理体系，同时对于计划分配率（即单位计划成本）的制定要科学、严密，否则将影响辅助生产费用分配的准确性。

4. 代数分配法的运用

通过前面几种方法的学习已经很清楚地知道，在进行辅助生产部门费用分配时，一个重要的条件就是各个辅助部门的费用分配率。当费用分配率已知时，所有的分配结果都可以得出。所以，在代数分配法下，将每个辅助部门的费用分配率设为一个待求值，利用费用结转过程中存在的钩稽关系，确立出数学方程式，通过方程式解出预设的待求值，最终实现辅助费用的分配。

 **学中做**

- - - - - - - - - - - - - - - - - - - - - - - - - - - - - - - - - - - - - - - - - - -

仍以例 5-18 资料为例，采用代数分配法进行辅助生产费用的分配计算如下。

设机修车间的费用分配率为 $X$，运输车间的费用分配率为 $Y$，根据费用结转过程中的关系，可以建立如下方程组：

$$1600X = 13\,538 + 1000Y \tag{5-1}$$

$$13\,000Y = 14\,710 + 600X \tag{5-2}$$

通过求解方程组得出：$X = 9.44$，$Y = 1.57$。

根据上列计算结果，可编制出代数分配法下的辅助生产费用分配表（见表 5-22）。

表 5-22　辅助生产费用分配表（代数分配法）

| 辅助生产部门名称 | | | | 机修车间 | 运输车间 | 合计 |
|---|---|---|---|---|---|---|
| 待分配费用 | | | | 13 538 | 14 710 | 28 248 |
| 劳务供应总量 | | | | 1600 | 13 000 | |
| 用代数分配法计算得出的实际单位成本 | | | | 9.44 | 1.57 | |
| 应借账户 | 辅助生产成本 | 机修车间 | 耗用数量 | | 1000 | |
| | | | 分配金额 | | 1570 | 1570 |
| | | 运输车间 | 耗用数量 | 600 | | |
| | | | 分配金额 | 5644 | | 5644 |
| | | 分配金额小计 | | | | |
| | 制造费用 | 基本生产成本 | 耗用数量 | 900 | 9000 | |
| | | | 分配金额 | 8496 | 14 130 | 22 626 |
| | 管理费用 | | 耗用数量 | 100 | 3000 | |
| | | | 分配金额 | 944 | 4710 | 5654 |
| 分配金额合计 | | | | 15 084 | 20 410 | 35 494 |

根据上述列表编制如下会计分录。

借：辅助生产成本——机修车间       1570

      ——运输车间        5644

  制造费用——基本生产车间     22 626

  管理费用            5654

 贷：辅助生产成本——机修车间      15 084

      ——运输车间       20 410

一般认为，采用代数分配法得出的分配结果最准确，但如果辅助部门较多（如 3 个甚至更多），则解联立方程式较为困难。但由于当今计算机等现代工具的普及应用，这一困难已逐步化解。

5. 顺序分配法

在前面 4 种方法里可以看出，无论是先进行机修车间辅助生产费用的分配，还是进行运输车间辅助生产费用的分配，对最终的结果是没有影响的。现在要学习的顺序分配法，是指各辅助生产部门分配费用按照受益多少的顺序排列，受益少的先分配，受益多的后分配。辅助部门按受益情况分配完毕后，再对辅助部门以外的其他受益单位进行分配。这种分配方法的特点是：前者分配给后者，而后者不分配给前者，每个辅助生产部门的待分配费用等于原待分配费用加上前者分配转入的费用之和。

## ✎ 学中做

----------------------------------------------------------------

仍以例 5-18 资料为例，采用顺序分配法进行辅助生产费用的分配计算如下。

根据前述顺序分配法的要求及特点，在进行分配之前，首先应判断每个辅助生产部门受益多少，据此决定分配顺序。在这里需要提醒的是，这一步虽然发生在正式计算程序之外，但是如果分配顺序确定有误，则后面的计算结果就完全错了，所以该步骤非常重要。

根据例 5-18 的条件，首先确定其分配顺序。

（1）机修车间费用分配率=13 538÷1600=8.4613（元/小时），机修车间分配给运输车间的费用为 8.4613×600=5076.78 元，即运输车间受益 5076.78 元。

（2）运输车间费用分配率=14 710÷13 000=1.1315（元/公里），运输车间分配给机修车间的费用为 1.1315×1000=1131.50 元，即机修车间受益 1131.50 元。

1131.50＜5076.78，由此可判断，机修车间先分配。

根据这一分配顺序编制辅助生产费用分配表，如表 5-23 所示。

表 5-23　辅助生产费用分配表（顺序分配法）

| 项目 | | 辅助生产成本 | | 制造费用 | 管理费用 | 合计 |
|---|---|---|---|---|---|---|
| | | 机修车间 | 运输车间 | 基本生产 | | |
| 机修车间 | 供应数量 | | 600 | 900 | 100 | 1600 |
| | 直接费用 | | | | | 13 538 |
| | 待分配费用 | | | | | 13 538 |
| | 分配率 | | | | | 8.4613 |
| | 分配金额 | | 5076.78 | 7615.17 | 846.05 | 13 538 |
| 运输车间 | 供应数量 | | | 9000 | 3000 | 12 000 |
| | 直接费用 | | | | | 14 710 |
| | 待分配费用 | | | | | 19 786.78 |
| | 分配率 | | | | | 1.6490 |
| | 分配金额 | | | 14 841 | 4945.78 | 19 786.78 |
| 分配金额合计 | | 5076.78 | 22 456.17 | 5791.83 | 33 324.78 |

根据上述列表编制会计分录如下。

借：辅助生产成本——运输车间　　　　　　　　　　　5076.78
　　　制造费用——基本生产车间　　　　　　　　　　22 456.17
　　管理费用　　　　　　　　　　　　　　　　　　　5791.83
　　贷：辅助生产成本——机修车间　　　　　　　　　13 538
　　　　　　　　——运输车间　　　　　　　　　　　19 786.78

由上例可知，采用顺序分配法不进行交互分配，各辅助生产部门只分配一次辅助生产费用，即分配给辅助生产以外的受益单位和排在后面的其他辅助生产部门，因而计算工作较为简便。但其毕竟未全面考虑辅助生产部门之间的交互服务关系，因此分配结果不够准确。采用这种方法，适用于辅助生产部门较多且交互服务数量有明显差异（便于排序）的企业。

## 5.5 制造费用的归集与分配

| 学习任务单 | | |
|---|---|---|
| 本单元标题：5.5 制造费用的归集与分配 | | |
| 重点难点 | 制造费用的概念、内容、账务处理<br>"实际分配率法"的特点与计算步骤<br>"计划分配率法"的特点与计算步骤<br>相关账户设置与账务流转程序 | |
| | 能力（技能）目标 | 知识目标 | 素质目标 |
| 教学<br>目标 | （1）能正确归集制造费用；<br>（2）能运用"实际分配率法"分配制造费用；<br>（3）能运用"计划分配率法"分配制造费用；<br>（4）能正确编制与审核相关费用单据，并做相应账务处理 | （1）"实际分配率法"的特点与计算步骤；<br>（2）"计划分配率法"的特点与计算步骤；<br>（3）相关账户设置与账务流转程序 | （1）工作耐心细致；<br>（2）思维严谨，逻辑清晰 |
| 扩展<br>目标 | （1）能够编制制造费用分配表；<br>（2）能够理解在年度计划分配率法下，制造费用余额的处理 | | |
| 能力训练<br>任务及案例 | （1）学生根据项目资料建账；<br>（2）教师引导学生学习制造费用的归集与分配方法；<br>（3）学生登记原始单据及账簿 | | |
| 教学资源 | 教师：课本、课件、单元教学设计、整体教学设计 | | |
| | 实训条件：教学多媒体设备 | | |

 **案例导入**

林月发现，在产品生产过程中，有些成本费用的发生可以直接归属到某个成本计算对象上，例如，当月生产肉松面包有 3 个工人，工资总额为 5500 元。她很清楚这笔费用的发生应该记在肉松面包上，但是生产使用的设备烤箱的月损耗、车间的电费是否应该记在产品成本上？如果要记录，该采用什么样的方法来进行分配呢？

### 5.5.1 制造费用的归集

1. 制造费用概述

在构成产品成本的各项生产费用中，能分清何种产品所耗用的，可直接计入某种产品成本的费用，称为直接生产费用（直接费用）；不能分清何种产品所耗用的，难以直接计入某种产品成本的，必须按一定的标准分配计入有关产品成本的费用，称为间接生产费用（间接费用）。在企业会计实务中，人们往往将直接成本费用记入"生产成本"账户，而将间接成本费用记入"制造费用"账户。

制造费用是指企业为生产产品或劳务而发生的各项间接费用，包括企业生产部门（或车间）管理人员的工资薪酬、折旧费、办公费、水电费、物料消耗、劳动保护费、季节性和修理期间的误工损失等。

值得注意的是，企业在从事生产经营过程中，所发生的成本费用种类非常多，在判断哪些费用是直接费用，哪些费用是间接费用时，不能单纯从某种费用的名称或用途去判断。例如，简单地认为材料费用、人工费用是直接费用，而水电费就是间接费用是不妥的。判断某种成本费用是否为直接费用的标准，主要依据该笔费用的发生是否能直接追溯到某个成本计算对象上面。企业多样化的生产工艺和过程，使这个判别工作尤为重要，材料费、人工费也可能是间接费用，要记入"制造费用"账户当中；而水电费也有可能是直接费用，要记入"生产成本"账户当中。

2. 制造费用归集的程序

制造费用的归集是通过"制造费用"账户进行的，该项账户按生产部门（基本生产车间、辅助生产车间）设置明细账户，账户内按费用项目设专栏。当某笔间接费用发生时，根据材料费用分配表、人工费用分配表、折旧费用分配表、付款凭证等记入制造费用借方相应的专栏内。

 学中做

-------------------------------------------------------------

【例 5-19】东风家具厂生产一车间 2013 年 12 月制造费用明细账如表 5-24 所示。

表 5-24　制造费用明细账

车间：一车间　　　　　　　　　　　2013 年 12 月　　　　　　　　　　单位：元

| 日期 | 摘要 | 材料费 | 人工费 | 维修费 | 水电费 | 折旧费 | 合计 | 转出 |
|------|------|--------|--------|--------|--------|--------|------|------|
| 略 | 材料费用分配表 | 4000 | | | | | | |
| | 工资费用分配表 | | 9000 | | | | | |
| | 折旧费用分配表 | | | | | 2000 | | |

**成本核算与控制**

| 日期 | 摘要 | 材料费 | 人工费 | 维修费 | 水电费 | 折旧费 | 合计 | 转出 |
|---|---|---|---|---|---|---|---|---|
| | 付款凭证 | | | 500 | 500 | | | |
| | 制造费用分配表 | | | | | | | |
| | 合计 | 4000 | 9000 | 500 | 500 | 2000 | 16 000 | 16 000 |

需要指出的是，对于辅助生产车间发生的费用，如果辅助生产的制造费用是通过"制造费用"账户单独核算的，则应比照基本生产车间发生的费用核算；如果辅助生产的制造费用不通过"制造费用"账户单独核算，则应全部计入"辅助生产成本"账户及其明细账的有关成本费用项目。

### 5.5.2 制造费用的分配

为了正确计算产品的生产成本，必须合理地分配制造费用。基本生产车间的制造费用是产品生产成本的组成部分。在只生产一种产品的车间，制造费用可以直接计入该种产品的生产成本；在生产多种产品的车间，制造费用应该采用既合理又简便的分配方法，分配计入各种产品的生产成本，即记入"基`本生产成本"科目及其明细账的"制造费用"成本项目。

制造费用的分配方法一般有以下两类。

1. 实际分配率法下的制造费用分配

其计算的基本公式为：

$$某车间制造费用的实际分配率 = \frac{该车间本期制造费用总额}{该车间各产品分配标准总和}$$

某产品应分配制造费用=该产品（劳务）分配标准×该车间制造费用分配率

上述公式中的分配标准，一般可由生产工人工时、生产工人工资、机器工时来确定。企业可根据自己的生产特点及管理要求选定最合理的。

按生产工时分配制造费用，能够将劳动生产率与产品负担的水平联系起来，劳动生产率低的工序，消耗工时多，负担的制造费用必然比较多，导致产品成本高，销售利润率低。

按生产人员工资分配制造费用，由于工资费用分配表中有生产人员的工资数据，所以采用这种分配方法的分配依据非常容易取得，核算工作比较简单。这种方法适用于各种产品机械化生产程度基本相同的企业。其原因在于：制造费用中有相当一部分与机械使用有关，如设备的折旧、维修、保险等。产品生产机械化程度高，对应的折旧等费用就多；对应的部门多，所承担的这些费用就多。

按机器工时比例分配制造费用的方法，适用于机械化程度比较高的企业或车间。在机械化程度比较高的车间中，制造费用中相当大的部分与机械设备有关，而这部分费用与设备的运转时间有密切联系，因而采用这种方法的分配结果比较符合配比原则的要求。

 学中做

【例 5-20】按例 5-19 的资料，假设 2013 年 12 月该车间生产办公桌与办公椅两种产品，人工费用为 9000 元，其中，加工办公桌的工人工资为 4000 元，加工办公椅的工人工资为 5000 元，按照生产工资比例来分配该车间当月的制造费用，具体如下所示。

$$制造费用分配率=\frac{该车间本期制造费用总额}{该车间各产品分配标准总和}=\frac{16\,000}{4000+5000}=1.7777$$

办公桌应负担的制造费用=4000×1.7777=7110.80（元）

办公椅应负担的制造费用=16 000−7110.80=8889.20（元）

根据计算结果编制如下会计分录。

借：基本生产成本——办公桌            7110.80

　　　　　　　　——办公椅            8889.20

　　贷：制造费用                        16 000

2. 年度计划分配率法下的制造费用分配

采用该方法，要先根据企业正常经营条件下的年度制造费用预算数和预计产量的定额标准数预先计算分配率，然后按此分配率分配制造费用。

此种方法的基本公式如下：

$$制造费用年度计划分配率=\frac{年度制造费用计划总额}{年度预计产量的定额标准数}$$

某种产品应分配的制造费用=该种产品的实际产量定额标准×年度计划分配率

上述公式中的定额标准数，可以采用生产工人工时、工资，或机器工时数等。

按计划分配率分配的制造费用数额与制造费用实际数额之间一般存在一定差异，对此差异的处理方法是：将其差额按已分配的比例进行一次再分配，计入各生产单位

所生产的各产品的成本中。实际数大于已分配数的，用蓝字补记，小于已分配数的用红字冲回。

 **学中做**

------

【例5-21】东风家具厂基本生产车间年度制造费用计划数为975 000元；全年产品的计划产量为A产品9000件，B产品6000件；单位产品定额工时为A产品6小时，B产品4小时；本月实际产量为A产品800件，B产品600件；本月实际发生制造费用为84 000元。采用计划分配率法分配制造费用。

A产品计划产量定额工时=9000×6=54 000（小时）

B产品计划产量定额工时=6000×4=24 000（小时）

制造费用计划分配率=975 000÷（54 000+24 000）=12.5（元/小时）

本月A产品应分配制造费用=800×6×12.5=60 000（元）

本月B产品应分配制造费用=600×4×12.5=30 000（元）

根据制造费用分配结果，编制如下会计分录。

借：生产成本——基本生产成本（A产品）　　　　　60 000

　　　　　　　　　　　　　　　（B产品）　　　　　30 000

　　贷：制造费用　　　　　　　　　　　　　　　　　　　　　90 000

分配结果显示，按计划分配率本月共分配制造费用90 000元，比本月实际发生的制造费用84 000元多了6000元。

假定全年末，该车间实际发生制造费用1 008 000元，按计划分配的制造费用为A产品740 000元，B产品380 000元。共发生差异为-112 000元。差异率为

（-112 000）÷（740 000+380 000）=-0.1。

A产品应分配的差异额=740 000×（-0.1）=-74 000（元）

B产品应分配的差异额=380 000×（-0.1）=-38 000（元）

根据计算结果，实际发生的费用比按计划分配率转出费用节约了112 000元，应予以冲转，编制如下会计分录。

借：生产成本——基本生产成本（A产品）　　　　　-74 000

　　　　　　　　　　　　　　　（B产品）　　　　　-38 000

贷：制造费用　　　　　　　　　　　　　　　　－112 000

## 5.6　废品损失的核算

| 学习任务单 | | |
|---|---|---|
| 本单元标题：5.6　废品损失的核算 | | |
| 重点难点 | 废品损失与停工损失的内涵<br>不可修复废品损失的核算<br>相关账户设置与账务流转程序 | |
| 教学目标 | 能力（技能）目标 | 知识目标 | 素质目标 |
| 教学目标 | （1）能正确计算废品损失；<br>（2）能正确计算停工损失；<br>（3）能正确编制与审核相关费用单据，并做相应账务处理 | （1）废品损失与停工损失的内涵；<br>（2）废品损失与停工损失的计算；<br>（3）相关账户设置与账务流转程序 | （1）工作耐心细致；<br>（2）思维严谨，逻辑清晰 |
| 扩展目标 | （1）编制废品损失账户，核算废品损失；<br>（2）除废品损失、停工损失外，其他损失的核算 | | |
| 能力训练<br>任务及案例 | （1）学生根据项目资料建账；<br>（2）教师引导学生学习废品损失与停工损失的核算方法；<br>（3）学生登记原始单据及账簿 | | |
| 教学资源 | 教师：课本、课件、单元教学设计、整体教学设计 | | |
| 教学资源 | 实训条件：教学多媒体设备 | | |

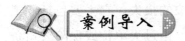

**案例导入**

林月的食品加工厂 12 月的生产情况很不顺利，由于业务量的不断增加，她新招聘了4 名生产工人，可是由于工人对生产设备不够熟悉，结果导致一批面包烤焦，无法销售，变成废品。厂里的会计师告诉她，这个月将会由于这些情况的出现，而导致产品成本增加。那么，这些废品损失和停工损失该如何计量和记录呢？

### 5.6.1　废品损失与停工损失的含义

企业的生产损失是指在生产过程中发生的不能正常产出的各种耗费。通常情况下，可将其归为四大类：一是生产损耗，即投入料的跑、冒、滴、漏及自然耗费；二是生产废料，即生产过程中产生的边角余料；三是废品损失，即生产过程中造成的产品质量不符合规定的技术标准而发生的损失；四是停工损失，即由于机器故障及季节性生产、修理期间的停工而发生的耗费。这四类中的前两类，即生产损耗和生产废料，在成本计算时已经进行了考虑，有的被列入产品成本，有的变卖或作价入库成为收入。因此，真正属于成本核算中的生产损失主要指的是废品损失和停工损失。

### 1. 废品损失的含义

要准确理解废品损失的含义，首先应明确什么是废品。生产中的废品是指不符合规定的技术标准，不能按照原定用途使用，或者需要加工修理才能使用的在产品、半成品或产成品。它包括在生产过程中发现及入库后发现的所有废品，但不包括：入库时确定为合格品，但由于保管不善等原因而发生损坏变质的产品；质量虽不符合规定标准，但经检验，不用返修即可进行降级出售或使用的产品；实行"三包"的企业在产品出售后发现废品所发生的一切损失。

废品按能否修复可以分为可修复废品与不可修复废品。可修复废品是指经过修理可以使用，而且所花费的代价（即修复费用）在经济上合算的废品；不可修复废品则是指技术上不能修复，或者所花费的修复费用在经济上不合算的废品。

基于以上对废品概念的认识，可以得出废品损失的含义，即废品损失是指在产品生产过程中造成的产品质量不符合规定的技术标准而发生的报废损失和修复费用。

### 2. 停工损失的含义

与废品损失不同，停工损失是指企业生产部门由于停电、待料、机器设备发生故障或进行大修、发生灾害，以及计划减产而停止正常生产所造成的损失。它主要包括停工期间所消耗的燃料与动力费、工资与福利费用及制造费用等。由过失单位或保险公司负担的赔款应冲减停工损失。为了简化核算工作，停工不满一个工作日的，一般不计算停工损失。值得注意的是，对季节性生产企业在停工期内的费用，不作为停工损失，该损失由开工期内的生产成本负担，另作处理。

### 5.6.2　废品损失的核算方法

企业为了单独核算废品损失，一般会单设"废品损失"账户，该账户为一级账户，借方登记包括不可修复废品的生产成本或可修复废品的修复费用；贷方反映废品残余价值的回收、有关赔偿的数额及分配转出的废品损失。废品损失账户贷方余额会结转至相应的"生产成本"账户中，这也意味着废品的损失全部由合格品来承担。废品的出现会增加现有合格产品的成本。废品损失账户期末无余额。

1．不可修复废品损失的核算

 学中做

【例5-22】东风家具厂2013年12月生产电脑椅150把，经测算应归集到这批产品的总成本为9000元。生产结束验收入库时，品管人员发现，其中有4件产品在搬运入库时发生了严重的损坏，且无修复的意义。报经主管部门批准，对4件废品作报废处理，变卖后获取残料价值100元。根据以上条件，财务人员应做如下处理：

由于废品是在全部工序完成后才发现的，这意味着废品的成本与合格品的成本是一致的，所以可以确认废品的成本=9000÷150×4=240元。根据已知条件做出如下账务处理。

（1）将废品的成本从合格品成本中调出。

借：废品损失——电脑椅　　　　　　　　　　　　　　240
　　贷：基本生产成本——电脑椅　　　　　　　　　　　　240

（2）残料价值冲减废品损失。

借：库存现金　　　　　　　　　　　　　　　　　　　100
　　贷：废品损失——电脑椅　　　　　　　　　　　　　100

（3）结平废品损失账户，使废品损失由合格品的成本来负担。

借：基本生产成本——电脑椅　　　　　　　　　　　　140
　　贷：废品损失——电脑椅　　　　　　　　　　　　　140

通过上例可以清晰地看到不可修复废品损失的核算过程，一般来讲可分为三个步骤。但上例仅反映不可修复废品损失核算的一个基本流程，在实际工作中，情况往往要复杂一些，通常体现在不可修复废品价值的确认上。在上例中，由于废品是在入库前才发现的，所以废品价值的确认较为简单，但当废品发生在生产加工过程中的某个阶段时，对其价值的确认就会变得很复杂，通常借助分析成本项目（一般指直接材料、直接人工、制造费用三个部分）来完成对废品价值的确认。

**📖 学中做**

- - - - - - - - - - - - - - - - - - - - - - - - - - - - - - - - - - - - - - - - - - - - -

【例5-23】东风家具厂 2013 年 12 月投产电脑椅 150 把,当生产加工至 50%的阶段,出现废品 4 件。月末完工 146 件产品经检验合格入库。废品残料变现 120 元。当月总计发生材料费用 6000 元(原材料在生产开始时一次性投入),人工费用 2072 元,制造费用 1036 元。根据以上条件,财务人员应做如下处理。

(1)应确认废品的价值。在该例中可以发现,废品是在加工过程中发生的,这使得单件废品的成本与单件合格品的成本不一致,不能像前例简单地将成本平均开。所以,在本例中,需按成本项目逐一分析,来确认废品所承担的成本。

① 废品应承担的材料费用。根据已知条件可以知道,该企业在生产过程中,原材料是在生产开始时一次投入的,这也意味着,每件废品占用的材料费用与每件合格品占用的材料费用是一致的,所以废品的材料费用=6000÷150×4=160 元。

② 废品应承担的人工费用。很明显,人工费用的计算与材料费用的计算有着很大的不同,这主要是因为二者发生的特征不一致。原材料费用是一次性投入的,而人工费用的发生不是一次性投入的,人工费用的发生应该是随着完工进度陆续发生的。换言之,加工的时间越长,所耗的人工费用越多,这也造成了本例中单件废品人工费用必然会小于单件合格品的人工费用。根据已知条件,4 件废品是在加工至 50%的阶段发生的,所以,对于人工费用的分配做如下计算:

$$人工费用分配率=\frac{2072}{146+4\times50\%}=14(元/件)$$

废品的人工费用=14×4×50%=28 元

③ 废品应承担的制造费用。一般认为,制造费用发生的特征与人工费用类似,所以对制造费用核算的方法与人工费用是相同的。

$$制造费用分配率=\frac{1036}{146+4\times50\%}=7(元/件)$$

废品的制造费用=7×4×50%=14 元。

综合上述计算过程,可以将废品所承担的成本确认为=160+28+14=202 元。

(2)根据计算结果做出如下会计分录。

① 将废品的成本从合格品成本中调出。

借:废品损失——电脑椅　　　　　　　　　　　　　　　　202

　　贷:基本生产成本——电脑椅　　　　　　　　　　　　　　　202

② 残料价值冲减废品损失。

借：库存现金　　　　　　　　　　　　　　　　　　　120

　　贷：废品损失——电脑椅　　　　　　　　　　　　　　　120

③ 结平废品损失账户，使废品损失由合格品的成本来负担。

借：基本生产成本——电脑椅　　　　　　　　　　　　　82

　　贷：废品损失——电脑椅　　　　　　　　　　　　　　　82

2．可修复废品损失的核算

相对而言，对可修复废品损失的核算较为简单。通过前面的学习已经知道，可修复废品损失是指在修复过程中发生的各种费用的合计，这与不可修复废品损失在确认时需要将其成本从全部成本当中分解出来是完全不同的。对可修复废品损失的核算，同样也是通过"废品损失"账户进行的。

### 学中做

- - - - - - - - - - - - - - - - - - - - - - - - - - - - - - - - - - - - - - -

【例5-24】东风家具厂2013年12月生产电脑椅150把，经测算应归集到这批产品的总成本为9000元。生产结束验收入库时，品管人员发现，其中有4件产品在搬运入库时发生了损坏，经检验，损坏的4件产品经过一定的修复程序仍可以使用。根据记录当月修复这4件产品发生了材料费用50元，人工费用30元，制造费用10元。根据上述条件做如下账务处理。

（1）归集所发生的废品修复费用。

借：废品损失——电脑椅　　　　　　　　　　　　　　90

　　贷：原材料　　　　　　　　　　　　　　　　　　　　50

　　　　应付职工薪酬　　　　　　　　　　　　　　　　　30

　　　　制造费用　　　　　　　　　　　　　　　　　　　10

（2）将废品损失费用全部转由合格品来承担。

借：基本生产成本——电脑椅　　　　　　　　　　　　90

　　贷：废品损失——电脑椅　　　　　　　　　　　　　　90

在上例中，企业最终还是获取了150件合格品，但是合格品的成本由9000元上升至9090元。需要提醒大家的是，所发生的废品修复费用，是由全部合格品来承担的，而并非由发生毁损的4件待修复废品来承担。

## 5.7　生产成本在完工产品与月末在产品之间的分配

| 学习任务单 | | | |
|---|---|---|---|
| 本单元标题：5.7　生产成本在完工产品和月末在产品之间的分配 | | | |
| 重点难点 | "在产品"的内涵及其与完工产品之间的关系<br>"在产品忽略不计法"的特点与计算程序<br>"在产品按固定成本计价法"的特点与计算程序<br>"在产品按完工产品成本计价法"的特点与计算程序<br>"在产品按所耗原材料成本计价法"的特点与计算程序<br>"约当产量法"的特点与计算程序<br>企业定额资料的识别与应用<br>"在产品按定额成本计价法"的特点与计算程序<br>定额比例法的计算程序<br>相关账户设置与账务流转程序 | | |
| 教学<br>目标 | 能力（技能）目标 | 知识目标 | 素质目标 |
| 教学<br>目标 | （1）能运用"在产品忽略不计法"分配成本费用；<br>（2）能运用"在产品按固定成本计价法"分配成本费用；<br>（3）能运用"在产品按完工产品成本计价法"分配成本费用；<br>（4）能运用"在产品按所耗原材料成本计价法"分配成本费用；<br>（5）能运用"约当产量法"分配成本费用；<br>（6）能运用"在产品按定额成本计价法"分配成本费用；<br>（7）能运用"定额比例法"分配成本费用；<br>（8）能正确编制与审核相关费用单据，并做相应账务处理 | （1）"在产品"的内涵及其与完工产品之间的关系；<br>（2）"在产品忽略不计法"的特点与计算程序；<br>（3）"在产品按固定成本计价法"的特点与计算程序；<br>（4）"在产品按完工产品成本计价法"的特点与计算程序；<br>（5）"在产品按所耗原材料成本计价法"的特点与计算程序；<br>（6）"约当产量法"的特点与计算程序；<br>（7）"在产品按定额成本计价法"的特点与计算程序；<br>（8）"定额比例法"的特点与计算程序；<br>（9）相关账户设置与账务流转程序 | （1）工作耐心细致；<br><br>（2）思维严谨，逻辑清晰 |
| 扩展<br>目标 | （1）熟悉相关账户的设置、账务处理方法；<br>（2）理解不同方法的运用 | | |

续表

| 学习任务单 | | | |
|---|---|---|---|
| 本单元标题：5.7　生产成本在完工产品和月末在产品之间的分配 | | | |
| 能力训练<br>任务及案例 | （1）学生根据项目资料建账；<br>（2）教师引导学生学习七种产品成本在完工产品与在产品之间的分配方法；<br>（3）学生登记原始单据及账簿 | | |
| 教学资源 | 教师：课本、课件、单元教学设计、整体教学设计 | | |
| | 实训条件：教学多媒体设备 | | |

 案例导入

2013 年 12 月 31 日结账后，会计师将本月的成本简报交给林月审阅。

本月加工完工产品肉松面包 65 000 个，截至结账时，尚有未加工完毕的在产品 1600 个。经过一系列生产费用的归集和分配之后，简报上按成本项目将数据列示如下：

| 项目 | 直接材料 | 直接人工 | 制造费用 | 合计 |
|---|---|---|---|---|
| 本月投入 | 80 000 | 12 000 | 6000 | 98 000 |
| 完工产品成本 | 78 000 | 11 000 | 5 200 | 94 200 |
| 月末在产品成本 | 2000 | 1000 | 800 | 3800 |

会计师解释道，企业所发生的成本费用在对象化到某一个产品后，到了月末，需要将归集起来的生产费用在完工产品及在产品之间进行分配，当然，如果产品全部是完工的，那么只要将生产费用全部结转给完工产品就可以了。但如果在月末既有完工产品又有在产品，那么就需要将这部分成本费用进行分配。生产费用在完工产品和在产品之间分配的方法有好几种，而每种方法计算出来的完工产品成本可能会不一致。既然有多种方法，那么到底哪种方法对她的工厂来说是最恰当的呢？

### 5.7.1　完工产品与在产品之间的算数关系

在产品是指企业已经投入生产，但尚未最后完工，不能作为商品销售的产品。在产品有广义和狭义之分。广义在产品是就整个企业而言的，它是指产品生产从投料开始，到最终制成产成品交付验收入库前的一切产品，包括正在加工中的在制品（含正在返修的废品）、已经完成一个或几个生产步骤但还需继续加工的半成品、尚未验收入库的产成品和等待返修的废品。狭义在产品是就某一些生产单位（如分厂或车间）或某一生产步骤来说的，它仅指本生产单位或本步骤尚未加工或装配完成的产品。如无特别指出，本章所提及的在产品均是指狭义在产品。

通过财务会计课程知识的学习，我们知道，企业所发生的生产费用一般是归集在"生产成本"账户，当企业月末出现完工产品时，账务处理是将生产成本结转到"库存商品"账户当中去的，会计分录如下：

（1）生产费用发生时：

借：生产成本——某产品

　　贷：原材料（或其他相关账户）

（2）月末结转完工产品成本：

借：库存商品——某产品

　　贷：生产成本——某产品

如果该部分产品到了月末并未全部加工完毕，那么，"生产成本"账户月末会出现借方余额，而这部分借方余额亦即在产品的成本。所以企业一般不会单设"在产品"账户，"在产品"是通过"生产成本"账户借方余额来体现的。

通过以上举例可以看出，在产品成本与完工产品成本之和就是产品的生产费用总额。由于本期期末在产品成本就是下期期初在产品成本，因此，在产品成本与完工产品成本的算数公式可以表达如下：

月初在产品成本+本月生产费用=本月完工产品成本+月末在产品成本

或：　　　　本月完工产品成本=月初在产品成本+本月生产费用−月末在产品费用

以上算数表达式看似简单，但对于成本核算而言，它带给我们的信息却远超其数学意义，从以上公式中我们可以得知：

（1）由于月初在产品成本和本月生产费用在通常情况下是已知数，那么我们可以将二者之和作为一个常数看待，公式告诉我们，本月完工产品成本和月末在产品成本共同分配当月生产费用总额。

（2）本月完工产品成本与月末在产品成本存在着此消彼长的关系，由于常数是固定不变的，当完工产品确认出的成本多时，月末在产品所得到的成本必然是少的。

（3）我们可以通过首先确认出在产品的成本，进而得出完工产品的成本。

### 5.7.2　约当产量比例法的运用

当企业产品生产过程中产量变化较大，并且月末在产品数量也较大，同时产品成本中原材料费用、人工及制造费用的比重相差不大的时候，我们往往会采用约当产量法。

要理解这种方法，首先我们应明确什么是约当产量。约当产量是仅指在产品而言的，它是指在产品数量折合成的完工产品的数量。在这里需要提醒大家注意的是，由于产品是由多个成本项目构成（包括直接材料、直接人工、制造费用等），一个案例（或一种产品生产加工）中，在产品的约当产量随着成本项目的计算可能存在变化。比如，某企业完工产品 100 件，在产品 50 件（在产品的加工程度为 50%），原材料在生产开始时一次性投料，则每件在产品所占用的材料成本与完工产品是一致的，那么，50 件在产品在其计算材料费用时的约当产量即为 50；而在计算人工费用时，由于在产品的加工程度只有 50%，所以每件在产品所占人工费用只有完工产品的 50%，所以，50 件在产品在其计算人工费用时的约当产量即为 50×50%=25 件；计算制造费用时所使用的约当产量与计算人工费用相同。

采用约当产量法，需分成本项目在完工产品与在产品之间进行成本分配，其计算的基本步骤如下：

$$某项费用分配率 = \frac{该项费用期初数 + 本期发生数}{完工产品数量 + 在产品约当产量}$$

完工产品应分配该项费用=完工产品数量×该项费用分配率

在产品应分配该项费用=在产品约当产量×该项费用分配率

每项费用（或每个成本项目）据此分配完毕后，通过求和即可得出最终完工产品成本与月末在产品的成本。通过以上公式我们也可以看出，进行费用分配的关键在于分配率的计算，而在分配率计算公式中，只有在产品的约当产量为未知数，所以，采用约当产量法最重要的环节就是对各个成本项目下在产品约当产量的计算。

1. "直接材料费用"的分配计算

1）材料在生产开始时一次性投入

生产开始时材料一次性投入，则不管是完工产品还是在产品，其所接受的投料程度均为 100%，这样无论在产品的完工程度如何，在分配材料费用时，直接可按完工产品和在产品数量比例来进行分配。

 学中做

- - - - - - - - - - - - - - - - - - - - - - - - - - - - - - - - - - - - - - - - - - - - - - - -

【例 5-25】东风家具厂 2013 年 12 月材料费用合计为 32 000 元，其中期初材料费用为

4000元，本期投入材料费用28000元；当月完工产品1000件，月末在产品600件，原材料在生产开始时一次性投入。

（1）计算在产品的约当产量。由于材料费用是在生产开始时一次性投入，则其投料程度均为100%。

$$在产品约当产量=600×100\%=600（件）$$

（2）计算材料费用分配率。

$$材料费用分配率=\frac{材料费用期初数+本期发生数}{完工产品数量+在产品约当产量}=\frac{32\,000}{1000+600}=20（元/件）$$

（3）计算材料费用分配结果。

完工产品应分配材料费用=完工产品数量×材料费用分配率=1000×20=20 000（元）

在产品应分配材料费用=在产品约当产量×材料费用分配率=600×20=12 000（元）

2）材料随完工进度均匀投入

与前述第一种不同，当材料随着完工进度陆续投入，在产品的投料程度应和其完工进度一致，在产品加工程度越高，所占材料成本比重越大，在产品的约当产量也就越大。

## 学中做

- - - - - - - - - - - - - - - - - - - - - - - - - - - - - - - - - - - - - - - - - - -

【例5-26】东风家具厂2013年12月材料费用合计为34 500元，其中期初材料费用为4500元，本期投入材料费用30 000元；当月完工产品1000件，月末在产品600件，其中100件加工至整个工序的30%，500件加工至整个工序的70%，原材料随完工进度陆续投入。

（1）计算在产品的约当产量。由于材料费用是随完工进度陆续投入的，则其对在产品约当产量的计算为：

$$在产品约当产量=100×30\%+500×70\%=380（件）$$

也就是说，与第一种投料方式不同，在此种条件下，600件在产品的约当产量为380件。

（2）计算材料费用分配率。

$$材料费用分配率=\frac{材料费用期初数+本期发生数}{完工产品数量+在产品约当产量}=\frac{34500}{1000+380}=25（元/件）$$

（3）计算材料费用分配结果。

完工产品应分配材料费用=完工产品数量×材料费用分配率=1000×25=25 000（元）

在产品应分配材料费用=在产品约当产量×材料费用分配率=380×25=9500（元）

3）材料在每道工序开始时一次性投入

企业在产品生产加工过程中，分工序投入材料的情况也较为普遍，如果出现每道工序都有投料的情况，并且每道工序都有在产品的时候，我们就需要分工序计算出投料程度及每道工序在产品的约当产量，据以计算出全部在产品的约当产量。

$$某道工序投料程度=\frac{在产品上道工序累计投入材料量+在产品在本工序投入材料量}{完工产品应投入材料量}\times100\%$$

 **学中做**

- - - - - - - - - - - - - - - - - - - - - - - - - - - - - - - - - - - - - - - - - - - - -

【例5-27】东风家具厂2013年12月材料费用合计为34 500元，其中期初材料费用为2880元，本期投入材料费用30 000元；当月完工产品1000件，月末在产品600件，该企业产品生产分三道工序完成，原材料是在每道工序开始加工时一次性投入，每道工序的投料情况及在产品的信息如表5-25所示。

表5-25　投料情况及在产品数量表

| 工序 | 投料量（千克） | 在产品数量（件） |
|---|---|---|
| 1 | 5 | 300 |
| 2 | 10 | 200 |
| 3 | 5 | 100 |
| 合计 | 20 | 600 |

（1）计算在产品的约当产量。由于材料费用是分工序一次性投入的，则其对在产品约当产量的计算亦应分工序进行：

第一道工序在产品投料程度=

$$\frac{在产品上道工序累计投入材料量+在产品在本工序投入材料量}{完工产品应投入材料量}\times100\%$$

$$=\frac{0+5}{20}\times100\%=25\%$$

第一道工序在产品约当产量=300×25%=75（件）

第二道工序在产品投料程度=

$$\frac{在产品上道工序累计投入材料量 + 在产品在本工序投入材料量}{完工产品应投入材料量} \times 100\%$$

$$= \frac{5+10}{20} \times 100\% = 75\%$$

第二道工序在产品约当产量=200×75%=150（件）

第三道工序在产品投料程度=

$$\frac{在产品上道工序累计投入材料量 + 在产品在本工序投入材料量}{完工产品应投入材料量} \times 100\%$$

$$= \frac{(5+10)+5}{20} \times 100\% = 100\%$$

第三道工序在产品约当产量 = 100×100%=100（件）

计算至此，我们得出，600 件在产品的约当产量 = 75+150+100=325（件）

（2）计算材料费用分配率。

$$材料费用分配率 = \frac{材料费用期初数 + 本期发生数}{完工产品数量 + 在产品约当产量} = \frac{32880}{1000+370} \approx 25（元/件）$$

（3）计算材料费用分配结果。

完工产品应分配材料费用=完工产品数量×材料费用分配率=1000×24=24 000（元）

在产品应分配材料费用=在产品约当产量×材料费用分配率=370×24=8880（元）

2. "直接材料费用"以外费用的分配计算

与直接材料费用的分配形式相似，直接材料费用以外的其他费用（我们一般指直接人工与制造费用）的分配，也是首先通过费用分配率的计算，然后再进行结果的分配。通过前面对直接材料费用分配的计算得知，分配率的计算，最重要的一点就是对在产品约当产量的确认。直接人工费用与制造费用的发生形式，存在着与直接材料费用发生形式明显的区别，就是这些费用的发生均只能按照完工进度陆续发生，这与直接材料可按一次性投料的方式使费用在某个时间点一次性发生完全不同。在实际工作中，人们往往以工时作为直接人工与制造费用发生多少的衡量标准，即在产品所耗工时越长，则所发生的直接人工与制造费用越多。

为了提高成本计算的正确性，加速成本的计算工作，可以按照各工序的累计工时定额占完工产品工时定额的比率计算，这要求我们事前确定各工序在产品的完工率。其计算公式如下：

$$某工序在产品完工率 = \frac{前面各工序工时定额之和 + 本工序工时定额 \times 50\%}{产品工时定额} \times 100\%$$

式中，本工序（即在产品所在工序）工时定额乘以 50%，是因为该工序中各件在产品的完工程度不同，为了简化完工率的测算工作，在本工序一律按平均完工率 50%计算。

 **学中做**

- - - - - - - - - - - - - - - - - - - - - - - - - - - - - - - - - - - - - - - - - - - - - - - -

【例5-28】东风家具厂2013年12月人工费用合计为7980元，当月完工产品200件，月末在产品 120 件，该企业产品生产分三道工序完成，每道工序的工时定额及在产品的信息如表5-26所示。

表 5-26　工时定额及在产品的数量表

| 工序 | 工时定额（小时） | 在产品数量（件） |
|---|---|---|
| 1 | 8 | 20 |
| 2 | 16 | 40 |
| 3 | 16 | 60 |
| 合计 | 40 | 120 |

（1）第一道工序在产品完工率

$$=\frac{\text{前面各工序工时定额之和}+\text{本工序工时定额}\times 50\%}{\text{产品工时定额}}\times 100\%$$

$$=\frac{8\times 50\%}{40}\times 100\%=10\%$$

（2）第二道工序在产品完工率

$$=\frac{\text{前面各工序工时定额之和}+\text{本工序工时定额}\times 50\%}{\text{产品工时定额}}\times 100\%$$

$$=\frac{8+16\times 50\%}{40}\times 100\%=40\%$$

（3）第三道工序在产品完工率

$$=\frac{\text{前面各工序工时定额之和}+\text{本工序工时定额}\times 50\%}{\text{产品工时定额}}\times 100\%$$

$$=\frac{(8+16)+16\times 50\%}{40}\times 100\%=80\%$$

（4）全部在产品的约当产量=20×10%+40×40%+60×80%=66（件）

（5）人工费用分配率=$\dfrac{\text{人工费用总额}}{\text{完工产品数量}+\text{在产品约当产量}}=\dfrac{7980}{200+66}=30$（元/件）

（6）完工产品应分摊的人工费用=200×30=6000（元）

（7）月末在产品应分摊的人工费用=66×30=1980（元）

当企业产品生产中所涉及的所有费用均按照前述方法在完工产品与在产品之间分配完毕后，对应的项目加总求和，即可得出最终完工产品的成本与月末在产品的成本。

### 5.7.3  在产品按定额成本计价法的运用

通过学习前述完工产品与在产品之间的数学关系，我们可以得知，完工产品与在产品共同对费用进行分配，二者是此消彼长的关系。前面所学习的方法中，在产品忽略不计法、在产品按固定成本计价法、在产品按所耗原材料计价法等方法，其计算思路均为先确定在产品的成本，然后用费用总额减去在产品成品，倒推得出完工产品成本。但上述三种方法均有自己独特的使用环境。如果企业在产品每月月末数量较大，数量变化也较大，成本构成项目也较为均衡，则上述三种方法是无法使用的。但当企业产品生产中各项消耗定额或费用定额制定比较准确稳定的情况下，我们可以按照已有定额资料先行确认出在产品的定额成本，然后再推算出完工产品的成本，这种方法计算的基本思路是：

某产品月末在产品定额成本=月末在产品数量×在产品单位定额成本

某产品完工产品成本=该产品本月生产费用合计−该产品月末在产品成本

关于月末在产品定额成本的确认，还需分具体情况来处理，如有必要，月末在产品成本也需按成本项目分别确认，即分项目确认出月末在产品所耗原材料的定额成本、月末在产品定额人工费用、月末在产品定额制造费用，再汇总得出月末在产品定额成本。

 **学中做**

- - - - - - - - - - - - - - - - - - - - - - - - - - - - - - - - - - - - - - - - - - - - - - - - - - - -

【例5-29】东风家具厂2013年12月各项费用月初及本月合计数分别为：直接材料32000元；直接人工费用24000元；制造费用11000元。本月完工产品240件，月末在产品120件，在产品在每道工序的完工程度均按50%计算。该企业产品生产分三道工序完成，原材料在生产开始时一次性投入，单件产品原材料消耗定额为100元；每道工序的工时定额及在产品的信息如表5-27所示，直接工资定额为4元/小时，制造费用定额为2元/小时。

表 5-27    工时定额及在产品的数量表

| 工序 | 工时定额（小时） | 在产品数量（件） |
|------|------------------|------------------|
| 1 | 8 | 20 |
| 2 | 16 | 40 |
| 3 | 16 | 60 |
| 合计 | 40 | 120 |

（1）在产品定额原材料费用。由于原材料是在产品开始生产时一次性投入，所以每件在产品材料费用定额与完工产品材料费用定额是一致的。

在产品定额原材料费用=120×100=12 000（元）

（2）在产品定额人工费用。由于 120 件在产品被分布在不同的工序上面，人工费用的发生特征是随着完工进度陆续均匀发生的，所以，计算在产品定额人工费用时，我们需要分不同步骤来分别计算。

第一道工序：在产品定额人工费用=20×8×50%×4=320（元）

第二道工序：在产品定额人工费用=40×（8+16×50%）×4=2560（元）

第三道工序：在产品定额人工费用=60×（8+16+16×50%）×4=7680（元）

在产品定额人工费用合计=320+2560+7680=10 560（元）

（3）在产品定额制造费用。在产品定额制造费用的计算与定额人工费用的计算一致。

第一道工序：在产品定额制造费用=20×8×50%×2=160（元）

第二道工序：在产品定额制造费用=40×（8+16×50%）×2=1280（元）

第三道工序：在产品定额制造费用=60×（8+16+16×50%）×2=3840（元）

在产品定额制造费用合计=160+1280+3840=5280（元）

（4）计算完工产品成本。

完工产品材料费用=32 000－12 000=20 000（元）

完工产品人工费用=24 000－10 560=13 440（元）

完工产品制造费用=11 000－5280=5720（元）

完工产品总成本=20 000+13 440+5720=39 160（元）

### 5.7.4　定额比例法的运用

从这种方法的名称可以看出，该种方法下也需要企业的定额资料。但与前述在产品按定额成本计价法不同，这种方法下，我们不仅要求得在产品的定额资料，而且还需要求得完工产品的定额资料。并且，在计算过程中，也不是按照减法倒推出完工产品成本的，而是把完工产品和月末在产品的成本计算按照生产费用占完工产品和月末在产品的定额消耗量或定额费用的比例来分配求得。换言之，我们以完工产品与在产品的定额耗用作为分配标准，将实际所发生的费用进行分配。该方法也需要按照成本项目分别进行分配。这种方法下计算的基本思路是：

$$某项费用分配率=\frac{该项费用月初数+本月发生数}{完工产品该费用定额耗用+月末在产品该费用定额耗用}$$

完工产品应分配的某项费用＝该项费用分配率×完工产品该费用定额耗用

月末在产品应分配的某项费用＝该项费用分配率×月末在产品该费用定额耗用

 学中做

- - - - - - - - - - - - - - - - - - - - - - - - - - - - - - - - - - - - - - - - - - -

【例5-30】仍以以上资料为例，现采用定额比例法对完工产品与月末在产品进行分配。

（1）根据计算结果：

在产品定额原材料费用=12 000（元）

在产品定额人工费用合计=10 560（元）

在产品定额制造费用合计=5280（元）

（2）计算完工产品各项费用定额：

完工产品定额原材料费用=240×100=24 000（元）

完工产品定额人工费用合计=240×40×4=38 400（元）

完工产品定额制造费用合计=240×40×2=19 200（元）

（3）计算各项费用分配率：

$$材料费用分配率=\frac{材料费用月初数+本月发生数}{完工产品材料定额耗用+月末在产品材料费用定额耗用}$$
$$=\frac{32000}{24000+12000}=0.8888（元/件）$$

$$人工费用分配率=\frac{人工费用月初数+本月发生数}{完工产品人工定额耗用+月末在产品人工费用定额耗用}$$
$$=\frac{24000}{38400+10560}=0.4902（元/时）$$

$$制造费用分配率=\frac{制造费用月初数+本月发生数}{完工产品制造费用定额+月末在产品制造费用定额耗用}$$

$$=\frac{11000}{19200+5280}=0.4493（元/时）$$

（4）计算各项费用分配结果：

完工产品直接材料费用=24 000×0.8888=21 331.20（元）

月末在产品直接材料费用=32 000−21 331.20=10 669.80（元）

完工产品直接人工费用=38 400×0.4902=18 823.68（元）

月末在产品直接人工费用=24 000−18 823.68=5176.32（元）

完工产品制造费用=19 200×0.4493=8626.56（元）

月末在产品制造费用=11 000−8626.56=2373.44（元）

完工产品总成本=21 331.2+18 823.68+8626.56=48 781.44（元）

月末在产品总成本=10 669.80+5176.32+2373.44=18 219.56（元）

**【品种法下典型综合业务核算】**

　　以上是按照详细的要素费用的分配核算介绍品种法下的产品生产成本核算，下面以【综合业务实例】综合性地介绍品种法的典型业务核算。

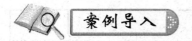

　　林月的食品厂开业半年多了，这半年多来，她勤奋好学的态度深受会计师许老师的称赞。林月对许老师讲，关于成本核算过程，费用要素的归集和分配，她已经掌握了很多种方法，并且已经学会了完工产品与在产品成本的分配方法，那是不是将所有的这些费用要素归类好，汇总为产品成本就可以了呢？许老师笑着说，成本计算有其特有的方法，分为品种法、分批法及分步法，而这些方法根本的不同点，在于它们的成本计算对象的不同。在之前我们学过的费用要素的分配，基本是以品种作为成本计算对象的，所以按品种法来核算完工产品成本的话，那么，林月现有的知识是过关的，所以品种法从本质上而言，就是按照所加工产品的品种，对各项费用（如材料费用、人工费用、制造费用、辅助生产费用、废品损失及停工损失等）进行归集和分配，然后再计算出每种产品的完工产品和在产品，所以品种法的学习，亦相当于前述内容的一个综合体。

学中做

────────────────────────────────────

【综合业务实例】石家庄海华工厂设有一个基本生产车间，大量生产工甲、乙两种产品，设有机修和供水两个辅助生产车间。该公司根据生产特点和成本管理的要求，对甲、乙两种产品采用品种法计算产品成本，开设"基本生产成本明细账"，并设置"直接材料"、"直接人工"和"制造费用"三个成本项目。甲、乙产品所需原材料系开工时一次性投入，甲、乙产品共同耗用的材料按直接材料消耗比例分配。基本生产车间生产工人工资、制造费用均按生产工时比例分配。对辅助生产车间不单独核算制造费用，归集的辅助生产费用采用直接分配法进行分配。月末，甲、乙产品采用约当产量法计算月末在产品成本。该企业 2013 年 12 月有关产品产量及成本资料如表 5-28～表 5-32 所示。

表 5-28　月初在产品成本　　　　　　　　单位：元

| 产品品种 | 直接材料 | 直接工资 | 制造费用 | 合计 |
|---|---|---|---|---|
| 甲产品 | 50 000 | 5000 | 9000 | 64 000 |
| 乙产品 | 64 000 | 6000 | 10 800 | 80 800 |

表 5-29　产量资料　　　　　　　　单位：件

| 项目 | 甲产品 | 乙产品 |
|---|---|---|
| 期初在产品 | 100 | 80 |
| 本月投产 | 800 | 320 |
| 本月完工 | 700 | 340 |
| 月末在产品 | 200 | 60 |

注：甲、乙产品月末在产品完工程度均为 50%。

表 5-30　工时记录　　　　　　　　单位：小时

| 产品名称 | 生产工时 | 备注 |
|---|---|---|
| 甲产品 | 17 000 | |
| 乙产品 | 12 300 | |
| 合　计 | 29 300 | |

表 5-31　辅助生产车间劳务资料

| 受益部门 | 辅助生产车间 | | 备注 |
| --- | --- | --- | --- |
| | 机修车间（修理工时） | 供水车间（吨） | |
| 基本生产车间 | 1800 | 15 000 | |
| 企业管理部门 | 150 | 500 | |
| 机修车间 | | 300 | |
| 供水车间 | 50 | | |
| 合计 | 2000 | 15 800 | |

表 5-32　本月生产费用资料　　　　单位：元

| 项目 | 基本生产车间 | | | | 辅助生产车间 | | | | 合计 |
| --- | --- | --- | --- | --- | --- | --- | --- | --- | --- |
| | | | | | 机修车间 | | 供水车间 | | |
| | 甲产品 | 乙产品 | 共同耗用 | 车间耗用 | 生产耗用 | 车间耗用 | 生产耗用 | 车间耗用 | |
| 原材料 | 280 000 | 179 200 | 196 800 | 24 000 | 8000 | 1000 | 3000 | 500 | 692 500 |
| 工资 | | | 140 000 | 8200 | 12 000 | 1600 | 4800 | 1100 | 167 700 |
| 社保费 | | | 50 400 | 2952 | 4320 | 576 | 1728 | 396 | 60 372 |
| 折旧费 | | | 55 000 | | 8600 | | 1400 | | 65 000 |
| 外购动力 | | | 48 000 | | 10 300 | | 6700 | | 65 000 |
| 摊销修理费 | | | 20 800 | | | | | | 20 800 |
| 办公费用 | | | 26 948 | | 989 | | 1146 | | 29 083 |
| 合计 | 280 000 | 179 200 | 387 200 | 185 900 | 24 320 | 23 065 | 9528 | 11 242 | 1 100 455 |

根据上述有关资料，甲、乙两种产品成本计算过程如下（计算结果精确到元）：

1．以甲、乙产品为成本计算对象分别开设基本生产成本明细账（表 5-46 和表 5-47）。

2．根据审核无误的领料凭证，按用途编制原材料费用分配表，如表 5-33 所示。

表 5-33　原材料费用分配表

2013 年 12 月 31 日　　　　单位：元

| 应借账户 | | | 成本或费用项目 | 间接计入费用 | | | 直接计入费用 | 合计 |
| --- | --- | --- | --- | --- | --- | --- | --- | --- |
| 总账账户 | 二级账户 | 明细账户 | | 分配标准 | 分配率 | 分配额 | | |
| 生产成本 | 基本生产成本 | 甲产品 | 直接材料 | 280 000 | 0.42 857 | 120 000 | 280 000 | 400 000 |

续表

| 生产成本 | 基本生产成本 | 乙产品 | 直接材料 | 179 200 | 0.42 857 | 76 800 | 179 200 | 256 000 |
|---|---|---|---|---|---|---|---|---|
| | 辅助生产成本 | 机修车间 | 直接材料 | | | | 9000 | 9000 |
| | | 供水车间 | 直接材料 | | | | 3500 | 3500 |
| 制造费用 | 基本生产车间 | | 物料消耗 | | | | 24 000 | 24 000 |
| 合计 | | | | | | 196 800 | 495 700 | 692 500 |

注：材料费用分配率=$\dfrac{196800}{280000+179200}$=0.42 857

根据表 5-33 材料费用分配表编制会计分录如下：

借：生产成本——基本生产成本——甲产品　　　　　400 000

　　　　　　　　　　　　　　——乙产品　　　　　256 000

　　　　　　——辅助生产成本——机修车间　　　　　9000

　　　　　　　　　　　　　　——供水车间　　　　　3500

　　制造费用——基本生产车间　　　　　24 000

　贷：原材料——某材料　　　　　692 500

3. 根据本月工资结算汇总表与社会保险费用的提取比例（假定为 36%），编制工资及社保费用分配表，如表 5-34 所示。

表 5-34　工资及社保费用分配表

2013 年 12 月 31 日　　　　　　　　　　　　　　　　　　　　　　　　　　单位：元

| 应借账户 | | | 成本或费用项目 | 应付工资 | | | 计提比例 | 应付社保费用 |
|---|---|---|---|---|---|---|---|---|
| 总账账户 | 二级账户 | 明细账户 | | 工时 | 分配率 | 分配额 | | |
| 生产成本 | 基本生产成本 | 甲产品 | 直接人工 | 17 000 | 4.77 816 | 81 229 | 36% | 29 242 |
| | | 乙产品 | 直接人工 | 12 300 | 4.77 816 | 58 771 | 36% | 21 158 |
| | 辅助生产成本 | 机修车间 | 直接人工 | | | 13 600 | 36% | 4896 |
| | | 供水车间 | 直接人工 | | | 5900 | 36% | 2124 |
| 制造费用 | 基本生产车间 | | 工资及社保 | | | 8200 | 36% | 2952 |
| 合计 | | | | | | 167 700 | 36% | 60 372 |

注：工资费用分配率=$\dfrac{140000}{17000+12300}$=4.77 816

根据表 5-34 工资及社保费分配汇总表编制会计分录如下：

借：生产成本——基本生产成本——甲产品　　　　　81 229

　　　　　　　　　　　　　　——乙产品　　　　　58 771

　　　　　　——辅助生产成本——机修车间　　　　13 600

　　　　　　　　　　　　　　——供水车间　　　　5900

　　制造费用——基本生产车间　　　　　　　　　　8200

　贷：应付职工薪酬——职工薪金　　　　　　　　　167 700

借：生产成本——基本生产成本——甲产品　　　　　29 242

　　　　　　　　　　　　　　——乙产品　　　　　21 158

　　　　　　——辅助生产成本——修理车间　　　　4896

　　　　　　　　　　　　　　——供水车间　　　　2124

　　制造费用——基本生产车间　　　　　　　　　　2952

　贷：应付职工薪酬——社保　　　　　　　　　　　60 372

4. 编制固定资产折旧费用分配表，分配固定资产折旧费用，如表 5-35 所示。

表 5-35　固定资产折旧费分配表

2013 年 12 月 31 日　　　　　　　　　　　　　　　　　　　　　　单位：元

| 应借账户 | | | 成本或费用项目 | 累计折旧 | | |
|---|---|---|---|---|---|---|
| 总账账户 | 二级账户 | 明细账户 | | 固定资产类别 | 折旧率 | 折旧额 |
| 生产成本 | 辅助生产成本 | 机修车间 | 制造费用 | | | 8600 |
| | | 供水车间 | 制造费用 | | | 1400 |
| 制造费用 | 基本生产车间 | | 折旧费 | | | 55 000 |
| 合计 | | | | | | 65 000 |

根据表 5-37 固定资产折旧费用分配表编制会计分录如下：

借：生产成本——辅助生产成本——机修车间　　　　8600

　　　　　　　　　　　　　　——供水车间　　　　1400

　　制造费用——基本生产车间　　　　　　　　　　55 000

　贷：累计折旧　　　　　　　　　　　　　　　　　65 000

5. 编制外购动力分配表，如表 5-36 所示。

表 5-36　外购动力费分配表

2013 年 12 月 31 日　　　　　　　　　　　　　　　　　　　　　　　　　　单位：元

| 应借账户 | | | 成本或费 | 应付账款 | | |
|---|---|---|---|---|---|---|
| 总账账户 | 二级账户 | 明细账户 | 用项目 | 仪表记录 | 分配率 | 电费 |
| 生产成本 | 辅助生产成本 | 机修车间 | 制造费用 | | | 10 300 |
| | | 供水车间 | 制造费用 | | | 6 700 |
| 制造费用 | 基本生产车间 | | 动力费 | | | 48 000 |
| 合计 | | | | | | 65 000 |

根据表 5-36 外购动力费分配表，编制会计分录如下：

借：生产成本——辅助生产成本——机修车间　　　　　　10 300

　　　　　　　　　　　　　　——供水车间　　　　　　　6 700

　　制造费用——基本生产车间　　　　　　　　　　　　48 000

　　贷：应付账款——某电力公司　　　　　　　　　　　　　65 000

6．编制待摊费用分配表，如表 5-37 所示。

表 5-37　待摊费用分配表

2013 年 12 月 31 日　　　　　　　　　　　　　　　　　　　　　　　　　　单位：元

| 应借账户 | | 成本或费用项目 | 待摊费用 | |
|---|---|---|---|---|
| 总账账户 | 明细账户 | | 摊销项目 | 月摊销额 |
| 制造费用 | 基本生产车间 | 修理费 | 修理费 | 20 800 |
| 合计 | | | | 20 800 |

根据表 5-37 待摊费用分配表编制会计分录如下：

借：制造费用——基本生产车间　　　　　　　　　　　20 800

　　贷：待摊费用——修理费　　　　　　　　　　　　　　20 800

7．根据有关资料编制其他费用分配表，如表 5-38 所示。

表 5-38　其他费用分配表

2013 年 12 月 31 日　　　　　　　　　　　　　　　　　　　　　　　　　　单位：元

| 应借账户 | | | 成本或费用项目 | 现金 | 银行存款 |
|---|---|---|---|---|---|
| 总账账户 | 二级账户 | 明细账户 | | | |
| 生产成本 | 辅助生产成本 | 机修车间 | 制造费用 | | 989 |

<table>
<tr><td></td><td></td><td></td><td></td><td></td><td align="right">续表</td></tr>
<tr><td>生产成本</td><td>辅助生产成本</td><td>供水车间</td><td>制造费用</td><td></td><td>1146</td></tr>
<tr><td>制造费用</td><td>基本生产车间</td><td></td><td>其他费用</td><td></td><td>26 948</td></tr>
<tr><td colspan="4" align="center">合计</td><td></td><td>29 083</td></tr>
</table>

注：假定费用以银行存款支付。

根据表 5-38 其他费用分配表，编制会计分录如下：

借：生产成本——辅助生产成本——机修车间　　　989

　　　　　　　　　　　　　——供水车间　　　1146

　　　制造费用——基本生产车间　　　　　26 948

贷：银行存款　　　　　　　　　　　　　29 083

8．分配机修车间和供水车间归集的辅助生产费用，编制辅助生产费用分配表，如表 5-39 所示。

**表 5-39　辅助生产费用分配表（直接分配法）**

2013 年 12 月 31 日　　　　　　　　　　　　　　　　　　　　　单位：元

| 项目 | | | 机修车间 | 供水车间 | 金额合计 |
|---|---|---|---|---|---|
| 归集的辅助生产费用 | | | 47 385 | 20 770 | 68 155 |
| 提供给辅助车间以外的劳务量 | | | 1950 | 15 500 | |
| 辅助费用分配率 | | | 24.3 | 1.34 | |
| 应借账户 | 制造费用 | 基本生产车间 | | | |
| | | 接受劳务量 | 1800 | 15 000 | |
| | | 应负担费用 | 43 740 | 20 100 | 63 840 |
| | 管理费用 | 接受劳务量 | 150 | 500 | |
| | | 应负担费用 | 3645 | 670 | 4315 |
| 分配费用额合计 | | | 47 385 | 20 770 | 68 155 |

在成本会计实务中，需要将发生并分配的辅助生产费用在辅助生产成本明细账中进行登记，计算出本月发生的全部辅助生产费用，再按一定的方法进行分配，本章将辅助生产费用明细账的登记放在分配之后一并反映。

根据表 5-39 的辅助生产费用分配表，编制会计分录如下：

借：制造费用——基本生产车间　　　　　　　　　　　63 840

　　管理费用　　　　　　　　　　　　　　　　　　　4315

　　贷：生产成本——辅助生产成本——机修车间　　　　47 385

　　　　　　　　　　　　　　　——供水车间　　　　20 770

9. 根据上述有关资料，编制辅助生产成本明细账表，如表 5-40 和表 5-41 所示，为便于对照，以表的编号作为记账凭证号数（登记制造费用明细账、基本生产成本明细账时同）。

表 5-40　辅助生产成本明细账　　　　　　　总第　　页

辅助生产车间：机修车间　　　　　　产品或劳务：修理劳务　　　　　字第　　页

| 13年 | | 凭证 | | 摘要 | 成本项目 | | | 合计 |
|---|---|---|---|---|---|---|---|---|
| 月 | 日 | 字 | 号 | | 直接材料 | 直接人工 | 制造费用 | |
| 12 | 31 | | 8 | 分配材料费用 | 8000 | | 1000 | 9000 |
| | | | 9 | 分配工资费用 | | 12 000 | 1600 | 13 600 |
| | | | 9 | 分配社保费用 | | 4320 | 576 | 4896 |
| | | | 10 | 分配折旧费用 | | | 8600 | 8600 |
| | | | 11 | 分配动力费用 | | | 10 300 | 10 300 |
| | | | 13 | 分配其他费用 | | | 989 | 989 |
| | | | | 本月生产费用合计 | 8000 | 16 320 | 23 065 | 47 385 |
| | | | 14 | 分配机修费用 | 8000 | 16 320 | 23 065 | 47 385 |
| | | | | | | | | |
| | | | | | | | | |

表 5-41　辅助生产成本明细账　　　　　　　总第　　页

辅助生产车间：供水车间　　　　　　产品或劳务：水　　　　　　　　字第　　页

| 13年 | | 凭证 | | 摘要 | 成本项目 | | | 合计 |
|---|---|---|---|---|---|---|---|---|
| 月 | 日 | 字 | 号 | | 直接材料 | 直接人工 | 制造费用 | |
| 12 | 31 | | 8 | 分配材料费用 | 3000 | | 500 | 3500 |
| | | | 9 | 分配工资费用 | | 4800 | 1100 | 5900 |

续表

| | | 9 | 分配社保费用 | | 1728 | 396 | 2124 |
|---|---|---|---|---|---|---|---|
| | | 10 | 分配折旧费用 | | | 1400 | 1400 |
| | | 11 | 分配动力费用 | | | 6700 | 6700 |
| | | 13 | 分配其他费用 | | | 1146 | 1146 |
| | | | 本月生产费用合计 | 3000 | 6528 | 11242 | 20770 |
| | | 14 | 分配机修费用 | 3000 | 6528 | 11242 | 20770 |
| | | | | | | | |
| | | | | | | | |

10. 根据有关会计分录（记账凭证）登记基本生产车间制造费用明细账，如表 5-42 所示。

表5-42　制造费用明细账　　　　　总第　页

车间名称：基本生产车间　　　　　字第　页

| 13年 | | 凭证 | | 摘要 | 借方 | 贷方 | 借或贷 | 余额 | | | | | (借)方项目 | |
|---|---|---|---|---|---|---|---|---|---|---|---|---|---|---|
| 月 | 日 | 字 | 号 | | | | | 物料消耗 | 工资 | 福利费 | 折旧费 | 水电费 | 修理费 | 其他费用 |
| 12 | 31 | | 8 | 材料费 | 24 000 | | 借 | 24 000 | 24 000 | | | | | |
| | | | 9 | 人工费 | 11 152 | | 借 | 35 152 | | 8200 | 2952 | | | |
| | | | 10 | 折旧费 | 55 000 | | 借 | 90 152 | | | | 55 000 | | |
| | | | 11 | 动力费 | 48 000 | | 借 | 138 152 | | | | | 48 000 | |
| | | | 11 | 修理费 | 20 800 | | 借 | 158 952 | | | | | | 20 800 |
| | | | 12 | 其他费 | 26 948 | | 借 | 185 900 | | | | | | | 26 948 |
| | | | 14 | 机修费 | 43 740 | | 借 | 229 640 | | | | | | 43 740 |
| | | | 14 | 水费 | 20 100 | | 借 | 249 740 | | | | | 20 100 | |
| | | | 18 | 分配 | 249 740 | | 平 | 0 | 24 000 | 8200 | 2952 | 5500 | 68 100 | 64 540 | 26 948 |
| | | | | | | | | | | | | | | |

续表

| | | | | | | | | | | | |
|---|---|---|---|---|---|---|---|---|---|---|---|
| | | | | | | | | | | | |
| | | | | | | | | | | | |
| | | | | | | | | | | | |

说明：表 5-42 中所示的制造费用分配业务应当在编制制造费用分配表并编制记账凭证后方能进行登记。

11．编制制造费用分配表，分配本月制造费用，如表 5-43 所示。

表 5-43　制造费用分配表

2013 年 12 月 31 日　　　　　　　　　　　　　　　　　　　　　　　　　单位：元

| 应借账户 | | | 成本项目 | 分配标准（工时） | 分配率 | 分配金额 |
|---|---|---|---|---|---|---|
| 总账账户 | 二级账户 | 明细账户 | | | | |
| 生产成本 | 基本生产成本 | 甲产品 | 制造费用 | 17 000 | | 144 899.50 |
| | | 乙产品 | 制造费用 | 12 300 | | 104 840.50 |
| 合计 | | | | 29 300 | 8.5235 | 249 740 |

注：制造费用分配率 $= \dfrac{249740}{17000+12300} = 8.5235$

根据表 5-43，编制会计分录如下：

借：生产成本——基本生产成本——甲产品　　　　　　144 899.50

　　生产成本——基本生产成本——乙产品　　　　　　104 840.50

　贷：制造费用——基本生产车间　　　　　　　　　　249 740

12．根据基本生产成本明细账记录，计算甲、乙完工产品的总成本与单位成本。编制产品成本计算单，如表 5-44 和表 5-45 所示。

表 5-44　产品成本计算单

2013 年 12 月 31 日　　　　　　　　　　　　　　　　　　　　　本月完工：700 件

产品名称：甲产品　　　　　　　　　　　　　　　　　　　　　　月末在产品：200 件

| 摘要 | 直接材料 | 直接人工 | 制造费用 | 合计 |
|---|---|---|---|---|
| 月初在产品成本 | 50 000 | 5 000 | 9 000 | 64 000 |
| 本月生产费用 | 400 000 | 110 471 | 144 899.50 | 655 370.50 |
| 生产费用合计 | 450 000 | 115 471 | 153 899.50 | 719 370.50 |
| 月末在产品成本 | 100 000 | 14 434 | 19 237.44 | 133 671.44 |

| 摘要 | 直接材料 | 直接人工 | 制造费用 | 合计 |
|---|---|---|---|---|
| 完工产品总成本 | 350 000 | 101 037 | 134 662.06 | 585 699.06 |
| 单位成本 | 500.00 | 144.34 | 192.37 | 836.71 |

在表 5-44 中，月末在产品成本计算过程如下：

$$月末在产品直接材料成本=\frac{450000}{700+200}×200=100\,000（元）$$

$$月末在产品直接人工成本=\frac{115471}{700+200×50\%}×100=14\,434（元）$$

$$月末在产品制造费用=\frac{153899.50}{700+200×50\%}×100=19\,237.44（元）$$

根据表 5-44，结转完工甲产品成本，编制会计分录如下：

借：库存商品——甲产品　　　　　　　　　　585 699.06

　　贷：生产成本——基本生产成本——甲产品　　585 699.06

表 5-45　产品成本计算单

2013 年 12 月 31 日　　　　　　　　　　　　　　　　本月完工：340 件
产品名称：乙产品　　　　　　　　　　　　　　　　　月末在产品：60 件

| 摘要 | 直接材料 | 直接人工 | 制造费用 | 合计 |
|---|---|---|---|---|
| 月初在产品成本 | 64 000 | 6000 | 10 800 | 80 800 |
| 本月生产费用 | 256 000 | 79 929 | 104 840.50 | 440 769.50 |
| 生产费用合计 | 320 000 | 85 929 | 115 640.50 | 521 569.50 |
| 月末在产品成本 | 48 000 | 6967.22 | 9376.26 | 64 343.48 |
| 完工产品总成本 | 272 000 | 78 961.78 | 106 264.24 | 457 226.02 |
| 单位成本 | 800 | 232.24 | 312.54 | 1344.78 |

在表 5-45 中，月末在产品成本计算如下：

$$月末在产品直接材料成本=\frac{320000}{340+60}×60=48\,000（元）$$

$$月末在产品直接人工成本=\frac{85929}{340+60×50\%}×30=6967.22（元）$$

$$月末在产品制造费用=\frac{115640.50}{340+60×50\%}×30=9376.26（元）$$

根据表 3-45，结转完工乙产品成本，编制会计分录如下：

借：库存商品——乙产品　　　　　　　　　　　　457 226.02

　　贷：生产成本——基本生产成本——乙产品　　　　457 226.02

13. 根据有关记账凭证登记基本生产成本明细账，如表 5-46 和表 5-47 所示。

表 5-46　基本生产成本明细账　　　　　　　　　　　　　　总第×页

产品：甲产品　　　　　　生产车间：基本生产车间　　　　　投产时间：　　　　　字第×页

| 13 年 | | 凭证 | | 摘要 | 产量（件） | 成本项目 | | | 合计 |
| 月 | 日 | 字 | 号 | | | 直接材料 | 直接人工 | 制造费用 | |
| 12 | 1 | | | 月初在产品成本 | 100 | 50 000 | 5000 | 9000 | 64 000 |
| | 31 | | 8 | 分配材料费用 | 800 | 400 000 | | | 400 000 |
| | | | 9 | 分配人工费用 | | | 81 229 | | 81 299 |
| | | | 9 | 分配社保费用 | | | 29 242 | | 29 242 |
| | | | 18 | 分配制造费用 | | | | 144 899.50 | 144 899.50 |
| | | | | 本月生产费用合计 | 900 | 450 000 | 115 471 | 153 899.50 | 719 370.50 |
| | | | 19 | 结转完工产品成本 | 700 | 350 000 | 101 662 | 134 662.06 | 585 699.06 |
| | | | | 月末在产品成本 | 200 | 100 000 | 14 434 | 19 237.44 | 133 671.44 |

表 5-47　基本生产成本明细账　　　　　　　　　　　　　　总第×页

产品：乙产品　　　　　　生产车间：基本生产车间　　　　　投产时间：　　　　　字第×页

| 13 年 | | 凭证 | | 摘　要 | 产量（件） | 成本项目 | | | 合计 |
| 月 | 日 | 字 | 号 | | | 直接材料 | 直接人工 | 制造费用 | |
| 12 | 1 | | | 月初在产品成本 | 80 | 64 000 | 6000 | 10 800 | 80 800 |
| | 31 | | 8 | 分配材料费用 | 320 | 256 000 | | | 256 000 |
| | | | 9 | 分配人工费用 | | | 58 771 | | 58 771 |
| | | | 9 | 分配福利费用 | | | 21 158 | | 21 158 |
| | | | 18 | 分配制造费用 | | | | 104 840.50 | 104 840.50 |
| | | | | 本月生产费用合计 | 400 | 320 000 | 85 929 | 115 640.50 | 521 569.50 |
| | | | 19 | 结转完工产品成本 | 340 | 272 000 | 78 961.78 | 10 6264.24 | 457 226.02 |
| | | | | 月末在产品成本 | 60 | 48 000 | 6967.22 | 9376.26 | 64 343.48 |

 做中学

下面请学生自己来完成品种法核算的过程。

【业务操作5.1】美佳公司设有两个生产车间。一个为基本生产车间，大量生产甲、乙两种产品，根据生产工艺特点和管理要求，企业确定采用品种法计算甲、乙产品成本。一个为辅助生产车间，辅助生产车间的制造费用也通过"制造费用"账户核算。根据企业的需要，产品成本项目设置为"原材料"、"燃料和动力"、"直接人工"、"制造费用"四个项目。各车间的人员工资采用计时工资。该企业低值易耗品采用一次摊销法。生产甲、乙产品共同耗用A材料，另外甲、乙产品分别耗用B材料和C材料。

资料：

（1）产量资料：甲、乙产品均无月初在产品，本月投产甲产品100件，乙产品120件。

（2）根据货币资金支出资料，编制的各车间有关各项货币支出的汇总表，见表5-48。

表5-48　货币支出汇总表

| 应借科目 | | | 金额（元） |
|---|---|---|---|
| 总账科目 | 明细科目 | 成本或费用项目 | |
| 制造费用 | 基本生产车间 | 办公费 | 1000 |
| | | 劳动保护费 | 1000 |
| | | 其他 | 500 |
| | 辅助生产车间 | 办公费 | 750 |
| | | 劳动保护费 | 750 |
| | | 其他 | 500 |
| | 小计 | | 4500 |
| 管理费用 | | 办公费 | 1000 |
| | | 劳动保护费 | 500 |
| | | 其他 | 500 |
| | | 小计 | 2000 |
| 合计 | | | 6500 |

（3）甲、乙产品共同耗用 A 材料，单件甲、乙产品的 A 材料消耗定额分别为 4 千克和 5 千克。A 材料费用按甲、乙产品的 A 材料消耗定额分配。

（4）按旬编制的领料凭证汇总表见表 5-49～表 5-51。

### 表 5-49　领料凭证汇总表

2013 年 12 月 1—10 日　　　　　　　　　　　　　　　　　　　　　　单位：元

| 项目 | | 一车间 | 二车间 |
|---|---|---|---|
| 原材料 | A | 10 000 | |
| | B | 20 000 | |
| | C | 20 000 | |
| | D | | 500 |
| | 小计 | 50 000 | 500 |
| 低值易耗品 | E | 200 | |
| | F | 300 | |
| | G | | 200 |
| | H | | 400 |
| | 小计 | 500 | 600 |
| 机物料消耗 | I | 200 | |
| | J | 200 | |
| | K | | 150 |
| | L | | 200 |
| | 小计 | 400 | 350 |

### 表 5-50　领料凭证汇总表

2013 年 12 月 11—20 日　　　　　　　　　　　　　　　　　　　　　单位：元

| 项目 | | 基本生产车间 | 辅助生产车间 |
|---|---|---|---|
| 原材料 | A | 20 000 | |
| | B | 10 000 | |
| | C | 30 000 | 2000 |
| | D | | 1000 |
| | 小计 | 60 000 | 3000 |

续表

| 项目 | | 基本生产车间 | 辅助生产车间 |
|---|---|---|---|
| 低值易耗品 | E | 200 | |
| | F | 300 | |
| | G | | 100 |
| | H | | 200 |
| | 小计 | 500 | 300 |
| 机物料消耗 | I | | 400 |
| | J | | 100 |
| | K | 300 | |
| | L | 200 | |
| | 小计 | 500 | 500 |

表 5-51　领料凭证汇总表

2013 年 12 月 21—31 日　　　　　　　　　　　　　　　　　　　单位：元

| 项目 | | 基本生产车间 | 辅助生产车间 |
|---|---|---|---|
| 低值易耗品 | E | 200 | |
| | F | 300 | |
| | G | | 200 |
| | H | | 400 |
| | 小计 | 500 | 600 |
| 机物料消耗 | I | 200 | |
| | J | 200 | |
| | K | | 150 |
| | L | | 200 |
| | 小计 | 400 | 350 |

（5）各车间及管理部门工资汇总见表 5-52。

表 5-52　工资汇总表

2013 年 12 月　　　　　　　　　　　　　　　　　　　　　　　　　　　　　单位：元

| 部门 | | 应付职工薪酬—工资 | | | | |
|---|---|---|---|---|---|---|
| | | 月标准工资 | 奖金 | 津贴 | 扣缺勤 | 合计 |
| 基本生产车间 | 生产工人 | 5475 | 1150 | 500 | | 7125 |
| | 管理人员 | 2550 | 680 | 90 | 20 | 3300 |
| | 小计 | 8025 | 1830 | 590 | 20 | 10 425 |
| 辅助生产车间 | 生产工人 | 2400 | 550 | 260 | 10 | 3200 |
| | 管理人员 | 1650 | 405 | 85 | 40 | 2100 |
| | 小计 | 4050 | 955 | 345 | 50 | 5300 |
| 行政管理 | | 2100 | 500 | 100 | | 2700 |

（6）本月甲、乙两种产品的工时记录分别为 2275 小时和 2475 小时。基本生产车间生产甲、乙产品的工人工资按甲、乙产品的生产工时分配。

（7）各部门用电明细表见表 5-53。12 月电费共计 10 300 元，通过"应付账款"账户核算。基本生产车间的生产用电按生产工时在甲、乙产品之间进行分配。

表 5-53　各部门用电明细表

2013 年 12 月　　　　　　　　　　　　　　　　　　　　　　　　　　　　　单位：度

| 部门 | 生产用电 | 其他用电 |
|---|---|---|
| 基本生产车间 | 11 400 | 2000 |
| 辅助生产车间 | 3200 | 3000 |
| 行政管理 | | 1000 |

（8）12 月份各车间固定资产的折旧费用分别为：基本生产车间 2000 元，辅助生产车间 1000 元，行政管理部门为 1000 元。

（9）12 月份财务费用为 1000 元。

（10）辅助生产车间生产费用。该企业辅助生产费用采用直接分配法分配。本月辅助生产车间提供运输 10 190 吨，其中，为基本生产车间提供运输服务 9000 吨，为行政管理部门提供运输服务 1190 吨。

（11）该企业制造费用按产品的实际工时在甲、乙产品之间进行分配。

（12）完工产品与月末在产品。该企业产品的消耗定额比较准确，甲、乙产品各月在产品数量变动大，采用在产品按定额成本计价法进行完工产品与在产品之间的费用分配。已知本月甲产品完工 80 件，乙产品完工 100 件。

（13）月末各在产品的有关资料见表 5-54。

**表 5-54　月末在产品有关资料**

| 产品名称 | 所有工序 | 在产品数量 | 单件在产品定额费用（元） | 在产品工时 | 单位工时定额（元/小时） | | |
|---|---|---|---|---|---|---|---|
| | | | | | 燃料及动力 | 直接人工 | 制造费用 |
| 甲产品 | 1 | 15 | 420 | 10 | 1.2 | 1.6 | 6 |
| | 2 | 5 | | 20 | | | |
| 乙产品 | 1 | 10 | 560 | 5 | | | |
| | 2 | 10 | | 10 | | | |

**业务核算要求：**

根据上述已知条件，按照品种法的要求，逐一进行如下处理：

（1）根据按旬编制的领料凭证汇总表，编制月度领料凭证汇总表（表 5-55）并填制记账凭证，登记相关成本账。

**表 5-55　领料凭证汇总表**

2013 年 12 月　　　　　　　　　　　　　　　　　　　　　　　　单位：元

| | 材料名称 | 1—10 日 | 11—20 日 | 21—31 日 | 合计 |
|---|---|---|---|---|---|
| 基本生产车间 | 原材料 | | | | |
| | 低值易耗品 | | | | |
| | 机物料消耗 | | | | |
| 辅助生产车间 | 原材料 | | | | |
| | 低值易耗品 | | | | |
| | 机物料消耗 | | | | |

（2）根据领料凭证汇总表以及其他资料，编制材料费用分配表（表 5-56）并填制记账凭证、登记相关成本账。

## 表 5-56　材料费用分配表

2013 年 12 月　　　　　　　　　　　　　　　　　　　　　　　　　　　　　　　单位：元

| 应借账户 | | 成本或费用明细项目 | 间接计入 | | | 直接计入 | 合计 |
|---|---|---|---|---|---|---|---|
| | | | 定额耗用量 | 分配率 | 分配额 | | |
| 基本生产成本 | 甲产品 | | | | | | |
| | 乙产品 | | | | | | |
| | 小计 | | | | | | |
| 辅助生产成本 | 运输车间 | | | | | | |
| | 小计 | | | | | | |
| 制造费用 | 基本生产车间 | | | | | | |
| | 辅助生产车间 | | | | | | |
| | 小计 | | | | | | |
| 合计 | | | | | | | |

（3）根据工资汇总表，编制职工薪酬分配表（表 5-57），公司规定按工资总额的 14% 计提职工福利费），并填制记账凭证、登记相关成本账。

## 表 5-57　工资及职工福利费分配表

2013 年 12 月　　　　　　　　　　　　　　　　　　　　　　　　　　　　　　　单位：元

| 应借账户 | | 成本或费用项目 | 生产工时 | 分配率 | 工资费用 | 计提标准 | 职工福利 | 合计 |
|---|---|---|---|---|---|---|---|---|
| 基本生产成本 | 甲产品 | | | | | | | |
| | 乙产品 | | | | | | | |
| | 小计 | | | | | | | |
| 辅助生产成本 | 运输车间 | | | | | | | |
| | 小计 | | | | | | | |
| 制造费用 | 基本生产车间 | | | | | | | |

续表

| 应借账户 | | 成本或费用项目 | 生产工时 | 分配率 | 工资费用 | 计提标准 | 职工福利 | 合计 |
|---|---|---|---|---|---|---|---|---|
| | 辅助生产车间 | | | | | | | |
| | 小计 | | | | | | | |
| 管理费用 | | | | | | | | |
| 合计 | | | | | | | | |

（4）根据各部门用电明细表，编制外购动力费用分配表（表 5-58）并填制记账凭证、登记相关成本账。

表 5-58　外购动力费用分配表

2013 年 12 月　　　　　　　　　　　　　　　　　　　　　　　　　　单位：元

| 应借账户 | | 成本项目或费用项目 | 数量 | | 分配金额 |
|---|---|---|---|---|---|
| | | | 生产工时分配率：1.2 | 度数单价：0.5 | |
| 基本生产成本 | 甲产品 | | | | |
| | 乙产品 | | | | |
| | 小计 | | | | |
| 辅助生产成本 | 运输车间 | | | | |
| | 小计 | | | | |
| 制造费用 | 一车间 | | | | |
| | 二车间 | | | | |
| 管理费用 | | | | | |
| 合计 | | | | | |

（5）根据固定资产资料，编制固定资产折旧费用分配表（表 5-59）并填制记账凭证、登记相关成本账。

表 5-59　固定资产折旧费用分配表

2013 年 12 月　　　　　　　　　　　　　　　　　　　　　　　　　　单位：元

| 项目 | 生产车间 | | | 行政管理 | 合计 |
|---|---|---|---|---|---|
| | 基本生产车间 | 辅助生产车间 | 小计 | | |
| 折旧费 | | | | | |

（6）根据利息资料，编制财务费用分配表（表 5-60）并填制记账凭证、登记相关成本账。

表 5-60　财务费用分配表

2013 年 12 月　　　　　　　　　　　　　　　　　　　　　　　　　　单位：元

| 应借账户 | 预提金额 |
|---|---|
| 财务费用 | |

（7）根据辅助生产车间生产费用明细账和其他有关资料，编制辅助生产车间生产费用分配表（表 5-61）并填制记账凭证、登记相关成本账。

表 5-61　辅助生产车间生产费用分配表（直接分配法）

车间：辅助生产车间　　　　　　　　2013 年 12 月　　　　　　　　单位：元

| 辅助生产部门名称 | | | 运输车间 | 合计 |
|---|---|---|---|---|
| 待分配费用 | | | | |
| 供应辅助生产部门以外单位的劳务量 | | | | |
| 费用分配率（单位成本） | | | | |
| 应借账户 | 制造费用——车间 | 耗用数量 | | |
| | | 分配金额 | | |
| | 管理费用 | 耗用数量 | | |
| | | 分配金额 | | |
| 分配金额合计 | | | | |

（8）根据基本生产车间制造费用明细账和其他相关资料，编制基本生产车间制造费用分配表（表 5-62）并填制记账凭证，登记相关成本账。

表 5-62　基本生产车间制造费用分配表

2013 年 12 月　　　　　　　　　　　　　　　　　　　　　　　　　　单位：元

| 应借科目 | | 生产工时 | 分配率 | 金额 |
|---|---|---|---|---|
| 生产成本 | 甲产品 | | | |
| | 乙产品 | | | |
| 合计 | | | | |

（9）根据月末在产品有关资料编制月末在产品定额成本计算表（表 5-63）并填制记账凭证、登记相关成本账（表 5-64～表 5-67）。

### 表 5-63 月末在产品定额成本计算表

2013 年 12 月 　　　　　　　　　　　　　　　　　　　　　　　　　　　　单位：元

| 产品名称 | 所在工序 | 在产品数量 | 原材料 | | 在产品工时定额 | 燃料及动力 | 工资及职工福利 | 制造费用 | 定额成本 |
| --- | --- | --- | --- | --- | --- | --- | --- | --- | --- |
| | | | 单件定额 | 定额费用 | | | | | |
| 甲产品 | 1 | | | | | | | | |
| | 2 | | | | | | | | |
| 甲产品合计 | | | | | | | | | |
| 乙产品 | 1 | | | | | | | | |
| | 2 | | | | | | | | |
| 乙产品合计 | | | | | | | | | |

### 表 5-64 产成品明细账

产品名称：甲产品 　　　　　　　　　　　2013 年 12 月 　　　　　　　　　　单位：元

| 月 | 日 | 摘要 | 原材料 | 燃料及动力 | 直接人工 | 制造费用 | 合计 |
| --- | --- | --- | --- | --- | --- | --- | --- |
| | | | | | | | |
| | | | | | | | |
| | | | | | | | |
| | | | | | | | |
| | | | | | | | |
| | | | | | | | |
| | | | | | | | |

### 表 5-65 产成品明细账

产品名称：乙产品 　　　　　　　　　　　2013 年 12 月 　　　　　　　　　　单位：元

| 月 | 日 | 摘要 | 原材料 | 燃料及动力 | 直接人工 | 制造费用 | 合计 |
| --- | --- | --- | --- | --- | --- | --- | --- |
| | | | | | | | |

续表

| 月 | 日 | 摘要 | 原材料 | 燃料及动力 | 直接人工 | 制造费用 | 合计 |
|---|---|---|---|---|---|---|---|
| | | | | | | | |
| | | | | | | | |
| | | | | | | | |
| | | | | | | | |
| | | | | | | | |
| | | | | | | | |

表 5-66　辅助生产车间制造费用明细账

2013 年 12 月　　　　　　　　　　　　　　　　　　　　　　　　　　　　　　　单位：元

| 月 | 日 | 摘要 | 借方 | 贷方 | 借或贷 | 余额 | 借方发生额分析 | | | | | | | |
|---|---|---|---|---|---|---|---|---|---|---|---|---|---|---|
| | | | | | | | 工资及职工福利 | 机物料消耗 | 水电费 | 折旧费 | 低值易耗品 | 劳动保护 | 办公费 | 其他 |
| | | | | | | | | | | | | | | |
| | | | | | | | | | | | | | | |
| | | | | | | | | | | | | | | |
| | | | | | | | | | | | | | | |
| | | | | | | | | | | | | | | |
| | | | | | | | | | | | | | | |
| | | | | | | | | | | | | | | |

表 5-67　辅助生产车间生产成本明细账

2013 年 12 月　　　　　　　　　　　　　　　　　　　　　　　　　　　　　　　单位：元

| 月 | 日 | 摘要 | 借方 | 贷方 | 借或贷 | 余额 | 借方发生额分析 | | | |
|---|---|---|---|---|---|---|---|---|---|---|
| | | | | | | | 原材料 | 燃料及动力 | 直接人工 | 制造费用 |
| | | | | | | | | | | |
| | | | | | | | | | | |
| | | | | | | | | | | |

续表

| 月 | 日 | 摘要 | 借方 | 贷方 | 借或贷 | 余额 | 借方发生额分析 | | | |
|---|---|---|---|---|---|---|---|---|---|---|
| | | | | | | | 原材料 | 燃料及动力 | 直接人工 | 制造费用 |
| | | | | | | | | | | |
| | | | | | | | | | | |
| | | | | | | | | | | |

**表 5-68　基本生产车间制造费用明细账**

2013 年 12 月　　　　　　　　　　　　　　　　　　　　　　　　　　　　单位：元

| 月 | 日 | 摘要 | 借方 | 贷方 | 借或贷 | 余额 | 借方发生额分析 | | | | | | | | |
|---|---|---|---|---|---|---|---|---|---|---|---|---|---|---|---|
| | | | | | | | 工资及职工福利 | 机物料消耗 | 水电费 | 折旧费 | 运输费 | 低值易耗品 | 劳动保护 | 办公费 | 其他 |
| | | | | | | | | | | | | | | | |
| | | | | | | | | | | | | | | | |
| | | | | | | | | | | | | | | | |
| | | | | | | | | | | | | | | | |
| | | | | | | | | | | | | | | | |
| | | | | | | | | | | | | | | | |
| | | | | | | | | | | | | | | | |

🌱 **做中学**

- - - - - - - - - - - - - - - - - - - - - - - - - - - - - - - - - - - - - - - - - - - - -

【业务操作 5.2】石家庄美华制造厂为大量大批单步骤生产的企业，采用品种法计算产品成本。企业设有一个基本生产车间，生产甲、乙两种产品，还设有一个辅助生产车间——运输车间。该厂 2013 年 12 月份有关产品成本核算资料见表 5-69 和表 5-70。

（一）产量资料

**表 5-69　产量资料表**　　　　　　单位：件

| 产品名称 | 月初在产品 | 本月投产 | 本月完工 | 月末在产品 | 完工率 |
|---|---|---|---|---|---|
| 甲产品 | 800 | 7200 | 6500 | 1500 | 60% |
| 乙产品 | 320 | 3680 | 3200 | 800 | 40% |

（二）月初在产品成本

表 5-70　月初在产品成本表　　　　　　　　单位：元

| 产品名称 | 直接材料 | 直接人工 | 制造费用 | 合计 |
|---|---|---|---|---|
| 甲产品 | 8090 | 5860 | 6810 | 20760 |
| 乙产品 | 6176 | 2948 | 2728 | 11852 |

（三）该月发生生产费用

（1）材料费用。

生产甲产品耗用材料 4410 元，生产乙产品耗用材料 3704 元，生产甲乙产品共同耗用材料 9000 元（甲产品材料定额耗用量为 3000 千克，乙产品材料定额耗用量为 1500 千克）；运输车间耗用材料 900 元，基本生产车间消耗材料 1938 元；行政管理部门领用价值 800 元的材料作修理用。

（2）工资费用。

生产工人工资 1000 元，运输车间人员工资 800 元，基本生间车间管理人员工资 1600 元，行政管理部门人员工资 4000 元。职工福利费按工资总额的 14%提取。管理部门人员工资 4000 元。职工福利费按工资总额的 14%提取。

（3）其他费用。

运输车间固定资产折旧费为 200 元，水电费为 160 元，办公费为 40 元。基本生产车间厂房、机器设备折旧费为 5800 元，水电费为 260 元，办公费为 402 元。行政管理部门折旧费为 1500 元，水电费为 200 元，办公费为 800 元。办公费和水电费均以银行存款支付。

（四）工时记录

甲产品耗用实际工时为 1800 小时，乙产品耗用实际工时为 2200 小时。

（五）本月运输车间共完成 2100 公里运输工作量，其中：基本生产车间耗用 2000 公里，企业管理部门耗用 100 公里。

（六）该厂有关费用分配方法

（1）甲乙产品共同耗用材料按定额耗用量比例分配；

（2）生产工人工资按甲乙产品工时比例分配；

（3）辅助生产费用按运输公里比例分配；

（4）制造费用按甲乙产品工时比例分配；

（5）按约当产量法分配计算甲、乙完工产品和月末在产品成本。甲产品耗用的材料随加工程度陆续投入，乙产品耗用的材料于生产开始时一次性投入。

**业务核算要求：**

按照品种法下成本核算的步骤进行该厂当月的成本计算，并填制相关费用分配表，然后根据分配表填制记账凭证并登记甲产品基本生产成本明细账、乙产品基本生产成本明细账、运输车间辅助生产成本明细账、制造费用明细账（请学生准备通用记账凭证及多栏式明细账）。

（1）按产品品种开设成本计算单（表5-76和表5-77），并按照月初在产品成本进行相关成本费用账户的期初建账。

（2）归集和分配生产费用。

① 编制材料费用分配表（表5-71）和记账凭证并登记相关成本费用账。

表 5-71　材料费用分配表　　　　　　　　单位：元

| 应借账户 | 成本和费用项目 | | 直接计入金额 | 分配计入 | | | 合计 |
|---|---|---|---|---|---|---|---|
| | | | | 分配标准 | 分配率 | 分配金额 | |
| 生产成本——基本生产成本 | 甲产品 | | | | | | |
| | 乙产品 | | | | | | |
| | 小计 | | | | | | |
| 生产成本——辅助生产成本——运输车间 | | | | | | | |
| 制造费用 | | | | | | | |
| 管理费用 | | | | | | | |
| 合计 | | | | | | | |

② 编制工资及福利费分配表（表5-72）和记账凭证并登记相关成本费用账。

表 5-72　工资及福利费分配表　　　　　　　　单位：元

| 应借账户 | | 成本和费用项目 | 应付工资 | | | 应付福利费 | 合计 |
|---|---|---|---|---|---|---|---|
| | | | 分配标准 | 分配率 | 分配金额 | | |
| 生产成本——基本生产成本 | 甲产品 | | | | | | |
| | 乙产品 | | | | | | |

续表

| 应借账户 | | 成本和费用项目 | 应付工资 | | | 应付福利费 | 合计 |
|---|---|---|---|---|---|---|---|
| | | | 分配标准 | 分配率 | 分配金额 | | |
| | 小计 | | | | | | |
| 生产成本——辅助生产成本 ——运输车间 | | | | | | | |
| 制造费用—基本车间 | | | | | | | |
| 管理费用 | | | | | | | |
| 合计 | | | | | | | |

③ 编制折旧费用分配表（表 5-73）和记账凭证并登记相关成本费用账。

表 5-73　折旧费用分配表　　　　单位：元

| 应借账户 | 费用项目 | 累计折旧 |
|---|---|---|
| 制造费用——基本车间 | | |
| 生产成本——辅助生产成本——运输车间 | | |
| 管理费用 | | |
| 合计 | | |

④ 其他费用于发生时计入（包括水电费和办公费），填制记账凭证并登记相关成本费用账。

（3）归集辅助生产费用，编制辅助生产费用分配表（表 5-74），填制记账凭证并登记相关成本费用账。

表 5-74　辅助生产费用分配表

运输车间　　　　　　　　　2013 年 12 月　　　　　　　单位：元

| 应借账户 | 费用项目 | 运输车间费用分配 | | |
|---|---|---|---|---|
| | | 运输公里 | 分配率 | 分配金额 |
| 制造费用 | | | | |
| 管理费用 | | | | |
| 合计 | | | | |

（4）归集制造费用，编制制造费用分配表（表 5-75），填制记账凭证并登记相关成本费用账。

**表 5-75　制造费用分配表**

基本生产车间　　　　　　　　　　　2013 年 12 月　　　　　　　　　　单位：元

| 应借账户 | | 成本项目 | 分配标准（生产工时） | 分配率 | 分配金额 |
|---|---|---|---|---|---|
| 生产成本—基本生产成本 | 甲产品 | | | | |
| | 乙产品 | | | | |
| 合计 | | | | | |

（5）根据生产成本明细账编制产品成本计算单（表 5-76、表 5-77），填制记账凭证并登记相关成本费用账。

**表 5-76　产品成本计算单**

产品：甲产品　　　　　　　　　　　　　　　　　　　　　　　　单位：元

| 摘要 | 直接材料 | 直接人工 | 制造费用 | 合计 |
|---|---|---|---|---|
| 月初在产品成本 | | | | |
| 本月生产费用 | | | | |
| 合计 | | | | |
| 完工产品产量 | | | | |
| 在产品约当产量 | | | | |
| 约当总产量 | | | | |
| 分配率 | | | | |
| 完工产品成本 | | | | |
| 月末在产品成本 | | | | |

**表 5-77　产品成本计算单**

产品：乙产品　　　　　　　　　　　　　　　　　　　　　　　　单位：元

| 摘要 | 直接材料 | 直接人工 | 制造费用 | 合计 |
|---|---|---|---|---|
| 月初在产品成本 | | | | |
| 本月生产费用 | | | | |
| 合计 | | | | |
| 完工产品产量 | | | | |

续表

| 摘要 | 直接材料 | 直接人工 | 制造费用 | 合计 |
|---|---|---|---|---|
| 在产品约当产量 | | | | |
| 约当总产量 | | | | |
| 分配率 | | | | |
| 完工产品成本 | | | | |
| 月末在产品成本 | | | | |

（6）根据产品成本计算单编制完工产品成本汇总表和记账凭证并登账（表5-78）。

表5-78　产品成本汇总表

2013 年 12 月　　　　　　　　　　　　　　　　　　　　　　　单位：元

| 产品名称 | 产量 | 成本 | 直接材料 | 直接人工 | 制造费用 | 合计 |
|---|---|---|---|---|---|---|
| 甲产品 | | 总成本 | | | | |
| | | 单位成本 | | | | |
| 乙产品 | | 总成本 | | | | |
| | | 单位成本 | | | | |

## ？ 想一想

1．为什么品种法是成本计算的最基本方法？

2．品种法的使用情况如何？

3．如何应用品种法计算产品的生产成本？其成本计算要经过哪些步骤？

## 项目6　分步法核算

| 学习任务单 | |
|---|---|
| 本单元标题：项目6　分步法核算 | |
| 重点难点 | 逐步结转分步法的计算程序<br>平行结转分步法的计算程序 |

续表

| 学习任务单 | | | |
|---|---|---|---|
| **本单元标题：项目6　分步法核算** | | | |
| | 能力（技能）目标 | 知识目标 | 素质目标 |
| 教学目标 | （1）能运用逐步结转分步法进行产品成本的计算；<br>（2）能对完工产品成本进行还原；<br>（3）能运用平行结转分步法进行产品成本的计算；<br>（4）能正确编制与审核相关费用单据，并做相应账务处理 | （1）逐步结转分步法的特点与计算步骤；<br>（2）成本还原的计算步骤；<br>（3）平行结转分步法的特点与计算步骤；<br>（4）相关账户设置与账务流转程序 | （1）工作耐心细致；<br>（2）思维严谨，逻辑清晰 |
| 能力训练<br>任务及案例 | 6.1　了解分步法的特点和适用范围<br>6.2　用逐步结转分步法进行成本核算<br>6.3　用平行结转分步法进行成本核算 | | |
| 教学资源 | 教师：课本、课件、单元教学设计、整体教学设计 | | |
| | 实训条件：教学多媒体设备，手工会计用品 | | |

**案例导入**

　　林月的食品厂开业半年多了，这半年多来，她勤奋好学的态度深受会计师许老师的称赞。许老师甚至开玩笑说，自己可以下岗了，她成本核算的技术已经基本达到了一个成本会计人员的基本要求。林月对许老师讲，关于成本核算过程、费用要素的归集和分配，她已经掌握了很多种方法，并且已经学会了完工产品与在产品成本的分配方法，那是不是将所有的这些费用要素归类好，汇总为产品成本就可以了呢？许老师笑着说，成本计算有其特有的方法，分为品种法、分批法及分步法，而这些方法根本的不同点，在于它们的成本计算对象的不同。在之前我们学过的费用要素的分配，基本是以品种作为成本计算对象的，所以按品种法来核算完工产品成本的话，那么，林月现有的知识是过关的，但是如果换了成本计算对象该怎么办呢？

## 6.1  了解分步法的特点和适用范围

| 学习任务单 | | |
|---|---|---|
| 本单元标题：6.1  了解分步法的特点和适用范围 | | |
| 重点难点 | 了解分步法下进行成本核算与品种法下进行成本核算的异同点<br>了解分步法的适用范围 | |
| 教学目标 | 能力（技能）目标 | 知识目标 | 素质目标 |
| | 能判断在什么样的情况下用分步法进行核算 | 了解分步法下进行成本核算的特点及适用范围 | （1）工作耐心细致；<br>（2）思维严谨，逻辑清晰 |
| 能力训练<br>任务及案例 | 了解分步法的特点和适用范围 | |
| 教学资源 | 教师：课本、课件、单元教学设计、整体教学设计 | |
| | 实训条件：教学多媒体设备，手工会计用品 | |

案例导入

一块计算机主板是怎样生产出来的？

首先，一块印制电路板进入锡膏印刷机，进行锡膏印刷和扫描条码。然后再进入贴片机，贴装普通控制元件和大规模集成电路和 CPU 插座等元件，由于贴装精度要求很高，贴装元件用红外线定位。完成了复杂的贴片工序后，电路板要进入再流焊机进行焊接。贴装和焊接完毕后，先由机器对电路板进行检测，然后进行人工检测。

接下来，电路板进入手工流水线，手工在电路板上插装一些机器难以插装的元器件。如电源插座、总线插槽等。经过人工插装的电路板，还要进行一次波峰焊接。

波峰焊接完毕后，工人对电路板进行检测和包装。

为了保证产品的质量，还要对产品进行抽样检验，包括高温测试、震动测试等。

终于，一块计算机主板生产出来了。那么，这块计算机主板的成本是多少呢？

在大量大批多步骤生产的企业中，为了加强对各生产步骤的成本管理，不但要求按产品品种计算成本，而且还要求按产品的生产步骤计算各步骤所耗费的成本。为此，需要采用分步法计算每一步骤的半成品成本和最后步骤的完工产品成本。

### 6.1.1　分步法的概念

产品成本计算的分步法，是指以各生产步骤的产品（或半成品）作为成本计算对象，归集生产费用，计算产品（或半成品）成本的一种方法。在一些多步骤生产的企业中，生产工艺过程是由若干个在技术上可以间断的生产步骤组成的，每个生产步骤都有生产出的半成品（最后一个步骤生产出完工产品），这些半成品既可以用于下一个步骤继续进行加工或装配，又可以对外销售。为此，会计上不仅要计算最后步骤生产的完工产品的成本，而且还要计算前面各步骤生产的半成品成本。

### 6.1.2　分步法的特点

（1）以产品品种和生产步骤作为成本计算对象。

采用分步法计算产品成本，如果只生产一种产品，成本计算对象就是该种产品及其所经过的各个生产步骤，生产成本明细账应分别按产品品种及其所经过的各个生产步骤设置，计算各个步骤的成本和完工产品成本；如果生产多种产品，其成本计算对象就是各种完工产品的成本及其所经过的各个生产步骤的成本，生产成本明细账应分别按照每种产品及其各个生产步骤设置，计算各个步骤的为生产各种产品所发生的成本和各种完工产品的成本。

（2）成本计算期与成本报告期一致。

（3）月末如果有在产品，需要将生产费用在完工产品和在产品之间分配。

### 6.1.3　分步法的种类

多步骤生产企业对产品的生产步骤划分方式以及生产步骤的成本管理都会存在不同的要求。从满足企业对成本管理的要求与简化成本计算工作角度考虑，对各生产步骤成本的计算和结转，有逐步结转和平行结转两种方法。因此，产品成本计算的分步法，也就被分为逐步结转分步法和平行结转分步法两种。

（1）逐步结转分步法是各个生产步骤逐步计算并结转半成品成本，直到最后生产步骤计算出完工产品成本的方法。计算各生产步骤的半成品成本，是这种方法的显著特征。因此逐步结转分步法也称做"计算半成品成本的分步法"。逐步结转分步法是在管理上要求提供各生产步骤半成品成本资料的情况下采用的。前一生产步骤完工的半成品转入下一生产步骤继续加工时，半成品的实物和成本一起转入下一生产步骤，直至最后生产步骤产出完工产品，才能最终得出完工产品成本。

（2）平行结转分步法是将各生产步骤应计入相同完工产品成本的份额平行汇总，再计算完工产品成本的方法。平行结转分步法按生产步骤归集生产费用，月末计算出各生产步骤应计入当期完工产品成本的"份额"，然后进行加总确定完工产品成本。平行结转分步法只计算完工产品成本，并不计算各生产步骤的半成品成本。因此，也称做"不计算半成品成本的分步法"。

平行结转分步法是在管理上不要求提供各生产步骤半成品资料的情况下采用的。平时各生产步骤都归集本步骤发生的原材料费用和加工费用，前一生产步骤完工的半成品转入下一生产步骤继续加工时，只转移半成品实物，不转移半成品成本。到月末再采用一定的分配方法，确定每一生产步骤应计入完工产品成本的费用"份额"，进行汇总计算求得完工产品成本。

### 6.1.4　分步法的适用范围

分步法主要适用于大量、大批多步骤生产企业的产品成本计算，如冶金、纺织、机械制造等企业。在这些企业中，产品生产可以划分为若干生产步骤。如冶金企业的生产可以分为炼铁、炼钢、轧钢等步骤；纺织企业的生产可以分为纺纱、织布、印染等步骤；机械制造企业的生产可以分为铸造、加工、装配等步骤。在这些企业中，为加强各生产步骤的成本管理，不仅要求按照产品的品种计算产品成本，而且还要求按照生产步骤汇集生产费用，计算各生产步骤的半成品成本，以便考核完工产品及其所经过的生产步骤的成本计划的执行情况。

逐步结转分步法主要适用于有半成品对外销售和需要考核半成品成本的企业，特别是大量大批连续式多步骤生产企业。

平行结转分步法主要适用于成本管理上不要求计算半成品成本的企业，特别是半成品不对外销售的大量大批装配式多步骤生产企业。

## 6.2　用逐步结转分步法进行成本核算

| 学习任务单 | | |
|---|---|---|
| 本单元标题：6.2　用逐步结转分步法进行成本核算 | | |
| 重点难点 | 逐步结转分步法计算的主要特点 | |
| | 逐步结转分步法的优缺点 | |
| | 逐步结转分步法的计算程序 | |
| | 成本还原的主要程序 | |

右上角：续表

| 学习任务单 | | |
|---|---|---|
| 本单元标题：6.2　用逐步结转分步法进行成本核算 | | |
| | 能力（技能）目标 | 知识目标 | 素质目标 |

| 教学目标 | （1）能运用逐步结转分步法进行产品成本的计算；<br>（2）能对完工产品成本进行还原；<br>（3）能正确编制与审核相关费用单据，并做相应账务处理 | （1）逐步结转分步法的特点与计算步骤；<br>（2）成本还原的计算步骤；<br>（3）相关账户设置与账务流转程序 | （1）工作耐心细致；<br>（2）思维严谨，逻辑清晰 |
| 能力训练任务及案例 | 采用逐步结转分步法下的综合结转分步法进行成本核算并对完工产品成本进行成本还原 | | |
| 教学资源 | 教师：课本、课件、单元教学设计、整体教学设计 | | |
| | 实训条件：教学多媒体设备，手工会计用品 | | |

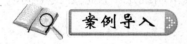 案例导入

　　逐步结转分步法是按产品加工步骤的先后顺序，逐步计算并结转各步骤半成品成本，直至最后计算出产成品成本的一种成本计算方法。

　　半成品不通过仓库收发的成本计算程序如图6-1所示。

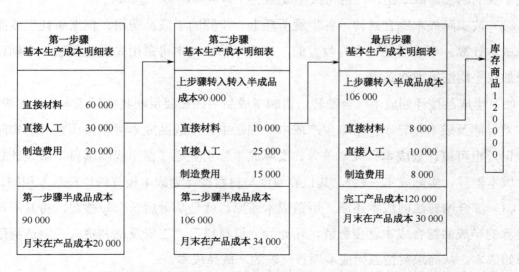

图6-1　逐步结转分步法成本计算程序图（不通过半成品库）

半成品通过仓库收发的成本计算程序如图6-2所示。

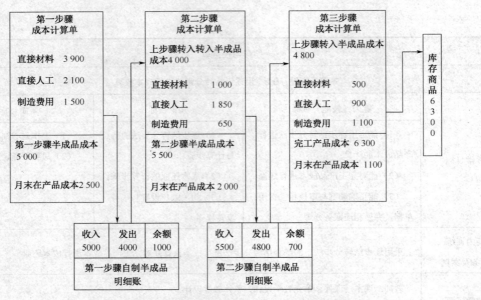

图 6-2　逐步结转分步法成本计算程序图（通过半成品库）

采用逐步结转分步法时，按半成品成本在下一步骤生产成本明细账中反映方式不同，可以分为综合结转方式和分项结转方式。

### 6.2.1　用综合结转分步法进行成本核算

综合结转分步法是将各生产步骤所耗上一步骤的半成品成本，综合计入该步骤生产成本明细账的"原材料"或"半成品"成本项目来计算成本的一种方法。综合结转，可以按半成品的实际成本结转，也可按半成品的计划成本结转。

（1）按实际成本综合结转，各步骤所耗上一步骤的半成品费用，根据所耗半成品的实际成本计算。半成品通过仓库收发的，其实际单位成本可采用先进先出法、个别计价法及加权平均法等方法确定。

（2）半成品按计划成本综合结转，自制半成品明细账要反映其实际成本、计划成本、成本差异额及成本差异率；基本生产成本明细账中，半成品成本可以按调整后的实际成本登记，也可按计划成本、成本差异、实际成本分别登记（在半成品项目下增设计划成本、成本差异、实际成本三栏），其核算原理与材料按计划成本核算的原理基本相同。

（3）综合结转法的成本还原。所谓成本还原，就是从最后一个步骤起，将其所耗上一步骤的半成品综合成本逐步分解，还原为"原材料"、"工资及福利费"、"制造费用"等原始成本，从而求得按原始成本项目反映的产成品成本。

其公式如下：

$$\text{成本还原率} = \frac{\text{本月产成品中耗用上一步骤半成品的综合成本}}{\text{上步骤本月所产该种半成品的总成本}}$$

成本还原是倒序还原，即从最后一个步骤开始向上还原，还原的次数为成本计算步骤减 1（$n-1$）。

**学中做**

- - - - - - - - - - - - - - - - - - - - - - - - - - - - - - - - - - - - - - -

【例6-1】石家庄海华工厂大量生产甲产品，经三个生产步骤连续加工而成，第一车间加工 A 半成品，第二车间用 A 半成品加工成 B 半成品，最后第三车间加工成甲产成品。原材料在生产开始时一次性投入，各步骤完工的半成品直接交下一步骤加工，不通过半成品仓库收发。该企业采用逐步结转分步法计算产品成本，半成品成本按实际成本综合结转，各步骤在产品成本采用约当产量法计算。甲产品 2013 年 12 月的产量记录和有关费用资料如表 6-1 和表 6-2 所示。

表6-1　产品产量记录

单位：件

| 项目 | 一车间 | 二车间 | 三车间 |
|---|---|---|---|
| 月初在产品 | 50 | 20 | 70 |
| 本月投入或上步骤转入 | 300 | 250 | 200 |
| 本月完工 | 250 | 200 | 250 |
| 月末在产品 | 100 | 70 | 20 |

表6-2　生产费用资料

| 摘要 | 车间 | 直接材料 | 半成品 | 直接人工 | 制造费用 | 合计 |
|---|---|---|---|---|---|---|
| 月初在产品成本 | 一车间 | 4500 | | 550 | 950 | 6000 |
| | 二车间 | | 3000 | 480 | 520 | 4000 |
| | 三车间 | | 17500 | 3850 | 3150 | 24500 |
| 本月发生费用 | 一车间 | 27000 | | 6050 | 10450 | 43500 |
| | 二车间 | | 10800 | 11700 | | 22500 |
| | 三车间 | | | 24750 | 20250 | 45000 |

注：在产品完工程度均为 50%，月初在产品成本据上月成本计算单所得，本月发生费用据本月各种费用分配表所得。

（一）按产品品种及各步骤设置生产成本明细账

因该企业只生产甲产品，所以只要按甲产品的三个生产步骤设置生产成本明细账。

（二）分步骤归集和分配各项生产费用

品种法按照品种归集和分配生产费用，分步法则按步骤归集和分配生产费用（处理方法与品种法相同）

（三）分步计算成本

1. 第一步骤：即第一车间。

设三个成本项目（表 6-3），根据产品成本明细账归集的生产费用编制产品成本计算单，计算单也按步骤设置。

表 6-3  第一车间成本计算单

产品：A 半成品　　　　　　　　2013 年 12 月　　　　　　　　完工数量：250 件

| 摘要 | 直接材料 | 直接人工 | 制造费用 | 合计 |
|---|---|---|---|---|
| 月初在产品成本 | 4500 | 550 | 950 | 6000 |
| 本月生产费用 | 27000 | 6050 | 10450 | 43500 |
| 生产费用合计 | 31500 | 6600 | 11400 | 49500 |
| 完工半成品数量（件） | 250 | 250 | 250 | |
| 月末在产品数量（件） | 100 | 50 | 50 | |
| 约当产量合计 | 350 | 300 | 300 | |
| 分配率（即单位成本） | 90 | 22 | 38 | 150 |
| 完工半成品成本 | 22500 | 5500 | 9500 | 37500 |
| 月末在产品成本 | 9000 | 1100 | 1900 | 12000 |

上表中有关成本计算如下：

（1）分配率的计算

$$直接材料分配率 = \frac{31500}{250+100} = 90（元/件）$$

$$直接人工分配率 = \frac{6600}{250+100 \times 50\%} = 22（元/件）$$

$$制造费用分配率 = \frac{11400}{250+100 \times 50\%} = 38（元/件）$$

（2）完工半成品成本的计算

完工A半成品直接材料成本=250×90=22 500（元）

完工A半成品直接人工成本=250×22=5500（元）

完工A半成品制造费用成本=250×38=9500（元）

合计　　37 500 元

（3）月末在产品成本的计算

在产品直接材料成本=100×90=9000（元）

在产品直接人工成本=50×22=1100（元）

在产品制造费用成本=50×38=1900（元）

合计　　12 000 元

注：在产品成本的计算采用倒挤法，即月末在产品成本=费用合计-完工产品成本

根据第一车间成本计算单编制分录如下：

借：基本生产成本——第二车间（B半成品）　　37 500

　　贷：基本生产成本——第一车间（A半成品）　　37 500

2. 第二步骤：即第二车间。设三个成本项目：半成品、直接人工和制造费用（表6-4）。

表6-4　第二车间成本计算单

产品：B半成品　　　　　　2013 年 12 月　　　　　　完工数量：200 件

| 摘要 | 半成品 | 直接人工 | 制造费用 | 合计 |
|---|---|---|---|---|
| 月初在产品成本 | 3000 | 480 | 520 | 4000 |
| 本月生产费用 | 37 500 | 10 800 | 11 700 | 60 000 |
| 生产费用合计 | 40 500 | 11 280 | 12 220 | 64 000 |
| 完工半成品数量（件） | 200 | 200 | 200 | |
| 月末在产品数量（件） | 70 | 35 | 35 | |
| 约当产量合计 | 270 | 235 | 235 | |
| 分配率（即单位成本） | 150 | 48 | 52 | 250 |
| 完工半成品成本 | 30 000 | 9600 | 10 400 | 50 000 |
| 月末在产品成本 | 10 500 | 1680 | 1820 | 14 000 |

注：第一车间完工的半成品成本 37 500 元综合转入到第二车间成本计算单中的"半成品"成本项目中，即第一车间的半成品成本 37 500 元包含直接材料 22 500 元、直接人工 5500 元和制造费用 9500 元，但不分项目转入下一车间的相应项目中，而是汇总转入下一车间的"半成品"项目。

表 6-4 中有关成本计算如下：

（1）分配率的计算

半成品分配率=$\frac{40500}{270}$=150（元/件）

直接人工分配率=$\frac{11280}{235}$=48（元/件）

制造费用分配率=$\frac{12220}{235}$=52（元/件）

（2）完工半成品成本的计算

完工 B 半成品直接材料成本=200×150=30 000（元）

完工 B 半成品直接人工成本=200×48=9600（元）

完工 B 半成品制造费用成本=200×52=10 400（元）

合计　　　50 000 元

（3）月末在产品成本的计算

在产品直接材料成本=70×150=10 500（元）

在产品直接人工成本=35×48=1680（元）

在产品制造费用成本=35×52=1820（元）

合计　　　14 000 元

根据第二车间成本计算单编制分录如下：

借：基本生产成本——第三车间（甲产品）　　　　　　50 000

　　贷：基本生产成本——第二车间（B 半成品）　　　　　　50 000

3．第三步骤：即第三车间（成本计算单见表 6-5）。

表 6-5　第三车间成本计算单

产品：甲产品　　　　　　　　　2013 年 12 月　　　　　　　　　完工数量：250 件

| 摘要 | 半成品 | 直接人工 | 制造费用 | 合计 |
|---|---|---|---|---|
| 月初在产品成本 | 17 500 | 3850 | 3150 | 24 500 |
| 本月生产费用 | 50 000 | 24 750 | 20 250 | 95 000 |
| 生产费用合计 | 67 500 | 28 600 | 23 400 | 119 500 |
| 完工半成品数量（件） | 250 | 250 | 250 | |
| 月末在产品数量（件） | 20 | 10 | 10 | |
| 约当产量合计 | 270 | 260 | 260 | |

续表

| 摘要 | 半成品 | 直接人工 | 制造费用 | 合计 |
|---|---|---|---|---|
| 分配率（即单位成本） | 250 | 110 | 90 | 450 |
| 完工半成品成本 | 62 500 | 27 500 | 22 500 | 112 500 |
| 月末在产品成本 | 5000 | 1100 | 900 | 7000 |

表 6-5 中有关成本计算如下：

（1）分配率的计算

直接材料分配率 $=\dfrac{67500}{270}=250$（元/件）

直接人工分配率$=\dfrac{28600}{260}=110$（元/件）

制造费用分配率$=\dfrac{23400}{260}=90$（元/件）

（2）完工半成品成本的计算

甲产品半成品成本=250×250=62 500（元）

甲产品直接人工成本=250×110=27 500（元）

甲产品制造费用成本=250×90=22 500（元）

合计    112 500 元

（3）月末在产品成本的计算

在产品直接材料成本=20×250=5000（元）

在产品直接人工成本=10×110=1100（元）

在产品制造费用成本=10×90=900（元）

合计    7000 元

根据第三车间成本计算单编制分录如下：

借：库存商品——甲产品                    112 500

　　贷：基本生产成本——第三车间（甲产品）        112 500

（四）成本还原

所谓成本还原，就是将产成品耗用各步骤半成品的综合成本，逐步分解还原为原来的成本项目。成本还原的方法是从最后步骤开始，将其耗用上步骤半成品的综合成本逐步分解，还原为原来的成本项目。成本还原可以更好地看到各个明细所用的成本，从而更好地进行成本控制。

1．找还原起点：即第一次还原的对象，为最后一个生产步骤产成品成本中包含的"半成品"项目的金额。上例中为 62 500 元。

2．第一次还原

$$还原率=\frac{本月本步骤耗用上一步骤"半成品"总成本}{上一步骤半成品总成本}=\frac{62500}{50000}=1.25$$

还原金额=上一步骤半成本各项目金额×还原率

"半成品"项目还原金额：30 000 ×1.25=37 500（元）

"直接人工"项目还原金额：9600 ×1.25=12 000（元）

"制造费用"项目还原金额：10 400 ×1.25=13 000（元）

合计　　　　62 500 元（应等于还原率的分子数）

注：若还原率为无理数，则"制造费用"项目还原金额应采用倒挤法，即以还原率的分子数减去已还原的金额。

本例中为 62 500－（37 500+12 000）=13 000（元）

3．第二次还原

$$还原率=\frac{第一次还原后"半成品"项目还原金额}{上一步骤半成品总成本}$$

$$=\frac{37500}{37500}=1$$

"直接材料"项目还原金额：22 500×1=22 500（元）

"直接人工"项目还原金额：5500 ×1=5500（元）

"制造费用"项目还原金额：9500 ×1=9500（元）

4．计算还原后总成本（分项目计算后汇总）

各项目总成本=各次还原的该项目金额+最后生产步骤该项目金额

直接材料总成本=22 500（元）

直接人工总成本=27 500+12 000+5500=45 000（元）

制造费用总成本=22 500+13 000+950=45 000

合计　　　　112 500 元（应等于还原前的总成本）

实际工作中成本还原通过产品成本还原计算表来进行，见表 6-6。

## 表6-6　产品成本还原计算表

甲产品　　　　　　　　　　　　　　　2013年12月　　　　　　　　　　产量：250件

| 项　　目 | （1）还原前产成品总成本 | （2）第二步骤半成品成本 | （3）第一次还原 | （4）第一步骤半成品成本 | （5）第二次还原 | （6）还原后产成品总成本 | （7）产成品单位成本 |
|---|---|---|---|---|---|---|---|
| 还原率 | | | 1.25 | | 1 | | |
| B半成品 | 62 500 | | −62 500 | | −37 500 | | |
| A半成品 | | 30 000 | 37 500 | | | | |
| 直接材料 | | | | 22 500 | 22 500 | 22 500 | 90 |
| 直接人工 | 27 500 | 9 600 | 12 000 | 5 500 | 5 500 | 45 000 | 180 |
| 制造费用 | 22 500 | 10 400 | 13 000 | 9 500 | 9 500 | 45 000 | 180 |
| 合　计 | 112 500 | 50 000 | 0 | 37 500 | 0 | 112 500 | 450 |

### 学中做

【例6-2】石家庄海华工厂生产甲产品，需顺序经过两个车间加工完成（半成品通过仓库收发，半成品成本按加权平均法计算）。各步骤月末在产品按定额成本计价。

2013年12月有关成本资料及核算情况如下：

1. 第一车间A半成品的成本计算单，如表6-7所示。

## 表6-7　成本计算单

车间：第一车间　　　　　　　　　　　　　　　　　　　　产品名称：甲半成品

| 摘要 | 产量（件） | 直接材料 | 直接人工 | 制造费用 | 合计 |
|---|---|---|---|---|---|
| 月初在产品定额成本 | 200 | 3000 | 2000 | 16 000 | 48 000 |
| 本月生产费用 | | 88 000 | 6000 | 50 000 | 144 000 |
| 本月生产费用累计 | | 118 000 | 8000 | 66 000 | 192 000 |
| 完工半成品成本转出 | | −90 000 | −72 000 | −54 000 | −151 200 |
| 半成品单位成本 | | 450 | 36 | 270 | 756 |
| 在产品成本（定额成本） | | 28 000 | 80 | 12 000 | 40 800 |

注：表中，月初在产品成本和本月生产费用都是根据生产成本明细账填制，月末在产品成本是已知定额成本。

根据第一车间自制半成品交库单编制分录如下：

借：自制半成品——A半成品　　　　　　　　　　　　　151 200

　　贷：基本生产成本——第一车间（A半成品）　　　　　151 200

2. 根据一车间自制半成品交库单和二车间领用单登记自制半成品明细账（表6-8）。

表6-8　自制半成品明细账

| 摘要 | 收入 | | | 发出 | | | 结存 | | |
|---|---|---|---|---|---|---|---|---|---|
| | 数量 | 单价 | 金额 | 数量 | 单价 | 金额 | 数量 | 单价 | 金额 |
| 结存 | | | | | | | 100 | 700 | 70 000 |
| 入库 | 200 | 756 | 151 200 | 200 | 737.33 | 147 466 | 300 | 737.33 | 221 200 |
| 下步领用 | | | | | | | 1000 | 737.33 | 73 734 |

$$发出半成品单位成本 = \frac{70000 + 151200}{100 + 200} = 737.33（元）$$

发出半成品成本 = 200 × 737.33 = 147 466（元）

发出半成品成本的单位成本可以采用先进先出法、后进先出法、加权平均法、移动加权平均法和个别计价法等。

借：基本生产成本——第二车间（甲产品）　　　　　　147 466

　　贷：自制半成品——A半成品　　　　　　　　　　　　147 466

3. 根据各种费用分配表、二车间半成品领用单以及二车间相关定额资料登记第二车间甲产品成本计算单（表6-9）。

表6-9　成本计算单

车间：第二车间　　　　　　　　　　　　　　　　　　　　　　产品名称：甲产品

| 摘要 | 产量（件） | 直接材料 | 直接人工 | 制造费用 | 合计 |
|---|---|---|---|---|---|
| 月初在产品定额成本 | 210 | 40 500 | 12 000 | 14 000 | 66 500 |
| 本月生产费用 | | 147 466 | 46 000 | 50 000 | 243 466 |
| 本月生产费用累计 | | 187 966 | 58 000 | 64 000 | 309 966 |
| 结转完工产品成本 | | −154 966 | −47 000 | −49 000 | −250 966 |
| 甲产品单位成本 | | 737.93 | 223.82 | 233.33 | 1195.8 |
| 在产品定额成本 | | 33 000 | 11 000 | 15 000 | 59 000 |

根据产成品入库单和二车间基本生产明细账，结转完工产品成本分录：

借：库存商品——甲产品　　　　　　　　　　　　250 966

　　贷：基本生产成本——第二车间（甲产品）　　　　250 966

4．对产品成本进行成本还原（表6-10）。

表6-10　成本计算还原表（按还原率还原）

| 项目 | 还原前产成品总成本 | 本月上步所产半成品成本 | 成本还原率 | 第二步骤产成品中半成品成本还原 | 还原后的总成本 | 还原后产成品单位成本（产量210件） |
|---|---|---|---|---|---|---|
| 半成品 | 154 966 | | | −154 966 | | |
| 原材料 | | 9000 | | 92 241.63 | 92 241.63 | 439.25 |
| 工资及福利费 | 47 000 | 7200 | | 7379.33 | 54 379.33 | 258.95 |
| 制造费用 | 49 000 | 54 000 | | 55 345.04 | 104 345.04 | 496.88 |
| 成本合计 | 250 966 | 151 200 | 1 024 907 | 0 | 250 966 | 1195.08 |

 做中学

- - - - - - - - - - - - - - - - - - - - - - - - - - - - - - - - - - - - - -

【业务操作 6.1】石家庄海华工厂设三个基本生产车间，大量生产丙产品，三个生产车间即三个生产步骤。第一车间生产的 A 半成品，完工后不经过半成品仓库收发，直接交第二车间加工，第二车间生产出 B 半成品，完工后交半成品仓库，第三车间从半成品仓库领出 B 半成品加工为丙产品，完工后验收交成品库。

原材料在生产开始时一次性投入，各车间月末在产品完工程度均为 50%，各步骤完工产品和月末在产品的生产费用采用约当产量法分配。

有关成本计算资料见表6-11～表6-14。

表6-11　产量记录表

产品：丙产品　　　　　　　　　　2013 年 12 月　　　　　　　　　单位：件

| 项目 | 一车间 | 二车间 | 三车间 |
|---|---|---|---|
| 月初在产品 | 20 | 40 | 40 |
| 本月投入或上步骤转入 | 220 | 200 | 200 |
| 本月完工 | 200 | 200 | 220 |
| 月末在产品 | 40 | 40 | 20 |

### 表 6-12　产品成本计算单

产品：A 半成品　　　　2013 年 12 月　　　　单位：元　　　　完工：＿＿件

| 摘要 | 直接材料 | 直接人工 | 制造费用 | 合计 |
|---|---|---|---|---|
| 月初在产品成本 | 5000 | 1250 | 1000 | 7250 |
| 本月生产费用 | 55 000 | 26 250 | 21 000 | 102 250 |
| 生产费用合计 |  |  |  |  |
| 完工半成品数量 |  |  |  |  |
| 月末在产品约当产量 |  |  |  |  |
| 约当总产量（件） |  |  |  |  |
| 单位成本 |  |  |  |  |
| 完工半成品成本 |  |  |  |  |
| 月末在产品成本 |  |  |  |  |

### 表 6-13　产品成本计算单

产品：B 半成品　　　　2013 年 12 月　　　　单位：元　　　　完工：＿＿件

| 摘要 | 半成品 | 直接人工 | 制造费用 | 合计 |
|---|---|---|---|---|
| 月初在产品成本 | 19 000 | 4000 | 3000 | 26 000 |
| 本月生产费用 |  | 40 000 | 30 000 |  |
| 生产费用合计 |  |  |  |  |
| 完工半成品数量 |  |  |  |  |
| 月末在产品约当产量 |  |  |  |  |
| 约当总产量（件） |  |  |  |  |
| 单位成本 |  |  |  |  |
| 完工半成品成本 |  |  |  |  |
| 月末在产品成本 |  |  |  |  |

表 6-14　产品成本计算单

产品：丙产品　　　　　　　2013 年 12 月　　　　　　单位：元　　　　　完工：____件

| 摘要 | 半成品 | 直接人工 | 制造费用 | 合计 |
|---|---|---|---|---|
| 月初在产品成本 | 33 340 | 4000 | 3000 | 40 340 |
| 本月生产费用 | | 42 000 | 31 500 | |
| 生产费用合计 | | | | |
| 产成品数量 | | | | |
| 月末在产品约当产量 | | | | |
| 约当总产量（件） | | | | |
| 单位成本 | | | | |
| 产成品成本 | | | | |
| 月末在产品成本 | | | | |

要求：1. 根据相关资料填制 A 半成品成本计算单（表 6-12），编制记账凭证并登记基本生产成本明细账（表 6-15）。

2. 根据相关资料填制 B 半成品成本计算单（表 6-13），在计算出第二车间的成本时（月末）编制记账凭证并登记成本和自制半成品明细账（表 6-16、表 6-18）。

3. 根据相关资料填制丙产成品成本计算单（表 6-14），编制记账凭证并登记成本和自制半成品明细账（表 6-17、表 6-18）。

4. 完成成本核算，进行成本还原，填制成本还原计算表（表 6-19）。

注：第三车间领用半成品时只登记半成本明细账的数量，当第二车间的成本计算出后，才能计算领用半成品的实际成本

表 6-15　基本生产成本明细账

产品名称：A 半成品　　　　　　　2013 年 12 月　　　　　　单位：元

| 月 | 日 | 摘要 | 借方 | 贷方 | 余额 | 直接材料 | 直接人工 | 制造费用 |
|---|---|---|---|---|---|---|---|---|
| | | | | | | | | |
| | | | | | | | | |
| | | | | | | | | |

| 月 | 日 | 摘要 | 借方 | 贷方 | 余额 | 直接材料 | 直接人工 | 制造费用 |
|---|---|---|---|---|---|---|---|---|
|  |  |  |  |  |  |  |  |  |
|  |  |  |  |  |  |  |  |  |
|  |  |  |  |  |  |  |  |  |
|  |  |  |  |  |  |  |  |  |

表 6-16　基本生产成本明细账

产品名称：B 半成品　　　　　　　　2013 年 12 月　　　　　　　　单位：元

| 月 | 日 | 摘要 | 借方 | 贷方 | 余额 | 直接材料 | 直接人工 | 制造费用 |
|---|---|---|---|---|---|---|---|---|
|  |  |  |  |  |  |  |  |  |
|  |  |  |  |  |  |  |  |  |
|  |  |  |  |  |  |  |  |  |
|  |  |  |  |  |  |  |  |  |
|  |  |  |  |  |  |  |  |  |
|  |  |  |  |  |  |  |  |  |
|  |  |  |  |  |  |  |  |  |

表 6-17　基本生产成本明细账

产品名称：丙产成品　　　　　　　　2013 年 12 月　　　　　　　　单位：元

| 月 | 日 | 摘要 | 借方 | 贷方 | 余额 | 直接材料 | 直接人工 | 制造费用 |
|---|---|---|---|---|---|---|---|---|
|  |  |  |  |  |  |  |  |  |
|  |  |  |  |  |  |  |  |  |
|  |  |  |  |  |  |  |  |  |
|  |  |  |  |  |  |  |  |  |
|  |  |  |  |  |  |  |  |  |
|  |  |  |  |  |  |  |  |  |
|  |  |  |  |  |  |  |  |  |

表 6-18　自制半成品明细账

半成品：B 半成品　　　　　　　　　　2013 年 12 月　　　　　　　　　计量单位：件

| 年 | | 摘要 | 收入 | | | 发出 | | | 结存 | | |
| 月 | 日 | | 数量 | 单位成本 | 金额 | 数量 | 单位成本 | 金额 | 数量 | 单位成本 | 金额 |
|---|---|---|---|---|---|---|---|---|---|---|---|
| 12 | 1 | 月初结存 | | | | | | | 40 | 822 | 32 880 |
| 12 | 2 | 发出 | | | | 40 | | | 0 | | |
| 12 | 7 | 入库 | 80 | | | | | | 80 | | |
| 12 | 8 | 发出 | | | | 70 | | | 10 | | |
| 12 | 15 | 入库 | 80 | | | | | | 90 | | |
| 12 | 20 | 发出 | | | | 90 | | | 0 | | |
| 12 | 30 | 入库 | 40 | | | | | | 40 | | |
| 12 | 30 | 本月合计 | 200 | | | | | | | | |

表 6-19　产品成本还原计算表

产品：丙产品　　　　　　2013 年 12 月　　　　　单位：元　　　　　完工：＿＿件

| 项目 | （1）还原前产成品总成本 | （2）第二步骤半成品成本 | （3）第一次还原 | （4）第一步骤半成品成本 | （5）第二次还原 | （6）还原后产成品总成本 | （7）产成品单位成本 |
|---|---|---|---|---|---|---|---|
| 还原率 | | | | | | | |
| B 半成品 | | | | | | | |
| A 半成品 | | | | | | | |
| 直接材料 | | | | | | | |
| 直接人工 | | | | | | | |
| 制造费用 | | | | | | | |
| 合计 | | | | | | | |

 做中学

- - - - - - - - - - - - - - - - - - - - - - - - - - - - - - - - - - - - - - -

【业务操作 6.2】石家庄海华工厂生产乙产品经过两个生产步骤，分别由两个车间进行。

第一车间生产 A 半成品，交半成品库验收；第二车间按所需数量向半成品库领用，领用时按加权平均法计算单位成本，月末在产品均按定额成本计价，定额成本已知（表6-20）。

表 6-20　产品成本计算单

车间名称：第一车间　　　　2013 年 12 月　　　　产品：A 半成品　　　　产量：600 件

| 摘要 | 直接材料 | 直接人工 | 制造费用 | 合计 |
|---|---|---|---|---|
| 月初在产品成本 | 29 000 | 2000 | 16 050 | 47 050 |
| 本月生产费用 | 77 300 | 6550 | 52 000 | 135 850 |
| 生产费用合计 | 106 300 | 8550 | 68 050 | 182 900 |
| 完工半成品成本 | | | | |
| 单位成本 | | | | |
| 月末在产品成本 | 34 800 | 2500 | 20 062.5 | 57 362.5 |

请按照以下步骤要求完成成本核算。

1．计算第一车间成本。将表 6-20 填制完整并据表 6-22 编制记账凭证并登记自制半成品明细账（表 6-21）和基本生产成本明细账（表 6-22）。

表 6-21　自制半成品明细账

半成品：A 半成品　　　　2013 年 7 月　　　　计量单位：件　　　　金额：元

| 年 | | 摘要 | 收入 | | | 发出 | | | 结存 | | |
|---|---|---|---|---|---|---|---|---|---|---|---|
| 月 | 日 | | 数量 | 单位成本 | 金额 | 数量 | 单位成本 | 金额 | 数量 | 单位成本 | 金额 |
| 7 | 1 | 月初结存 | | | | | | | 150 | 198.58 | 29 787.5 |
| 7 | 2 | 发出 | | | | 150 | | | 0 | | |
| 7 | 10 | 入库 | 400 | | | | | | 400 | | |
| 7 | 12 | 发出 | | | | 300 | | | 100 | | |
| 7 | 15 | 入库 | 200 | | | | | | 300 | | |
| 7 | 20 | 发出 | | | | 100 | | | 200 | | |
| 7 | 31 | 本月合计 | 600 | | | 550 | | | 200 | | |

表 6-22　基本生产成本明细账

产品名称：A 半成品　　　　2013 年 7 月　　　　单位：元

| 月 | 日 | 摘要 | 借方 | 贷方 | 余额 | 直接材料 | 直接人工 | 制造费用 |
|---|---|---|---|---|---|---|---|---|
| | | | | | | | | |

| 月 | 日 | 摘要 | 借方 | 贷方 | 余额 | 直接材料 | 直接人工 | 制造费用 |
|---|---|---|---|---|---|---|---|---|
|   |   |   |   |   |   |   |   |   |
|   |   |   |   |   |   |   |   |   |
|   |   |   |   |   |   |   |   |   |
|   |   |   |   |   |   |   |   |   |
|   |   |   |   |   |   |   |   |   |
|   |   |   |   |   |   |   |   |   |

2．请根据第二车间领用 A 半成品时的业务记录编制记账凭证并登账（表 6-23）。

### 表 6-23　基本生产成本明细账

产品名称：乙产品　　　　　　　　　2013 年 7 月　　　　　　　　　单位：元

| 月 | 日 | 摘要 | 借方 | 贷方 | 余额 | 直接材料 | 直接人工 | 制造费用 |
|---|---|---|---|---|---|---|---|---|
|   |   |   |   |   |   |   |   |   |
|   |   |   |   |   |   |   |   |   |
|   |   |   |   |   |   |   |   |   |
|   |   |   |   |   |   |   |   |   |
|   |   |   |   |   |   |   |   |   |
|   |   |   |   |   |   |   |   |   |
|   |   |   |   |   |   |   |   |   |

3．完成乙产品成本计算单（表 6-24）并编制记账凭证及登账（表 6-23）。

### 表 6-24　产品成本计算单

车间名称：第二车间　　　　　　2013 年 7 月　　　　　产品：乙产品　产量：700 件

| 摘要 | 半成品 | 直接人工 | 制造费用 | 合计 |
|---|---|---|---|---|
| 月初在产品成本 | 95 000 | 4950 | 24 750 | 124 700 |
| 本月生产费用 |   | 7850 | 38 450 |   |
| 生产费用合计 |   |   |   |   |
| 完工产品成本 |   |   |   |   |
| 产品单位成本 |   |   |   |   |
| 月末在产品成本 | 66 500 | 2400 | 12 000 | 80 900 |

做中学

---

【业务操作6.3】石家庄海华工厂生产的 A 产品需经过第一、第二两个基本生产车间进行连续加工完成。所需原材料于生产开始时一次性投入。第一车间生产完工的 A 半成品交半成品库，单设"自制半成品"专户进行核算，第二车间从半成品库领用后继续加工生产出 A 产品，领用的半成品按实际成本计价（采用加权平均法）。该公司采用综合结转法计算产品成本。月末在产品成本采用约当产量法计算，两个车间的月末在产品完工率均为50%。2013年12月，该公司有关产量资料和费用资料如表6-25和表6-26所示。

表6-25　产量资料

| 项目 | 第一车间 | 第二车间 |
|---|---|---|
|  | A 半成品 | A 产品 |
| 月初在产品数量 | 75 | 125 |
| 本月投入产品数量 | 425 | 475 |
| 本月完工产品数量 | 450 | 500 |
| 月末在产品数量 | 50 | 100 |

表6-26　生产费用资料

| 成本项目 | 月初在产品成本 | | 本月发生费用 | |
|---|---|---|---|---|
|  | 一车间 | 二车间 | 一车间 | 二车间 |
| 直接材料 | 18 000 | 17 400 | 42 000 |  |
| 直接人工 | 5250 | 6000 | 9000 | 15 450 |
| 制造费用 | 7500 | 9000 | 13 875 | 20 700 |
| 合　计 | 30 750 | 32 400 | 64 875 |  |

"自制半成品"账户期初结存 A 半成品 100 件，单位成本 178.5 元。

1. 根据生产费用及产量资料计算 A 半成品成本和月末在产品成本，编制 A 半成品成本计算单（表6-27）并编制记账凭证。

表6-27　第一车间产品成本计算单

2013 年 12 月 31 日　　　　　　　　　　　　　　　　　　　　　　　　本月完工：450 件
产品名称：A 半成品　　　　　　　　　　　　　　　　　　　　　　　　月末在产品：50 件

| 摘要 | 直接材料 | 直接人工 | 制造费用 | 合计 |
|---|---|---|---|---|
| 月初在产品成本 |  |  |  |  |
| 本月生产费用 |  |  |  |  |

续表

| 摘要 | 直接材料 | 直接人工 | 制造费用 | 合计 |
|---|---|---|---|---|
| 生产费用合计 | | | | |
| 月末在产品数量 | | | | |
| 在产品约当产量 | | | | |
| 完工产品产量 | | | | |
| 约当总产量 | | | | |
| 分配率（单位成本） | | | | |
| 月末在产品成本 | | | | |
| 完工产品总成本 | | | | |

2．根据第一车间 A 半成品交库单和第二车间领用 A 半成品的领料单，登记"自制半成品专户明细账"中的收入数量及总成本并计算 A 半成品发出及结存的实际成本，编制记账凭证并登记"自制半成品专户明细账"中相关数据，如表 6-28 所示。

表 6-28　自制半成品明细账

类别：自制半成品　　　　　　　　　　　　　　　　　　　　　　　总第×页
品名：A 半成品　　　　　　　　规格：　　　　　　存放地点：　　　　　第×页

| ××年 | | 凭证号数 | 摘要 | 收入 | | | 发出 | | | 结存 | | |
|---|---|---|---|---|---|---|---|---|---|---|---|---|
| 月 | 日 | | | 数量 | 单位成本 | 总成本 | 数量 | 单位成本 | 总成本 | 数量 | 单位成本 | 总成本 |
| 1 | 1 | | 上年结转 | | | | | | | 100 | 178.5 | 17 850 |
| | 31 | 略 | 本期入库 | 195 | | | | | | | | |
| | | | 本期发出 | | | | | | | | | |
| | | | 期末结存 | | | | | | | | | |
| | | | | | | | | | | | | |

3．根据第二基本生产车间领用的自制半成品，发生的直接人工、制造费用、完工产品和月末在产品资料，分配费用并登记第二车间的产品成本计算单（表 6-29）并编制记账凭证。

表 6-29　第二车间产品成本计算单

2013 年 12 月 31 日　　　　　　　　　　　　　　　　　　　本月完工：500 件
产品名称：A 产品　　　　　　　　　　　　　　　　　　　月末在产品：100 件

| 摘要 | 半成品成本 | 直接人工 | 制造费用 | 合计 |
|---|---|---|---|---|
| 月初在产品成本 | | | | |
| 本月生产费用 | | | | |
| 生产费用合计 | | | | |
| 月末在产品数量 | | | | |

续表

| 摘要 | 半成品成本 | 直接人工 | 制造费用 | 合计 |
|---|---|---|---|---|
| 在产品约当产量 | | | | |
| 本月完工产品数量 | | | | |
| 约当总产量 | | | | |
| 分配率（单位成本） | | | | |
| 月末在产品成本 | | | | |
| 完工产品总成本 | | | | |

4．运用表 6-27 和表 6-29 采用综合结转法所计算的产品成本资料，采用成本还原率进行成本还原，编制"成本还原计算表"（表 6-30）。

表 6-30　产品成本还原计算表

产品：A 产品　　　　　　　　2013 年 12 月 31 日　　　　　　　　产量：500 件

| 项目 | 成本还原率 | 成本项目 | | | | |
|---|---|---|---|---|---|---|
| | | 半成品 | 直接材料 | 直接人工 | 制造费用 | 合计 |
| 还原前产品总成本 | | | | | | |
| 上步本月完工半成品成本 | | | | | | |
| 半成品成本还原 | | | | | | |
| 还原后产品总成本 | | | | | | |
| 还原后产品单位成本 | | | | | | |

## 6.2.2　用分项结转分步法进行成本核算

分项结转分步法是指各步骤所耗上一步骤半成品成本，按照成本项目分项转入本步骤基本生产成本明细账中，计算产品成本的一种方法。如果半成品通过半成品仓库收发，自制半成品明细账中，需按成本项目分别登记。

采用分项结转法可以直接反映完工产品各成本项目的原始结构，便于从整个企业角度考核与分析成品计划的执行情况，不需要成本还原，计算工作较为简便。然而这种方法的成本结转工作较为复杂，而且在各生产步骤完工产品成本中反映不出所耗费的上一生产步骤半成品的费用和本步骤加工费用的水平，不便于对完工产品成本进行综合分析。这种方法适用于管理上不要求分别反映各生产步骤完工产品所耗费的半成品费用，而要求按照原始成本项目计算产品成本的企业。

 学中做

【例6-3】沿用6.2.1中的【例6-2】即：石家庄海华工厂生产甲产品，需顺序经过两个车间加工完成（半成品通过仓库收发，半成品成本按加权平均法计算）。各步骤月末在产品按定额成本计价。说明分项结转法的计算程序。

2013年12月有关成本资料及核算情况如下：

1. 第一步骤成本计算同综合结转法（第一车间A半成品的基本生产成本明细账见表6-4）。

2. 根据第一车间半成品交库单和第二车间半成品领用单，登记自制半成品明细账（表6-31）。表中期初成本为已知资料，半成品单位成本按加权平均法计算。

表6-31　自制半成品明细账

| 摘要 | 数量 | 实际成本 | | | |
|---|---|---|---|---|---|
| | | 直接材料 | 直接人工 | 制造费用 | 成本合计 |
| 月初余额 | 100 | 44 800 | 3700 | 21 500 | 70 000 |
| 入库 | 200 | 90 000 | 7200 | 54 000 | 151 200 |
| 合计 | 300 | 134 800 | 10 900 | 75 500 | 221 200 |
| 单位成本 | | 449.33 | 36.33 | 251.67 | 737.33 |
| 本月发出 | 200 | 89 866 | 7266 | 50 334 | 147 466 |
| 月末余额 | 100 | 44 934 | 3634 | 21 566 | 73 734 |

3. 根据费用分配表、第二车间领用半成品单，登记第二车间甲产品成本计算单（表6-32）。

表6-32　成本计算单

第二车间：甲产品

| 摘要 | 产量（件） | 直接材料 | 直接人工 | 制造费用 | 成本合计 |
|---|---|---|---|---|---|
| 月初在产品定额成本 | 210 | 24 126 | 13 928 | 28 446 | 66 500 |
| 本步骤加工费用 | | | 46 000 | 50 000 | 96 000 |
| 领用半成品 | | 89 866 | 7266 | 50 334 | 147 466 |
| 本月生产费用 | | 89 866 | 53 266 | 100 334 | 243 466 |
| 本月累计 | | 113 992 | 67 194 | 128 780 | 309 966 |

续表

| 摘要 | 产量（件） | 直接材料 | 直接人工 | 制造费用 | 成本合计 |
|---|---|---|---|---|---|
| 完工产品转出 | | 94 342 | 56 034 | 100 590 | 250 966 |
| 完工单位成本 | | 449.25 | 266.83 | 479 | 1 195.08 |
| 在产品定额成本 | | 19 650 | 11 160 | 28 190 | 59 000 |

可以看出，采用分项结转和综合结转成本还原后的结果是一致的，但各成本项目金额却有所不同。这是因为：成本还原是按当月所产甲半成品的成本结构还原的，没有考虑期初库存 100 件甲半成品成本结构的影响，而本例分项结转，考虑了期初半成品成本的影响。

 做中学

【业务操作 6.4】2013 年 12 月石家庄海华公司的甲产品经过三个车间连续加工制成，一车间生产 A 半成品，直接转入二车间加工制成 B 半成品，B 半成品直接转入三车间加工成甲产成品。原材料于生产开始时一次性投入，各车间月末在产品完工程度均为 50%。各车间生产费用在完工产品和在产品之间的分配采用约当产量比例法。

本月各车间产量资料见表 6-33（单位：件）。

表 6-33　产量记录表

| 项目 | 一车间 | 二车间 | 三车间 |
|---|---|---|---|
| 月初在产品数量 | 20 | 50 | 40 |
| 本月投产数量或上步转入 | 180 | 160 | 180 |
| 本月完工产品数量 | 160 | 180 | 200 |
| 月末在产品数量 | 40 | 30 | 20 |

各车间月初及本月费用资料见表 6-34（单位：元）。

表 6-34　车间费用表

| 摘要 | | 直接材料 | 直接人工 | 制造费用 | 合计 |
|---|---|---|---|---|---|
| 一车间 | 月初在产品成本 | 1 000 | 60 | 100 | 1 160 |
| | 本月生产费用 | 18 400 | 2 200 | 2 400 | 23 000 |
| 二车间 | 月初在产品成本 | 200 | 120 | | 320 |

续表

| | 摘要 | 直接材料 | 直接人工 | 制造费用 | 合计 |
|---|---|---|---|---|---|
| 二车间 | 本月生产费用 | | 3200 | 4800 | 8000 |
| 三车间 | 月初在产品成本 | | 180 | 160 | 340 |
| | 本月生产费用 | | 3450 | 2550 | 6000 |

要求：采用分项结转分步法计算各步骤半成品成本及产成品成本。

1. 填制 A 半成品成本计算单（表 6-35）并填制记账凭证，登记基本生产成本明细账（表 6-36）。

表 6-35　第一车间成本计算单

产品名称：A 半成品

| 摘要 | 直接材料 | 直接人工 | 制造费用 | 合计 |
|---|---|---|---|---|
| 月初在产品成本 | | | | |
| 本月发生费用 | | | | |
| 费用合计 | | | | |
| 约当产量合计 | | | | |
| 单位成本 | | | | |
| 完工产品成本 | | | | |
| 月末在产品成本 | | | | |

表 6-36　基本生产成本明细账

产品名称：A 半成品　　　　　　　　　　　　　　　　　　　单位：元

| 月 | 日 | 摘　要 | 借方 | 贷方 | 余额 | 直接材料 | 直接人工 | 制造费用 |
|---|---|---|---|---|---|---|---|---|
| | | | | | | | | |
| | | | | | | | | |
| | | | | | | | | |
| | | | | | | | | |
| | | | | | | | | |
| | | | | | | | | |
| | | | | | | | | |

2. 填制 B 半成品成本计算单（表 6-37）并填制记账凭证、登记基本生产成本明细

账（表 6-38）。

### 表 6-37　第二车间成本计算单

产品：B 半成品

| 摘要 | 直接材料 | 直接人工 | 制造费用 | 合计 |
|---|---|---|---|---|
| 月初在产品成本 | | | | |
| 本月本步骤加工费用 | | | | |
| 本月耗用上步骤半成品费用 | | | | |
| 费用合计 | | | | |
| 约当产量合计 | | | | |
| 单位成本 | | | | |
| 完工产品成本 | | | | |
| 月末在产品成本 | | | | |

### 表 6-38　基本生产成本明细账

产品名称：B 半成品　　　　　　　　　　　　　　　　　　　　单位：元

| 月 | 日 | 摘要 | 借方 | 贷方 | 余额 | 直接材料 | 直接人工 | 制造费用 |
|---|---|---|---|---|---|---|---|---|
| | | | | | | | | |
| | | | | | | | | |
| | | | | | | | | |
| | | | | | | | | |
| | | | | | | | | |
| | | | | | | | | |
| | | | | | | | | |

3．填制甲产品成本计算单（表 6-39）并填制记账凭证，登记基本生产成本明细账（表 6-40）。

### 表 6-39　第三车间成本计算单

产品名称：甲产品　　　　　　　　　　　　　　　　　　　　单位：元

| 摘要 | 直接材料 | 直接人工 | 制造费用 | 合计 |
|---|---|---|---|---|
| 月初在产品成本 | | | | |
| 本月本步骤加工费用 | | | | |
| 本月耗用上步骤半成品费用 | | | | |

续表

| 摘要 | 直接材料 | 直接人工 | 制造费用 | 合计 |
|---|---|---|---|---|
| 合计 | | | | |
| 约当产量合计 | | | | |
| 单位成本 | | | | |
| 完工产品成本 | | | | |
| 月末在产品成本 | | | | |

**表 6-40　基本生产成本明细账**

产品名称：甲产品　　　　　　　　　　　　　　　　　　　　　　单位：元

| 月 | 日 | 摘要 | 借方 | 贷方 | 余额 | 直接材料 | 直接人工 | 制造费用 |
|---|---|---|---|---|---|---|---|---|
| | | | | | | | | |
| | | | | | | | | |
| | | | | | | | | |
| | | | | | | | | |
| | | | | | | | | |
| | | | | | | | | |
| | | | | | | | | |

# 6.3　用平行结转分步法进行成本核算

| 学习任务单 | | | |
|---|---|---|---|
| **本单元标题：6.3　用平行结转分步法进行成本核算** | | | |
| 重点难点 | 平行结转分步法计算的主要特点<br>平行结转分步法的优、缺点<br>平行结转分步法的计算程序 | | |
| 教学目标 | 能力（技能）目标 | 知识目标 | 素质目标 |
| | （1）能运用平行结转分步法进行产品成本的计算；<br>（2）能正确编制与审核相关费用单据，并做相应账务处理 | （1）平行结转分步法的特点与计算步骤；<br>（2）相关账户设置与账务流转程序 | （1）工作耐心细致；<br>（2）思维严谨，逻辑清晰 |
| 能力训练任务及案例 | 采用平行结转分0步法核算产品成本并将成本核算资料登记入账 | | |
| 教学资源 | 教师：课本、课件、单元教学设计、整体教学设计 | | |
| | 实训条件：教学多媒体设备，手工会计用品 | | |

### 6.3.1　平行结转分步法的成本计算程序

平行结转分步法的成本计算程序为：

（1）按产品的生产步骤和产品品种开设基本生产成本明细账户，按成本项目归集在本步骤发生的生产费用，上一生产步骤的半成品成本不随半成品实物转入下一步骤。

（2）将各生产步骤归集的生产费用在完工产品与月末广义在产品之间进行分配，以确定应计入完工产品成本的生产费用"份额"。

（3）将各步骤应计入相同完工产品成本的生产费用"份额"直接相加，计算出完工产品的实际总成本和单位成本。

平行结转分步法的计算程序见图6-3。

图6-3　平行结转分步法成本计算程序

### 6.3.2　平行结转分步法的特点

通过图6-3可知平行结转分步法的特点为：

（1）成本计算对象为各种产成品及其所经过各步骤的份额。

（2）各步骤不计算半成品成本，只计算本步骤生产费用中应计入产成品成本的"份额"。

（3）各步骤成本明细账仅归集本步骤发生的费用，不反映耗用上一步骤半成品成本。即各步骤半成品成本不随实物转移而结转，半成品成本与实物相脱节。

（4）各步骤的生产费用也要在完工产品与月末在产品之间进行分配。

① 完工产品：

即最终产成品。

② 某步骤完工产品费用：

指该步骤生产费用中计入产成品成本的"份额"。

③ 在产品：

此处指广义的在产品，即尚未完工的全部在产品和半成品。包括：

a．尚在本步骤加工的在产品，即狭义在产品；

b．本步骤已完工转入后续步骤进一步加工、尚未最后制成的半成品（后续步骤的在产品）。

**注意**：各步骤的生产费用应在产成品与本步骤月末广义在产品之间进行分配。

（5）各步骤应计入产成品成本份额的计算

① 某步骤计入产成品成本的份额

　=产成品×单位产成品耗用×该步骤单位

　　数量　　该步骤半成品数量　半成品成本

② 某步骤（各成本项目）$=\dfrac{\text{该步骤月初在产品费用}+\text{本月发生费用}}{\text{该步骤约当总量}}$

（单位半成品成本）

③ 某步骤（各成本项目）约当总量：

　　=产成品所耗用该步骤半成品数量+该步骤月末广义在产品约当产量

　　=产成品数量×单位产品+该步骤月末在+后续步骤月末

　　耗用该步骤半成品数量　产品约当产量　在产品数量

------------------------------------------------

**【例 6-4】**石家庄海华工厂生产的乙产品依次经过三个生产车间完成。第一车间加工成 A 半成品，转给第二车间深加工成 B 半成品，再转给第三车间加工成乙产品。原材料于生产开始时一次性投入，各生产车间在产品完工程度均为 50%。使用平行结转分步法，月末费用分配采用约当产量比例法。2013 年 12 月有关资料见表 6-42 和表 6-43。

表 6-42　乙产品生产情况表

| 项目 | 一车间 | 二车间 | 三车间 |
|---|---|---|---|
| 期初在产品数量 | 8 | 14 | 26 |
| 本月投入或上车间转入数量 | 100 | 90 | 80 |

| 项目 | 一车间 | 二车间 | 三车间 |
|---|---|---|---|
| 本月完工或转入下车间数量 | 90 | 80 | 80 |
| 期末在产品数量 | 18 | 24 | 26 |
| 在产品完工程度 | 50% | 50% | 50% |

表 6-43　各步骤生产费用表

| 成本项目<br>生产车间 | 月初在产品 | | | | 本月生产费用 | | | |
|---|---|---|---|---|---|---|---|---|
| | 直接材料 | 直接人工 | 制造费用 | 合计 | 直接材料 | 直接人工 | 制造费用 | 合计 |
| 第一车间 | 5000 | 1800 | 1000 | 7800 | 30 000 | 7000 | 4000 | 41 000 |
| 第二车间 | — | 1000 | 700 | 1700 | — | 7000 | 4200 | 11 200 |
| 第三车间 | — | 500 | 600 | 1100 | — | 4000 | 2800 | 6800 |

产品成本计算过程如下：

1. 登记第一车间 A 半成品成本计算单（表 6-44）。

表 6-44　第一车间成本计算单

| 摘要 | 原材料 | 直接人工 | 制造费用 | 合计 |
|---|---|---|---|---|
| 期初在产品成本 | 5000 | 1800 | 1000 | 7800 |
| 本月生产费用 | 30 000 | 7000 | 4000 | 41 000 |
| 生产费用合计 | 35 000 | 8800 | 5000 | 48 800 |
| 完工产品产量 | 80 | 80 | 80 | |
| 月末广义在产品约当产量 | 68 | 59 | 59 | |
| 约当总产量 | 148 | 139 | 139 | |
| 转出计入产成品的份额 | −18 919.20 | −5064.80 | −2877.60 | −26 861.60 |
| 期末在产品成本 | 16 080.80 | 3735.20 | 2122.40 | 21 938.40 |

第一车间成本计算：

（1）直接材料。

月末广义在产品约当产量=18×100%+24+26=68（件）

约当产量=80+68=48（件）

直接材料费用分配率=（5000+30 000）/148=236.49（元/件）

原材料费用应计入完工产品成本的份额=80×236.49=18 919.20（元）

期末广义在产品的原材料费用=5000+30 000−18 919.20=16 080.80（元）

（2）直接人工。

月末广义在产品约当产量：18×50%+24+26=59（件）

约当总产量=80＋59=139（件）

直接人工分配率=（1800+7000）÷139=63.3（元／件）

直接人工费用应计入产成品成本的份额=80×63.31=5064.80（元）

期末广义在产品直接人工费用=1800＋7000−5064.80=3735.20（元）

（3）制造费用

制造费用分配率=（1000+4000）÷139=35.97（元／件）

制造费用应计入产成品成本的份额=80×35.97=2 877.60（元）

期末广义在产品成本= 1000+4000−2877.60=2122.40（元）

2．登记第二车间 B 半成品成本计算单（表 6-45）。

表 6-45　第二车间成本计算单

| 摘要 | 直接材料 | 直接人工 | 制造费用 | 合计 |
|---|---|---|---|---|
| 期初在产品成本 | | 1000 | 700 | 1700 |
| 本月生产费用 | | 7000 | 4200 | 11 200 |
| 生产费用合计 | | 8800 | 4900 | 12 900 |
| 完工产品产量 | | 80 | 80 | |
| 月末广义在产品约当产量 | | 38 | 38 | |
| 约当产量 | | 118 | 118 | |
| 转出计入产成品的份额 | | −5424 | −3322.40 | −8746.40 |
| 月末在产品成本 | | 2576 | 1577.60 | 4153.60 |

第二车间成本计算：

月末广义在产品约当产量=24×50%+26=38（件）

约当总产量=80+38=118（件）

（1）直接人工。

直接人工分配率=（1000+7000）÷（80+38）=67.80（元／件）

直接人工费用应计入产成品成本的份额=80×67.80=5424（元）

月末广义在产品成本=1000＋7000－5424=2576（元）

（2）制造费用。

制造费用分配率=（700+4200）÷（80+38）=41.53（元／件）

应计入完工产品成本的份额=80×41.53=3322.40（元）

月末广义在产品成本=700+4200－3322.40=1577.60（元）

3．登记第三车间乙产品成本计算单（表6-46）。

表6-46　第三车间成本计算单

| 摘要 | 直接材料 | 直接人工 | 制造费用 | 合计 |
|---|---|---|---|---|
| 期初在产品成本 | | 500 | 600 | 1100 |
| 本月生产费用 | | 4000 | 2800 | 6800 |
| 生产费用合计 | | 4500 | 3400 | 7900 |
| 完工产品产量 | | 80 | 80 | |
| 月末广义在产品约当产量 | | 13 | 13 | |
| 约当产量 | | 93 | 93 | |
| 转出计入产成品的份额 | | −3871.20 | −2924.80 | −6796 |
| 月末在产品成本 | | 628.80 | 475.20 | 1104 |

第三车间成本计算：

月末广义在产品数量=约当总产量：26×50%=93（件）

约当总产量：80+13=93（件）

（1）直接人工：

直接人工分配率=（500+4000）÷（80+13）=48.39（元／件）

应计入产成品成本的份额=80×48.39=3871.20（元）

月末在产品成本=500+4000−3871.20=628.80（元）

（2）制造费用：

制造费用分配率=（600+2800）÷（80+13）=36.56（元／件）

应计入产成品成本的份额=80×36.56=2924.80（元）

月末广义在产品成本=600+2800-2924.80=475.20（元）

4．平行汇总各车间应计入产成品成本的份额（表 6-47）。

表 6-47   乙产品成本汇总计算表

2013 年 12 月 　　　　　　　　　　　　　　　　　　　　　　　　　　产量：80 件

| 项目 | 原材料 | 直接人工 | 制造费用 | 合计 |
|---|---|---|---|---|
| 第一车间 | 18 919.20 | 5064.80 | 2877.60 | 26 861.60 |
| 第二车间 |  | 5424 | 3322.40 | 8746.40 |
| 第三车间 |  | 3871.20 | 2924.80 | 6796 |
| 总成本 | 18 919.20 | 14 360 | 9124.80 | 42 404 |
| 单位成本 | 236.49 | 179.50 | 114.06 | 530.05 |

结转完工产品入库分录为：

借：库存商品——乙产品 　　　　　　　　　　　　　　　42 404

　　贷：基本生产成本——第一车间（A 半成品）　　　　26 861

　　　　基本生产成本——第二车间（B 半成品）　　　　　8746

　　　　基本生产成本——第三车间（乙产品）　　　　　　6796

做中学

- - - - - - - - - - - - - - - - - - - - - - - - - - - - - - - - - - - - - - - - - - -

【业务操作 6.5】石家庄海华工厂生产甲产品，经过三个车间连续加工制成，一车间生产 A 半成品，直接转入二车间加工制成 B 半成品，B 半成品直接转入三车间加工成甲产成品。其中，1 件甲产品耗用 1 件 B 半成品，1 件 B 半成品耗用 1 件 A 半成品。原材料于生产开始时一次性投入，各车间月末在产品完工程度均为 50%。各车间生产费用在完工产品和在产品之间的分配采用约当产量比例法。

本月各车间产量资料见表 6-48（单位：件）。

表 6-48   产量记录表

| 项目 | 一车间 | 二车间 | 三车间 |
|---|---|---|---|
| 月初在产品数量 | 20 | 50 | 40 |
| 本月投产数量或上步转入 | 180 | 160 | 180 |

续表

| 项目 | 一车间 | 二车间 | 三车间 |
|---|---|---|---|
| 本月完工产品数量 | 160 | 180 | 200 |
| 月末在产品数量 | 40 | 30 | 20 |

各车间月初及本月费用资料见表 6-49（单位：元）。

表 6-49 车间费用表

| 摘要 | | 直接材料 | 直接人工 | 制造费用 | 合计 |
|---|---|---|---|---|---|
| 一车间 | 月初在产品成本 | 1000 | 60 | 100 | 1160 |
| | 本月生产费用 | 18400 | 2200 | 2400 | 23 000 |
| 二车间 | 月初在产品成本 | | 200 | 120 | 320 |
| | 本月生产费用 | | 3200 | 4800 | 8000 |
| 三车间 | 月初在产品成本 | | 180 | 160 | 340 |
| | 本月生产费用 | | 3450 | 2550 | 6000 |

要求：采用平行结转法计算产成品成本，编制各步骤成本计算单及产品成本汇总表。

1. 填制各步骤各成本项目的约当产量计算表（表 6-50）。

表 6-50 约当产量计算表

| 摘要 | 直接材料 | 直接人工 | 制造费用 |
|---|---|---|---|
| 一车间步骤约当产量 | | | |
| 二车间步骤约当产量 | | | |
| 三车间步骤约当产量 | | | |

2. 填制一车间成本计算单（表 6-51）。

表 6-51 第一车间成本计算单

| 摘要 | 直接材料 | 直接人工 | 制造费用 | 合计 |
|---|---|---|---|---|
| 月初在产品成本 | | | | |
| 本月发生费用 | | | | |
| 合计 | | | | |
| 约当产量 | | | | |
| 单位成本 | | | | |
| 应计入产成品成本份额 | | | | |
| 月末在产品成本 | | | | |

3．填制二车间成本计算单（表 6-52）。

表 6-52　第二车间成本计算单

| 摘要 | 直接人工 | 制造费用 | 合计 |
|---|---|---|---|
| 月初在产品成本 | | | |
| 本月发生费用 | | | |
| 合计 | | | |
| 约当产量 | | | |
| 单位成本 | | | |
| 应计入产成品成本份额 | | | |
| 月末在产品成本 | | | |

4．填制三车间成本计算单（表 6-53）及产品成本汇总计算表（表 6-56），填制记账凭证并登记三个车间的基本生产成本明细账（表 6-55、表 6-56、表 6-57）。

表 6-53　第三车间成本计算单

| 摘要 | 直接人工 | 制造费用 | 合计 |
|---|---|---|---|
| 月初在产品成本 | | | |
| 本月发生费用 | | | |
| 合计 | | | |
| 约当产量 | | | |
| 单位成本 | | | |
| 应计入产成品成本份额 | | | |
| 月末在产品成本 | | | |

表 6-54　产品成本汇总计算表

产品名称：甲产品

| 项目 | 数量 | 直接材料 | 直接人工 | 制造费用 | 总成本 | 单位成本 |
|---|---|---|---|---|---|---|
| 一车间 | | | | | | |
| 二车间 | | | | | | |
| 三车间 | | | | | | |
| 合计 | | | | | | |

表 4-55　基本生产成本明细账

产品名称：A 半成品　　　　　　　　　　　　　　　　　　　　单位：元

| 月 | 日 | 摘要 | 借方 | 贷方 | 余额 | 直接材料 | 直接人工 | 制造费用 |
|---|---|---|---|---|---|---|---|---|
| | | | | | | | | |
| | | | | | | | | |
| | | | | | | | | |
| | | | | | | | | |
| | | | | | | | | |
| | | | | | | | | |
| | | | | | | | | |

表 4-56　基本生产成本明细账

产品名称：B 半成品　　　　　　　　　　　　　　　　　　　　单位：元

| 月 | 日 | 摘要 | 借方 | 贷方 | 余额 | 直接材料 | 直接人工 | 制造费用 |
|---|---|---|---|---|---|---|---|---|
| | | | | | | | | |
| | | | | | | | | |
| | | | | | | | | |
| | | | | | | | | |
| | | | | | | | | |
| | | | | | | | | |
| | | | | | | | | |

表 4-57　基本生产成本明细账

产品名称：甲产品　　　　　　　　　　　　　　　　　　　　单位：元

| 月 | 日 | 摘要 | 借方 | 贷方 | 余额 | 直接材料 | 直接人工 | 制造费用 |
|---|---|---|---|---|---|---|---|---|
| | | | | | | | | |
| | | | | | | | | |
| | | | | | | | | |
| | | | | | | | | |
| | | | | | | | | |
| | | | | | | | | |
| | | | | | | | | |

 做中学

- - - - - - - - - - - - - - - - - - - - - - - - - - - - - - - - - - - - - - - - - - -

【业务操作6.6】石家庄海华工厂2013年12月份生产M产品175件，分别由第一车间和第二车间连续加工完成。第一车间为第二车间提供半成品，第二车间将半成品加工成M产品。原材料于生产开始时一次性投入，完工产品与期末广义在产品之间采用定额比例分配法分配生产费用。该企业各车间月初广义在产品成本和本月发生费用，以及M产品有关定额资料如表6-58和表6-59所示。

表6-58 月初广义在产品成本及本期生产费用

| 成本项目 | 月初广义在产品成本 | | 本月生产费用 | |
|---|---|---|---|---|
| | 第一车间 | 第二车间 | 第一车间 | 第二车间 |
| 直接材料 | 8253 | | 6300 | |
| 直接人工 | 4575 | 1100 | 3000 | 3700 |
| 制造费用 | 6100 | 950 | 4400 | 6250 |
| 合计 | 18 928 | 2050 | 13 700 | 9950 |

表6-59 产品定额资料

| 生产步骤 | 月初广义在成品 | | 本月投入 | | 本月完工产品 | |
|---|---|---|---|---|---|---|
| | 定额材料 | 定额工时 | 定额材料 | 定额工时 | 定额材料 | 定额工时 |
| 一车间定额 | 7150 | 11 500 | 7550 | 13 500 | 8700 | 15 000 |
| 二车间定额 | | 3500 | | 8500 | | 11 000 |
| 合计 | 7150 | 15 000 | 7550 | 22 000 | 8700 | 26 000 |

1. 根据以上资料，计算分配应计入完工产品成本的"份额"与广义在产品成本，并登记第一车间、第二车间的产品成本计算单（表6-60、表6-61）。

表6-60 第一车间产品成本计算单

产品名称：M产品　　　　　　　　2013年12月31日　　　　　　　　产量：175件

| 摘要 | 直接材料 | 直接人工 | 制造费用 | 合计 |
|---|---|---|---|---|
| 月初广义在产品成本 | | | | |
| 本月生产费用 | | | | |
| 生产费用合计 | | | | |

续表

| 摘要 | 直接材料 | 直接人工 | 制造费用 | 合计 |
|---|---|---|---|---|
| 分配率 | | | | |
| 广义在产品成本 | | | | |
| 完工产品的"份额" | | | | |

表 6-61　第二车间产品成本计算单

产品名称：M 产品　　　　　　　2013 年 12 月 31 日　　　　　　　产量：175 件

| 摘要 | 直接材料 | 直接人工 | 制造费用 | 合计 |
|---|---|---|---|---|
| 月初在产品成本 | | | | |
| 本月生产费用 | | | | |
| 生产费用合计 | | | | |
| 分配率 | | | | |
| 广义在产品成本 | | | | |
| 库存商品份额 | | | | |

2. 根据第一车间、第二车间的产品成本计算单，平行结转完工产品的成本，编制"完工产品成本汇总表"（表 6-62）。

表 6-62　完工产品成本汇总表

产品名称：M 产品　　　　　　　2013 年 12 月 31 日　　　　　　　产量：175 件

| 摘要 | | 直接材料 | 直接人工 | 制造费用 | 合　计 |
|---|---|---|---|---|---|
| 应转入产品成本的份额 | 一车间 | | | | |
| | 二车间 | | | | |
| 总成本 | | | | | |
| 单位成本 | | | | | |

总结：

平行结转分步法与逐步结转分步法的区别

（1）成本计算程序不同

逐步结转分步法需按步骤计算半成品成本，并结转半成品成本；平行结转分步法不需分步计算半成品成本，只需计算每一步骤应计入产成品成本的份额，将份额进行平行汇总即可计算出完工产品成本。

（2）各步骤所计算的费用不同

逐步结转分步法中，每一步骤的生产费用包括本步骤发生的加工费用和上步骤转入的半成品成本；平行结转分步法中每一步骤的生产费用，除第一步骤外，只包括本步骤的加工费用。

（3）完工产品的概念不同

逐步结转分步法中的完工产品指每一步骤完工的半成品和最终完工的产成品；平行结转分步法中的完工产品指的是最终完工的产成品。

（4）在产品的概念不同

逐步结转分步法中的在产品指狭义的在产品；平行结转分步法中的在产品指的是广义的在产品。

5．成本与实物的关系体现不同

逐步结转分步法中成本的结转与实物的流转相一致，即半成品转入下一步骤，其成本也转入下一步骤；平行结转分步法中成本的结转与实物的结转脱节，当半成品转入下一步骤时，成本并不转入下一步骤。

**想一想**

1．分步法成本计算的特点和适用范围是什么？

2．逐步结转分步法和平行结转分步法成本计算的程序和方法是什么？

3．逐步结转分步法和平行结转分步法的生产费用在完工产品和在产品之间的分配有何区别？

## 项目7　分批法核算

| 学习任务单 |
| --- |
| 本单元标题：项目7　分批法核算 |

| 重点难点 | 分批法及简化分批法计算的主要特点 |
| --- | --- |
| | 分批法及简化分批法的优缺点 |
| | 分批法及简化分批法的计算程序 |

续表

| 学习任务单 | | |
|---|---|---|
| 本单元标题：项目7　分批法核算 | | |
| | 能力（技能）目标 | 知识目标 | 素质目标 |
| 教学目标 | （1）能运用分批法及简化分批法进行产品成本的计算；<br>（2）能正确编制与审核相关费用单据，并做相应账务处理 | （1）分批法的特点与计算步骤；<br>（2）相关账户设置与账务流转程序 | （1）工作耐心细致；<br>（2）思维严谨，逻辑清晰 |
| 能力训练<br>任务及案例 | 7.1　采用分批法核算服装厂产品成本<br>7.2　采用简化分批法核算服装厂产品成本<br>7.3　将成本核算资料登记入账 | | |
| 教学资源 | 教师：课本、课件、单元教学设计、整体教学设计 | | |
| | 实训条件：教学多媒体设备，手工会计用品 | | |

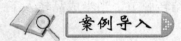
案例导入

李敏服装设计专业毕业后，自己开办了一家小型服装厂，除了生产李敏自己设计的服装外，主要根据客户订单生产加工。企业接受的订单产品款号很多而且每个款号的产量不多；即使同一款号的衣服，每次生产的成本也不一样，如果一次性多做几件，单件材料成本就低一点，库存积压也较多，本月卖的衣服有相当一部分是以前的。一个月下来，她想知道每单的成本和利润。

## 7.1　用一般分批法进行成本核算

家具制作、机器与计算机制造、电器生产、印刷、服装、制鞋等行业的企业，广泛运用分批法进行产品成本的核算。分批法是以产品品种和产品批别作为成本计算对象来归集生产费用，计算产品成本的方法。实际工作中，企业往往是按照客户的订单来确定产品的品种和批别，所以分批法也称为订单法。

### 7.1.1　分批法的主要特点

（1）以产品批次作为成本计算对象，并据以设置产品成本明细账归集生产费用，计算产品成本。

一般情况下，企业根据订单开设生产通知单，车间根据生产通知单组织生产，会计部门根据生产通知单开设基本生产成本明细账（成本计算单）归集生产费用，计算产品成本。

在设置基本生产成本明细账（成本计算单）时，还应注意考虑以下问题：

如果一张订单上只规定生产一种产品，即可以据此划分批别，开设一张成本计算单；

如果一张订单上规定生产一种以上的产品，应按照产品的品种划分批次据以计算每一种产品的成本；

如果一张订单上规定只生产一种产品，但是数量较大，不便于集中一次投产，或者客户要求分批交货，也可以分成几批组织生产；

如果订单上规定只生产一种产品，但是生产周期较长，产品是由多种零部件构成的，如大型船舶的生产，可以按进度或构成产品的部件分别开设生产通知单来组织生产。

（2）成本计算期不固定，与生产周期一致。

（3）月末如果有在产品，需要将生产费用在完工产品和在产品之间分配。

### 7.1.2　分批法的适用范围

分批法通常适用于下列从事小批单件的产品生产的企业：①根据客户的要求生产特殊规格、规定数量的产品的企业。包括承接客户委托加工的单件大型产品，如船舶、重型机器，也包括受托生产多件同样规格的产品，如特种仪器或专用设备。②产品种类经常变动的小规模企业，这类企业往往需要根据市场变化不断调整生产品种和数量，一般不可能大批量生产，如小五金商品和服装生产等。③专门承揽修理业务的企业，需要按单项修理业务归集费用，计算修理业务成本。④承担新产品开发试制的部门，在产品开发期间不可能大批生产试制的产品，因而属于小批量生产，也宜采用分批法计算试制产品的成本。

### 🔧 学中做

--------------------------------------------------------------------

【例7-1】东明服装厂是一家外贸服装企业，按生产订单生产外贸出口服装。2013年12月份的该厂的产品批号资料如下：1101批：牛仔裤100条，11月份投产，12月份完工；1102批：牛仔裤200条，11月份投产，12月份未完工；1201批：牛仔裤150条，12月份投产，12月份完工。该厂11、12月份的生产资料见表7-1、表7-2、表7-3。

表 7-1　材料费用表　　　　　　　　　　　　　　单位：元

| 月份 | 牛仔裤（1101 批） | 牛仔裤（1102 批） | 牛仔裤（1201 批） |
|---|---|---|---|
| 11 | 13 500 | 7600 | |
| 12 | 8000 | 4200 | 21 000 |

表 7-2　工时资料　　　　　　　　　　　　　　单位：小时

| 月份 | 牛仔裤（1101 批） | 牛仔裤（1102 批） | 牛仔裤（1201 批） |
|---|---|---|---|
| 11 | 5400 | 3500 | |
| 12 | 7600 | 5600 | 7400 |

表 7-3　生产费用　　　　　　　　　　　　　　单位：元

| 月份 | 摘要 | 直接人工 | 制造费用 |
|---|---|---|---|
| 11 | 本月发生 | 10 680 | 8010 |
| 12 | 本月发生 | 24 720 | 18 540 |

请计算每批牛仔裤的成本。

11 月份当月有两批产品正在生产，所以 11 月份的生产费用应分给 1101 批和 1102 批。

人工费用分配率 $=\dfrac{10680}{5400+3500}=1.2$（元/时），制造费用分配率 $=\dfrac{8010}{5400+3500}=0.9$（元/时）

12 月份当月有三批产品正在生产，所以 12 月份的生产费用应分给 1101 批、1102 批和 1201 批。人工费用分配率为 $=\dfrac{24720}{7600+5600+7400}=1.2$（元/时），制造费用分配率 $=\dfrac{18540}{7600+5600+7400}=0.9$（元/时）。

各批次产品成本计算单结果见表 7-4、表 7-5、表 7-6。

表 7-4　成本计算单

批号：<u>1101</u>　　　　　　　　　　　　　　　　　　　　开工日期：<u>11 月</u>
产品名称：<u>牛仔裤</u>　　　　　　　批量：<u>100 条</u>　　　　完工日期：<u>12 月</u>

| 年 | | 摘要 | 直接材料 | 直接人工 | 制造费用 | 合计 |
|---|---|---|---|---|---|---|
| 月 | 日 | | | | | |
| 11 | 30 | 本月发生 | 13 500 | 6480 | 4860 | 24 840 |
| 12 | 31 | 本月发生 | 8000 | 9120 | 6840 | 23 960 |

续表

| 年 | | 摘要 | 直接材料 | 直接人工 | 制造费用 | 合计 |
|---|---|---|---|---|---|---|
| 月 | 日 | | | | | |
| | | 合计 | 21 500 | 15 600 | 11 700 | 48 800 |
| | | 完工转出 | 21 500 | 15 600 | 11 700 | 48 800 |

表7-5  成本计算单

批号：<u>1102</u>　　　　　　　　　　　　　　　　　　　　　　　　　　开工日期：<u>11</u>月
产品名称：<u>牛仔裤</u>　　　　　　　　　批量：<u>200</u>条　　　　　　　完工日期：

| 年 | | 摘要 | 直接材料 | 直接人工 | 制造费用 | 合计 |
|---|---|---|---|---|---|---|
| 月 | 日 | | | | | |
| 11 | 30 | | 7600 | 4200 | 3150 | 14950 |
| 12 | 31 | | 4200 | 6720 | 5040 | 15960 |
| | 31 | 合计 | 11 800 | 10 920 | 8190 | 30910 |

表7-6  成本计算单

批号：<u>1201</u>　　　　　　　　　　　　　　　　　　　　　　　　　　开工日期：<u>11</u>月
产品名称：<u>牛仔裤</u>　　　　　　　　　批量：<u>150</u>条　　　　　　　完工日期：<u>12</u>月

| 年 | | 摘要 | 直接材料 | 直接人工 | 制造费用 | 合计 |
|---|---|---|---|---|---|---|
| 月 | 日 | | | | | |
| 11 | 30 | | | | | |
| 12 | 31 | | 21 000 | 8880 | 6660 | 36540 |
| | 31 | 合计 | 21 000 | 8880 | 6660 | 36540 |
| | 31 | 完工转出 | 21 000 | 8880 | 6660 | 36540 |

　　通过核算我们得知，12月份生产完毕的1101批牛仔裤的成本为48 800元，1201批牛仔裤的成本为36 540元。

 学中做

- - - - - - - - - - - - - - - - - - - - - - - - - - - - - - - - - - - - - - - - - - - - - -

　　【例7-2】海华工厂根据购买单位的要求，生产A、B、C三种产品，采用分批法计算成本。2013年7月的生产情况和生产费用支出情况如下：

　　1. 本月份生产的产品批号及完工情况如表7-7所示。

表 7-7　产品生产情况

| 产品批号 | 产品名称 | 投产情况 | 本月完工数量 | 月末在产品 |
|---|---|---|---|---|
| 710 | A 产品 | 7 月 5 日投产 24 件 | 16 件 | 8 件 |
| 711 | B 产品 | 7 月 10 日投产 20 件 | | 20 件 |
| 612 | C 产品 | 6 月 20 日投产 32 件 | 8 件 | 24 件 |

2．月初在产品成本如表 7-8 所示。

表 7-8　在产品资料

| 产品批号 | 产品名称 | 成本项目 | | | 合计 |
|---|---|---|---|---|---|
| | | 直接材料 | 直接人工 | 制造费用 | |
| 612 | C 产品 | 5920 | 2640 | 2880 | 11 440 |

3．本月份各批号产品发生的生产费用资料如表 7-9 所示。

表 7-9　产品生产费用资料　　　　　　　单位：元

| 批号 | 产品名称 | 原材料 | 直接人工 | 制造费用 | 合计 |
|---|---|---|---|---|---|
| 710 | A 产品 | 9024 | 5520 | 6200 | 20 744 |
| 711 | B 产品 | 7960 | 6280 | 5380 | 19 620 |
| 612 | C 产品 | 4400 | 4280 | 5000 | 13 680 |

4．完工产品与在产品之间的费用分配方法：

710 批号 A 产品本月完工数量较大，采用约当产量法确认期末在产品成本。该批产品所需原材料在生产开始时一次性投入，在产品完工程度为 50%。

711 批号 B 产品本月全部未完工，本月生产费用全部是在产品成本。

612 批号 C 产品本月完工数量少，为简化核算，完工产品按计划成本结转。每台产品单位计划成本：原材料 320 元，直接人工 210 元，制造费用 245 元。

根据上述资料，开设当月各批别的基本生产成本明细账，并根据提供的资料登记各批产品的基本生产成本明细账（费用分配表的编制从略），基本生产成本明细如表 7-10～表 7-12 所示。

（1）计算 710 批号 A 产品完工产品与在产品成本，开设并登记 710 批号产品的基本生产成本明细账。

本月完工 A 产品 16 件，分配生产费用如下：

完工产品应负担原材料费用 = $\dfrac{9024}{24} \times 16 = 6016$（元）

月末在产品应负担原材料费用 = $9024 - 6016 = 3008$（元）

完工产品应负担直接人工费用 = $\dfrac{5520}{16 + 8 \times 50\%} \times 16 = 4416$（元）

月末在产品应负担直接人工费用 = $5520 - 4416 = 1104$（元）

完工产品应负担的制造费用 = $\dfrac{6200}{16 + 8 \times 50\%} \times 16 = 4960$（元）

月末在产品应负担的制造费用 = $6200 - 4960 = 1240$（元）

表 7-10　基本生产成本明细账

产品批号：710　　　　　　　　　　　　　　　　　　　　　　　　　　投产日期：7 月
产品名称：A 产品　　　　　　　　批量：24 件　　　　　　完工：16 件　完工日期：7 月

| 2013 年 | | 凭证号数 | 摘要 | 成本项目 | | | 合计 |
|---|---|---|---|---|---|---|---|
| 月 | 日 | | | 直接材料 | 直接人工 | 制造费用 | |
| 7 | 31 | 略 | 分配材料费用 | 9024 | | | 9024 |
| | 31 | | 分配人工费用 | | 5520 | | 5520 |
| | 31 | | 分配制造费用 | | | 6200 | 6200 |
| | 31 | | 本月生产费用 | 9024 | 5520 | 6200 | 20 744 |
| | 31 | | 完工产品成本 | 6018 | 4416 | 4960 | 15 392 |
| | 31 | | 完工产品单位成本 | 376 | 276 | 310 | 962 |
| | 31 | | 在产品成本 | 3008 | 1104 | 1240 | 5352 |

（2）开设并登记 711 批号 B 产品的基本生产成本明细账。

表 7-11　基本生产成本明细账

产品批号：711　　　　　　　　　　　　　　　　　　　　　　　　　　投产日期：7 月
产品名称：B 产品　　　　　　　　批量：20 件　　　　　　　　　　　完工日期：

| 2013 年 | | 凭证号数 | 摘要 | 成本项目 | | | 合计 |
|---|---|---|---|---|---|---|---|
| 月 | 日 | | | 直接材料 | 直接人工 | 制造费用 | |
| 7 | 31 | 略 | 分配材料费用 | 7960 | | | 7960 |
| | 31 | | 分配人工费用 | | 6280 | | 6280 |
| | 31 | | 分配制造费用 | | | 5380 | 5380 |
| | 31 | | 本月生产费用 | 7960 | 6280 | 5380 | 19 620 |
| | 31 | | 在产品成本 | 7960 | 6280 | 5380 | 19 620 |

（3）计算 612 批号的完工 C 产品成本，并登记 612 批号 C 产品的基本生产成本明细账。

C 产品本月完工 8 件，按计划单位成本计算完工产品成本如下：

完工产品原材料费用=320×8 = 2560（元）

完工产品直接人工费用=210×8= 1680（元）

完工产品制造费用=245×8= 1960（元）

完工 C 产品总成本=2560+1680+1960=6200（元）

在产品成本=全部生产费用合计−完工产品成本。

### 表 7-12　产品基本生产成本明细账

产品批号：612　　　　　　　　　　　　　　　　　　　　　　　　　　投产日期：6 月
产品名称：C　　　　　　　　　　　　　批量：32 件　　　　　　7 月完工 8 件　完工日期：

| 2013 年 | | 凭证号数 | 摘要 | 成本项目 | | | 合计 |
| 月 | 日 | | | 直接材料 | 直接人工 | 制造费用 | |
|---|---|---|---|---|---|---|---|
| 7 | 1 | | 月初在产品 | 5920 | 2640 | 2880 | 11 440 |
| 7 | 31 | 略 | 分配材料费用 | 4400 | | | 4400 |
| | 31 | | 分配人工费用 | | 4280 | | 4280 |
| | 31 | | 分配制造费用 | | | 5000 | 5000 |
| | 31 | | 本月生产费用合计 | 10 320 | 6920 | 7880 | 25 120 |
| | 31 | | 完工产品成本 | 2560 | 1680 | 1960 | 6200 |
| | 31 | | 单位计划成本 | 320 | 210 | 245 | 775 |
| | 31 | | 在产品成本 | 7760 | 5240 | 5920 | 18 920 |

根据表 7-10 和表 7-12 中确定的完工产品成本，做如下会计分录：

借：库存商品——A 产品　　　　　　　　　　　　　　　　　　　15 392

　　库存商品——C 产品　　　　　　　　　　　　　　　　　　　6200

　　贷：生产成本——基本生产成本——710　　　　　　　　　　　15 392

　　　　生产成本——基本生产成本——612　　　　　　　　　　　6200

 做中学

【业务操作 7.1】石家庄海华工厂资料：按照产品订单组织生产，2013 年 8 月第一生产车间生产 501 批次甲产品，601 批次乙产品，502 批次丙产品三批产品，本月有关成本计算资料如下：

（1）月初在产品成本：501 批次甲产品成本为 104 000 元，其中，直接材料 84 000 元，直接人工 12 000 元，制造费用 8000 元；502 批次丙产品成本 124 000 元，其中，直接材料 120 000 元，直接人工 2000 元，制造费用 2000 元。

（2）本月生产情况：501 批次甲产品 7 月 2 日投产 40 件，本月 26 日全部完工验收入库，本月实际生产工时 8000 小时。601 批次乙产品本月 4 日投产 120 件，本月已验收入库 12 件，本月实际生产工时 4400 小时。502 批次丙产品 7 月 6 日投产 60 件，本月尚未完工，本月实际生产工时 4000 小时。

（3）本月发生生产费用：本月投入原材料 396 000 元，全部为 601 批次乙产品耗用；本月产品生产工人工资为 49 200 元，提取应付福利费 6888 元；本月制造费用总额为 44 280 元。

（4）单位产品定额成本：601 批次乙产品的产品定额成本为 4825 元，其中，直接材料 3300 元，直接人工 825 元，制造费用 700 元。

要求：

（1）按照产品批别开设产品成本计算单（表 7-13、表 7-14、表 7-15）并登记月初在产品成本到产品基本生产成本明细账中。

表 7-13　第一生产车间产品成本计算单

批别：501 批次　　　　　　　　　　　　　　　　　　　　　　　　开工日期：7 月 2 日
产品：甲产品　　　　　　　批量：_____　　　　　　单位：元　　完工日期：8 月 26 日

| 摘要 | 直接材料 | 直接人工 | 制造费用 | 合计 |
|---|---|---|---|---|
|  |  |  |  |  |
|  |  |  |  |  |
|  |  |  |  |  |
|  |  |  |  |  |
|  |  |  |  |  |
|  |  |  |  |  |

表 7-14　第二生产车间产品成本计算单

批别：601 批次　　　　　　　　　　　　　　　　　　　　　　　　开工日期：8 月 4 日
产品：乙产品　　　　　　　批量：_____　　　　　　单位：元　　完工日期：　月　日

| 摘要 | 直接材料 | 直接人工 | 制造费用 | 合计 |
|---|---|---|---|---|
|  |  |  |  |  |
|  |  |  |  |  |
|  |  |  |  |  |
|  |  |  |  |  |
|  |  |  |  |  |
|  |  |  |  |  |

表 7-15　第三生产车间产品成本计算单

批别：502 批次　　　　　　　　　　　　　　　　　　　　　　　开工日期：7 月 6 日
产品：丙产品　　　　　　批量：＿＿＿＿　　　　单位：元　　　完工日期：　　月　　日

| 摘要 | 直接材料 | 直接人工 | 制造费用 | 合计 |
|---|---|---|---|---|
|  |  |  |  |  |
|  |  |  |  |  |
|  |  |  |  |  |
|  |  |  |  |  |
|  |  |  |  |  |
|  |  |  |  |  |

（2）编制 601 批次乙产品耗用原材料的记账凭证并计入产品成本计算单（表 7-14）。

（3）采用生产工时分配法在各批产品之间分配本月发生的直接人工费用（表 7-16），根据分配结果编制记账凭证并计入有关产品成本计算单（表 7-13、表 7-14、表 7-15）。

表 7-16　直接人工费用分配表

生产单位：第一生产车间　　　　　　　　2013 年 8 月　　　　　　　　单位：元

| 产品 | 生产工时（小时） | 分配工人工资 | | 分配福利费 | |
|---|---|---|---|---|---|
|  |  | 分配率 | 分配金额 | 分配率 | 分配金额 |
| 501 批次产品 |  |  |  |  |  |
| 601 批次产品 |  |  |  |  |  |
| 502 批次产品 |  |  |  |  |  |
| 合计 |  |  |  |  |  |

（4）采用生产工时分配法在各批产品之间分配本月发生的制造费用（表 7-17），根据分配结果编制记账凭证并计入有关产品成本计算单（表 7-13、表 7-14、表 7-15）。

表 7-17　制造费用分配表

生产单位：第一生产车间　　　　　　　　2013 年 8 月　　　　　　　　单位：元

| 产品 | 生产工时（小时） | 分配率 | 分配金额 |
|---|---|---|---|
| 501 批次产品 |  |  |  |
| 601 批次产品 |  |  |  |
| 502 批次产品 |  |  |  |
| 合计 |  |  |  |

（5）计算本月完工产品和月末在产品成本，编制结转完工产品成本的记账凭证并登记入有关产品成本计算单（表 7-13、表 7-14、表 7-15）。601 批次乙产品本月少量完工，其完工产品按定额成本结转。

 **做中学**

**【业务操作 7.2】** 石家庄海华工厂生产 A、B、C 三种产品，属于小批生产企业，采用分批法计算成本。该公司 2013 年 7 月份投产批次及生产情况如下所示：

（1）7 月份生产批次及完工情况如表 7-18 所示。

表 7-18　产品生产情况

| 产品批号 | 产品名称 | 投产情况 | 本月完工数量 | 月末在产品 |
|---|---|---|---|---|
| 710 | A 产品 | 7 月 5 日投产 24 件 | 16 件 | 8 件 |
| 711 | B 产品 | 7 月 10 日投产 20 件 | | 20 件 |
| 612 | C 产品 | 6 月 20 日投产 32 件 | 8 件 | 24 件 |

（2）月初在产品成本如表 7-19 所示。

表 7-19　在产品资料

| 产品批号 | 产品名称 | 成本项目 | | | 合计 |
|---|---|---|---|---|---|
| | | 直接材料 | 直接人工 | 制造费用 | |
| 612 | C 产品 | 5920 | 2640 | 612 | C 产品 |

（3）本月份各批号产品发生的生产费用资料如表 7-20 所示。

表 7-20　产品生产费用资料　　　　　单位：元

| 批号 | 产品名称 | 原材料 | 直接人工 | 制造费用 | 合计 |
|---|---|---|---|---|---|
| 710 | A 产品 | 9024 | 5520 | 6200 | 20 744 |
| 711 | B 产品 | 7960 | 6280 | 5380 | 19 620 |
| 612 | C 产品 | 4400 | 4280 | 5000 | 13 680 |

（4）各批号生产费用在完工产品与在产品之间的分配方法。

710 批号 A 产品本月完工数量较大，采用约当产量法确认期末在产品成本。该批产品所需原材料在生产开始时一次性投入，在产品完工程度为 50%。

711 批号 B 产品本月全部未完工，本月生产费用全部是在产品成本。

612 批号 C 产品本月完工数量少，为简化核算，完工产品按计划成本结转。每台产品单位计划成本：原材料 320 元，直接人工 210 元，制造费用 245 元。

要求：

根据上述资料，采用分批法设置与登记基本生产成本明细账，计算各批产品的完工产品成本和月末在产品成本。

（1）开设 710 批号产品的基本生产成本明细账。

计算 710 批号 A 产品完工产品与在产品成本，编制记账凭证并登记 710 批号产品的基本生产成本明细账（表 7-21）。

表 7-21　基本生产成本明细账

产品批号：710
产品名称：A 产品　　　　　批量：24 件　　　　完工：＿＿＿＿
投产日期：＿＿＿　完工日期：7 月

| 年 | | 凭证号数 | 摘要 | 成本项目 | | | 合计 |
| 月 | 日 | | | 直接材料 | 直接人工 | 制造费用 | |
| | | | | | | | |
| | | | | | | | |
| | | | | | | | |
| | | | | | | | |
| | | | | | | | |
| | | | | | | | |
| | | | | | | | |
| | | | | | | | |

（2）开设并登记 711 批号 B 产品的基本生产成本明细账（表 7-22）。

表 7-22　基本生产成本明细账

产品批号：711
产品名称：B 产品　　　　　批量：＿＿＿＿
投产日期：＿＿＿　完工日期：＿＿＿

| 年 | | 凭证号数 | 摘要 | 成本项目 | | | 合计 |
| 月 | 日 | | | 直接材料 | 直接人工 | 制造费用 | |
| | | | | | | | |
| | | | | | | | |
| | | | | | | | |

续表

| 年 | | 凭证号数 | 摘要 | 成本项目 | | | 合计 |
|---|---|---|---|---|---|---|---|
| 月 | 日 | | | 直接材料 | 直接人工 | 制造费用 | |
| | | | | | | | |
| | | | | | | | |
| | | | | | | | |
| | | | | | | | |

（3）计算 612 批号的完工 C 产品成本，编制记账凭证并登记 612 批号 C 产品的基本生产成本明细账（表 7-23）。

**表 7-23　产品基本生产成本明细账**

产品批号：612　　　　　　　　　　　　　　　　　　　　　投产日期：＿＿＿
产品名称：C　　　　　批量：＿＿＿　　　　7 月完工＿＿＿　　完工日期：＿＿＿

| 年 | | 凭证号数 | 摘要 | 成本项目 | | | 合计 |
|---|---|---|---|---|---|---|---|
| 月 | 日 | | | 直接材料 | 直接人工 | 制造费用 | |
| | | | | | | | |
| | | | | | | | |
| | | | | | | | |
| | | | | | | | |
| | | | | | | | |
| | | | | | | | |
| | | | | | | | |

## 7.2　用简化分批法进行成本核算

| 学习任务单 | |
|---|---|
| 本单元标题：7.2　用简化分批法进行成本核算 | |
| 重点难点 | 简化分批法计算的主要特点<br>简化分批法的优缺点<br>简化分批法的计算程序 |

续表

| 学习任务单 | | | |
|---|---|---|---|
| 本单元标题：7.2　用简化分批法进行成本核算 | | | |
| 教学目标 | 能力（技能）目标 | 知识目标 | 素质目标 |
| | （1）能运用简化分批法进行产品成本的计算；<br>（2）能正确编制与审核相关费用单据，并做相应账务处理 | 运用简化分批法进行产品成本的计算 | （1）工作耐心细致；<br>（2）思维严谨，逻辑清晰 |
| 能力训练任务及案例 | 采用简化分批法核算企业产品成本并将成本核算资料登记入账 | | |
| 教学资源 | 教师：课本、课件、单元教学设计、整体教学设计 | | |
| | 实训条件：教学多媒体设备，手工会计用品 | | |

　　简化分批法，也叫做"累计间接费用分配法"或者"不分批计算在产品的分批法"。在小批单件生产的企业或车间，如果同一个月份中投产的产品批次特别多，月末未完工的批次也特别多，为了简化各种间接费用（直接人工、制造费用）在完工产品和在产品之间分配的工作量，可以采用简化分批法。简化分批法成本计算如图 7-1 所示。

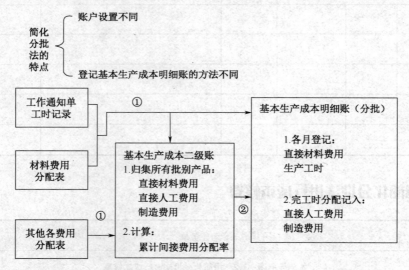

图 7-1　简化分批法成本计算程序

具体步骤：

（1）设立生产成本明细账和二级账。

按生产批号设立基本生产成本明细账，只按月登记各批产品的直接计入费用（如直接材料）和各批产品的实际耗用工时数。开设基本生产成本二级账，分成本项目等各批产品的全部生产费用和生产工时，包括全部直接计入费用（原材料）和全部间接费用（如工资、制造费用）。

（2）在有完工产品的月份，月末计算全部产品各项累计间接费用分配率（在二级账上计算），对各批完工产品分配间接计入费用，在明细账内计算各批完工产品的总成本和单位成本。

（3）将所有批次完工产品的成本按成本项目在二级账中转出，二级账的月末余额表示所有批次在产品的总成本。

$$累计间接费用分配率=\frac{期初结存的全部产品的间接费用+本月发生的全部间接费用}{期初结存的全部在产品工时+本月发生的全部工时}$$

完工批别应负担的直接人工费用＝该批别的累计工时数×直接人工累计分配率

完工批别应负担的制造费用＝该批别的累计工时数×制造费用累计分配率

这种方法在投产批别较多，每月完工批别较少的企业或车间，可以大大简化对未完工定单基本生产成本明细账的登记工作。但它存在两个缺点：① 各未完工批别的基本生产成本明细账内，不反映直接人工、制造费用等加工费用，也就不能完整地反映各定单的在产品成本；② 如果各月份加工费用波动较大，各定单的工时数（即加工费用分配基础）又不一，采用这种方法会使加工费用平均化，不能反映真实情况，影响产品成本的正确性。因此，只有各月加工费用及其分配标准大致均衡的情况下，才可采用这种方法。

**学中做**

【例 7-3】石家庄海华工厂分批生产多种产品，产品批次和月末未完工产品批次都较多，为了简化成本核算工作，采用简化的分批法计算产品成本。2013 年 6 月份，该企业的产品批号及完工情况如表 7-24 所示。

表 7-24　各批产品生产情况表

| 产品批号 | 产品名称 | 投产情况 | 本月完工数量 | 月末在产品 |
| --- | --- | --- | --- | --- |
| 411 | A | 4 月 3 日投产 32 件 | 32 件 | |
| 512 | B | 5 月 8 日投产 16 件 | 8 件 | 8 件 |
| 513 | C | 5 月 21 日投产 20 件 | | 20 件 |
| 614 | C | 6 月 10 日投产 12 件 | | 12 件 |
| 615 | D | 6 月 25 日投产 15 件 | | 15 件 |

上表中批号为 512 的 B 产品，其原材料时在生产开始时一次性投入，完工产品所耗工时为 5920 小时，在产品的工时为 2520 小时。各批别产品的成本明细账见表 7-26、表 7-27、表 7-28、表 7-29、表 7-30。

根据上述资料，开设并登记基本生产成本二级账及各批次基本生产成本明细账。

（1）该企业基本生产成本二级账累计资料如表 7-25 所示。

表 7-25　基本生产成本二级账（全部各批别产品总成本）

| 2013 年 | | 凭证号数 | 摘要 | 生产工时 | 成本项目 | | | 合计 |
|---|---|---|---|---|---|---|---|---|
| 月 | 日 | | | | 直接材料 | 直接人工 | 制造费用 | |
| 5 | 31 | 略 | 期初在产品 | 13 700 | 60 614 | 20 292 | 25 966 | 106 872 |
| 6 | 30 | | 本月发生 | 10 340 | 31 328 | 13 364 | 17 306 | 61 998 |
| | 30 | | 累计数 | 24 040 | 91 942 | 33 656 | 43 272 | 168 870 |
| | 30 | | 累计间接费用分配率 | | | 1.4 | 1.8 | |
| | 30 | | 本月完工转出 | 17 520 | 44 712 | 24 528 | 31 536 | 100 776 |
| | 30 | | 期末在产品 | 6520 | 47 230 | 9128 | 11 736 | 69 094 |

基本生产成本二级账中数据说明：

① 5 月末在产品的生产工时和各项费用是截止到 5 月末各批产品的累计生产工时和发生的累计生产费用。

② 6 月份发生的直接材料费用和生产工时，是根据 6 月份各批次产品的原材料费用分配表、生产工时记录登记（与各批次该产品的基本生产成本明细账平行登记）；6 月发生的直接人工和制造费用等间接费用，根据各批次该费用分配表登记。

③ 完工产品的直接材料费用和生产工时，根据各批次产品基本生产成本明细账中完工产品的直接材料费用和生产工时汇总登记，即：

完工产品直接材料费用 = 35 460 + 9252 = 44 712（元）

完工产品工时 = 11 600 + 5920 = 17 520（工时）

④ 全部产品累计间接费用分配率：

全部产品累计直接人工分配率 $= \dfrac{33656}{24040} = 1.4$

全部产品累计制造费用分配率 $= \dfrac{43272}{24040} = 1.8$

完工产品应负担的各项间接费用，可以根据完工批次产品的基本生产成本明细账中所列生产工时分别乘以各批次该累计间接费用分配率计算，即：

完工产品直接人工=17 520×1.4=24 528（元）

完工产品制造费用=17 520×1.8=31 536（元）

⑤月末在产品的直接材料费用和生产工时，根据基本生产成本二级账中累计的直接材料费用和生产工时分别减去本月完工产品的直接材料费用和生产工时计算登记；也可以根据各批次产品的基本生产成本明细账中的月末在产品的直接材料费用和生产工时汇总后登记。

⑥月末在产品的各项间接费用，可以根据基本生产成本二级账中在产品生产工时分别乘以各批次该费用累计分配率计算登记，即：

月末在产品直接人工=6520×1.4=9128（元）

月末在产品制造费用=6520×1.8=11 736（元）

也可以根据基本生产成本二级账中各批次该成本项目的累计数分别减去完工产品负担的相应费用后计算登记。

（2）各批次产品的基本生产成本明细账的登记

在各批次产品的基本生产成本明细账中，平时只登记直接材料费用和发生的工时，因此，在没有完工产品的月份，各账户的直接材料累计数即为各该批次月末在产品的全部直接材料成本，工时累计数即为各该批次产品所消耗的全部生产工时。各批次产品的基本生产成本明细账的累计直接材料成本与累计生产工时之和，应该等于基本生产成本二级账中所反映的全部批次的在产品直接材料费用累计数与生产工时累计数。

当月有完工产品（包括全批完工和批内部分完工）批次的基本生产成本明细账，除了要登记当月发生的直接材料费用和生产工时外，还要加计材料费用累计数，并根据基本生产成本二级账相关数据计算的累计间接费用分配率确认完工产品应负担的人工费用和制造费用，计算完工产品的总成本与单位成本。

批号为411的A产品，本月末全部完工，其累计的直接材料费用和生产工时就是完工产品的直接材料费用和生产工时，将生产工时分别乘以各项人工费用累计分配率和制造费用累计分配率，即为完工产品的人工费用和制造费用。

根据间接费用累计分配率，计算A产品应负担的人工费用和制造费用如下：

411批次A产品应负担的直接人工费用=11 600×1.4=16 240（元）

411批次A产品应负担的制造费用=11 600×1.8=20 880（元）

批号为411的A产品基本生产成本明细账如表7-26所示。

表 7-26　基本生产成本明细账

产品批号：411　　　　　　　产品名称：A　　　　　　　投产日期：4 月 3 日
订货单位：名扬公司　　　产品批量：32 件　　完工：32 件　　完工日期：6 月

| 2013 年 | | 凭证号数 | 摘要 | 生产工时 | 成本项目 | | | 合计 |
| 月 | 日 | | | | 直接材料 | 直接人工 | 制造费用 | |
|---|---|---|---|---|---|---|---|---|
| 4 | 30 | 略 | 本月发生 | 4400 | 27 400 | | | |
| 5 | 31 | | 本月发生 | 4000 | 5660 | | | |
| 6 | 30 | | 本月发生 | 3200 | 2400 | | | |
| | 30 | | 累计数 | 11 600 | 35 460 | | | |
| | 30 | | 累计间接费用分配率 | | | 1.4 | 1.8 | |
| | 30 | | 本月完工转出 | 11 600 | 35 460 | 16 240 | 20 880 | 72 580 |
| | 30 | | 完工产品单位成本 | | 1108.125 | 507.5 | 652.5 | 2268.125 |

批号为 512 的 B 产品，本月部分完工，应当按照一定的方法确定完工产品应负担的材料费用，根据完工产品所耗工时和间接费用累计分配率计算应负担的人工费用和制造费用，计算结果如下：

完工产品应负担的直接材料费用 $=\dfrac{18\,504}{16}\times 8 = 9252$（元）

在产品应负担的直接材料费用 $=18\,504 - 9252 = 9252$（元）

512 批次 B 产品应负担的直接人工费用 $= 5920\times 1.4 = 8288$（元）

512 批次 B 产品应负担的制造费用 $=5920\times 1.8 = 10\,656$（元）

该批次产品的基本生产成本明细账如表 7-27 所示。

表 7-27　基本生产成本明细账

产品批号：512　　　　　　　产品名称：B　　　　　　　投产日期：5 月 8 日
订货单位：三元公司　　　产品批量：16 件　　本月完工：8 件　　完工日期：

| 2013 年 | | 凭证号数 | 摘要 | 生产工时 | 成本项目 | | | 合计 |
| 月 | 日 | | | | 直接材料 | 直接人工 | 制造费用 | |
|---|---|---|---|---|---|---|---|---|
| 5 | 31 | 略 | 本月发生 | 4800 | 18 504 | | | |
| 6 | 30 | | 本月发生 | 3640 | | | | |
| | 30 | | 累计数 | 8440 | 18 504 | | | |
| | 30 | | 累计间接费用分配率 | | | 1.4 | 1.8 | |

续表

| 2013 年 | | 凭证号数 | 摘要 | 生产工时 | 成本项目 | | | 合计 |
|---|---|---|---|---|---|---|---|---|
| 月 | 日 | | | | 直接材料 | 直接人工 | 制造费用 | |
| | 30 | | 本月完工转出 | 5920 | 9252 | 8288 | 10 656 | 28 196 |
| | 30 | | 完工产品单位成本 | | 1156.5 | 1036 | 1332 | 3524.5 |
| | 30 | | 月末在产品 | 2520 | 9252 | | | |
| | | | | | | | | |

批号为 513 的 C 产品、批号为 614 的 C 产品和批号为 615 的 D 产品，本月份均未完工，因此，各该批次产品的基本生产成本明细账中只登记本月发生的直接材料费用和生产工时，各该批次产品基本生产成本明细账中材料费用和生产工时的累计数，即月末在产品的直接材料费用和累计消耗工时。

该三批产品的基本生产成本明细账如表 7-28～7-30 所示。

表 7-28　基本生产成本明细账

产品批号：513　　　　　　　产品名称：C　　　　　　　投产日期：5 月 21 日
订货单位：南润公司　　　　　产品批量：20 件　　　　本月完工：　完工日期：

| 2013 年 | | 凭证号数 | 摘要 | 生产工时 | 成本项目 | | | 合计 |
|---|---|---|---|---|---|---|---|---|
| 月 | 日 | | | | 直接材料 | 直接人工 | 制造费用 | |
| 5 | 31 | 略 | 本月发生 | 500 | 9050 | | | |
| 6 | 30 | 略 | 本月发生 | 1500 | 10000 | | | |

表 7-29　基本生产成本明细账

产品批号：614　　　　　　　产品名称：C　　　　　　　投产日期：6 月 10 日
订货单位：华安公司　　　　　产品批量：12 件　　　　本月完工：　完工日期：

| 2013 年 | | 凭证号数 | 摘要 | 生产工时 | 成本项目 | | | 合计 |
|---|---|---|---|---|---|---|---|---|
| 月 | 日 | | | | 直接材料 | 直接人工 | 制造费用 | |
| 6 | 30 | 略 | 本月发生 | 800 | 11 428 | | | |
| | | | | | | | | |

表 7-30　基本生产成本明细账

产品批号：615　　　　　　　产品名称：D　　　　　　　投产日期：6 月 25 日
订货单位：起初公司　　　　　产品批量：15 件　　　　本月完工：　完工日期：

| 2013 年 | | 凭证号数 | 摘要 | 生产工时 | 成本项目 | | | 合计 |
|---|---|---|---|---|---|---|---|---|
| 月 | 日 | | | | 直接材料 | 直接人工 | 制造费用 | |
| 6 | 30 | 略 | 本月发生 | 1200 | 7500 | | | |
| | | | | | | | | |
| | | | | | | | | |

做中学

【业务操作7.3】沿用任务7.1的【例7-1】，用简化分批法核算12月份产品成本。

要求：

（1）根据已知资料登记表7-31、表7-32、表7-33、表7-34中相关数据；

（2）在表7-31基本生产成本二级账中计算累计间接费用分配率；

（3）计算填列三批产品的成本明细账（表7-32、表7-33、表7-34）；

（4）将明细账中完工转出的成本登记入二级账，并在二级账中结出余额，即为所有批次未完工产品的成本（不分批计算在产品成本）。

表7-31　基本生产成本二级账

| 年 | | 摘要 | 工时 | 直接材料 | 直接人工 | 制造费用 | 合计 |
|---|---|---|---|---|---|---|---|
| 月 | 日 | | | | | | |
| 12 | 1 | 期初余额 | | | | | |
| | 31 | 本月发生额 | | | | | |
| | 31 | 本月累计 | | | | | |
| | 31 | 累计间接费用分配率 | | | | | |
| | 31 | 完工转出 | | | | | |
| | | 余额 | | | | | |

表7-32　基本生产成本明细账

批号：<u>1101</u>　　　　　　　　　　　　　　　　　　开工日期：<u>11月</u>
产品名称：<u>牛仔裤</u>　　　　　　批量：<u>100件</u>　　　　完工日期：<u>12月</u>

| 年 | | 摘要 | 工时 | 直接材料 | 直接人工 | 制造费用 | 合计 |
|---|---|---|---|---|---|---|---|
| 月 | 日 | | | | | | |
| 11 | 30 | 本月发生 | | | | | |
| 12 | 31 | 本月发生 | | | | | |
| | 31 | 累计数及累计费用分配率 | | | | | |
| | | 本月完工转出 | | | | | |

#### 表 7-33　基本生产成本明细账

批号：<u>1102</u>　　　　　　　　　　　　　　　　　　　　　　　　　　　　开工日期：<u>11 月</u>
产品名称：<u>牛仔裤</u>　　　　　　　　　　　批量：<u>200 件</u>　　　　　　　　完工日期：

| 年 | | 摘要 | 工时 | 直接材料 | 直接人工 | 制造费用 | 合计 |
|---|---|---|---|---|---|---|---|
| 月 | 日 | | | | | | |
| 11 | 30 | 本月发生 | | | | | |
| 12 | 31 | 本月发生 | | | | | |

#### 表 7-34　基本生产成本明细账

批号：<u>1103</u>　　　　　　　　　　　　　　　　　　　　　　　　　　　　开工日期：<u>11 月</u>
产品名称：<u>牛仔裤</u>　　　　　　　　　　　批量：<u>150 件</u>　　　　　　　　完工日期：<u>12 月</u>

| 年 | | 摘要 | 工时 | 直接材料 | 直接人工 | 制造费用 | 合计 |
|---|---|---|---|---|---|---|---|
| 月 | 日 | | | | | | |
| 12 | 31 | 本月发生 | | | | | |
| | 31 | 累计数及累计费用分配率 | | | | | |
| | | 本月完工转出 | | | | | |

### 做中学

【业务操作 7.4】石家庄海华工厂的生产组织方式属于小批生产，产品批数多，每月末都有很多批号产品没有完工，因而采用简化的分批法计算产品成本。该公司 2013 年 4 月有关生产情况如下：

（1）4 月投产的产品批号及产品完工情况如表 7-36 所示。

#### 表 7-35　产品生产情况

| 产品批号 | 订货单位 | 产品名称 | 投产情况 | 本月完工情况 | | 月末在产品 |
|---|---|---|---|---|---|---|
| | | | | 完工时间 | 完工数量 | |
| 401 | 三江公司 | 甲产品 | 4 月 1 日投产 10 件 | 4 月 25 日 | 10 件 | |
| 402 | 宏与公司 | 乙产品 | 4 月 5 日投产 10 件 | 4 月 30 日 | 5 件 | 5 件 |
| 403 | 江海公司 | 丙产品 | 4 月 15 日投产 10 件 | | | 10 件 |
| 404 | 黄化公司 | 丁产品 | 4 月 20 日投产 5 件 | | | 5 件 |
| 405 | 三江公司 | 甲产品 | 4 月 22 日投产 15 件 | | | 15 件 |

（2）各批号的原材料在生产开始日一次性投入。各批号产品本月发生的原材料费用及生产工时如表 7-36 所示。

表 7-36　产品生产费用资料　　　　　　　单位：元

| 批号 | 产品名称 | 原材料 | 本月生产工时 | 本月完工产品所耗工时 | 月末在产品所耗工时 |
|---|---|---|---|---|---|
| 401 | 甲产品 | 16 120 | 3250 | 3250 | — |
| 402 | 乙产品 | 3680 | 750 | 480 | 270 |
| 403 | 丙产品 | 5360 | 2840 | | 2840 |
| 404 | 丁产品 | 3290 | 2120 | | 2120 |
| 405 | 甲产品 | 24 180 | 1680 | | 1680 |
| 合　计 | | 52 630 | 10 640 | 3730 | 6910 |

注：生产工时根据考勤记录于月终入账。

（3）4 月 30 日分配生产工人薪酬 55 328 元，4 月份共发生制造费用为 23 408 元（为简化核算手续，假定在 4 月 30 日进行账务处理）。

要求：

根据上述资料，采用简化的分批法：

（1）开设并登记基本生产成本二级账和各批产品基本生产成本明细账（见表 7-37～表 7-42）；

（2）计算并登记累计间接费用分配率；

（3）计算完工产品成本。

表 7-37　基本生产成本二级账

| 年 | | 摘要 | 工时 | 直接材料 | 直接人工 | 制造费用 | 合计 |
|---|---|---|---|---|---|---|---|
| 月 | 日 | | | | | | |
| | | | | | | | |
| | | | | | | | |
| | | | | | | | |
| | | | | | | | |
| | | | | | | | |
| | | | | | | | |

表 7-38　基本生产成本明细账

批号：<u>401</u>　　　　　　　　　　　　　　　　　　　　　　　开工日期：____
产品名称：甲产品　　　　　　　　批量：____　　　　　　　完工日期：____

| 年 | | 摘要 | 直接材料 | 直接人工 | 制造费用 | 合计 |
|---|---|---|---|---|---|---|
| 月 | 日 | | | | | |
| | | | | | | |
| | | | | | | |
| | | | | | | |
| | | | | | | |
| | | | | | | |
| | | | | | | |

表 7-39　基本生产成本明细账

批号：<u>402</u>　　　　　　　　　　　　　　　　　　　　　　　开工日期：____
产品名称：甲产品　　　　　　　　批量：____　　　　　　　完工日期：____

| 年 | | 摘要 | 直接材料 | 直接人工 | 制造费用 | 合计 |
|---|---|---|---|---|---|---|
| 月 | 日 | | | | | |
| | | | | | | |
| | | | | | | |
| | | | | | | |
| | | | | | | |
| | | | | | | |
| | | | | | | |

表 7-40　基本生产成本明细账

批号：<u>403</u>　　　　　　　　　　　　　　　　　　　　　　　开工日期：____
产品名称：丙产品　　　　　　　　批量：____　　　　　　　完工日期：____

| 年 | | 摘要 | 直接材料 | 直接人工 | 制造费用 | 合计 |
|---|---|---|---|---|---|---|
| 月 | 日 | | | | | |
| | | | | | | |
| | | | | | | |
| | | | | | | |
| | | | | | | |
| | | | | | | |
| | | | | | | |

表 7-41　基本生产成本明细账

批号：404　　　　　　　　　　　　　　　　　　　　　　　　　开工日期：_____
产品名称：丁产品　　　　　　　　　批量：_____　　　　　　完工日期：_____

| 年 | | 摘要 | 直接材料 | 直接人工 | 制造费用 | 合计 |
|---|---|---|---|---|---|---|
| 月 | 日 | | | | | |
| | | | | | | |
| | | | | | | |
| | | | | | | |
| | | | | | | |
| | | | | | | |
| | | | | | | |

表 7-42　基本生产成本明细账

批号：405　　　　　　　　　　　　　　　　　　　　　　　　　开工日期：_____
产品名称：甲产品　　　　　　　　　批量：_____　　　　　　完工日期：_____

| 年 | | 摘要 | 直接材料 | 直接人工 | 制造费用 | 合计 |
|---|---|---|---|---|---|---|
| 月 | 日 | | | | | |
| | | | | | | |
| | | | | | | |
| | | | | | | |
| | | | | | | |
| | | | | | | |
| | | | | | | |

## ❓ 想一想

--------------------------------------------------

1．分批法成本计算的一般程序和适用情况如何？

2．分批法成本计算的特点是什么？如何理解"批"的含义？

3．一般分批法和简化分批法的区别是什么？

# 项目 8　产品成本核算的辅助方法

| 学习任务单 | | |
|---|---|---|
| 本单元标题：项目 8　产品成本核算的辅助方法 | | |
| 重点难点 | 会应用分类法进行成本核算<br>会应用定额法进行成本核算 | |

| 教学目标 | 能力（技能）目标 | 知识目标 | 素质目标 |
|---|---|---|---|
| | （1）会应用分类法进行成本核算；<br>（2）会应用定额法进行成本核算 | 了解分类法下和定额法下的成本核算 | （1）工作耐心细致；<br>（2）思维严谨，逻辑清晰 |

| 能力训练<br>任务及案例 | 任务一　会应用分类法进行成本核算；<br>任务二　会应用定额法进行成本核算 | | |
|---|---|---|---|
| 教学资源 | 教师：课本、课件、单元教学设计、整体教学设计 | | |
| | 实训条件：教学多媒体设备，手工会计用品 | | |

案例导入

　　张红、李娜和王青在大学时是好朋友，大学毕业以后，由于对家具很感兴趣，就合伙开办了一家家具厂，专门生产家具，销往国外。根据需要，他们选定了厂址后，购置了一批新型的生产设备，招聘了 20 多名技术工人和管理人员。家具厂开张后，摆在三个人面前的第一道难题就是，在设厂之前，他们每天只记流水账，就能知道每天发生的费用，可是现在家具厂正式成立之后，每天因为产品生产会有各种成本费用的发生，只靠登记流水账，根本无法分清各种类别、不同型号的家具成本分别是多少，很难控制每个月的成本费用，到底如何计算产品成本？产品定价又是多少？如何做好成本的核算工作？如何设置成本核算岗位？这些都让他们感到很茫然。如何能解决这些问题呢？

## 8.1　应用分类法进行成本核算

　　分类法是以产品类别为成本计算对象，归集生产费用，在计算出各类产品成本的基础上，再按一定标准在类别内部各种产品之间分配费用的成本计算方法。

在一些工业企业中，生产的产品品种、规格繁多的情况下，可以先按照一定的标准对产品进行分类，然后按产品类别归集生产费用并计算各类产品的总成本，期末对各类产品的总成本按一定的标准在类内各种产品之间进行分配，计算出各种规格产品成本。

### 8.1.1　分类法的特点

（1）成本计算对象。

分类法以产品类别为计算对象。采用分类法计算产品成本时，首先要根据企业所生产产品的工艺技术过程和所用原材料的不同，将产品划分为若干类，按照产品的类别开设"基本生产成本"明细账或计算单来汇集各类产品的生产费用，直接费用直接计入某类产品的成本，间接费用按一定程序和方法归集分配后计入相关各类产品成本。

（2）成本计算期。

分类法的成本计算期应结合基本成本计算方法确定。如果是大量大批生产，与品种法或分步法结合运用，则应定期在月末进行成本计算；如果是单件小批生产，与分批法结合运用，则应按产品的生产周期计算成本。

（3）月末生产费用的分配。

采用分类法计算成本时，月末一般要将各类产品的生产费用总额在完工产品和月末在产品之间进行分配。

### 8.1.2　成本计算的基本程序

（1）按产品类别设置"生产成本"明细账或成本计算单。如鞋厂可以按照耗用的原材料不同的情况，将产品分为皮鞋、塑料鞋、布鞋三个类别，以其作为成本计算对象设立成本计算单。

（2）在"生产成本"明细账或成本计算单中，按照确定的成本项目汇集生产费用，计算各类完工产品的总成本。

（3）采用适当方法将各类完工产品成本在该类产品的各种不同规格、型号的产品之间进行分配，计算类内各种规格、型号产品的总成本和单位成本。

### 8.1.3　划分类内产品成本的方法

分类法下各类别产品的总成本在类内各种产品之间分配的方法，是根据各类产品的生产特点确定的。因此，必须选择与产品成本高低有密切关系的分配标准，才能使计算出的各种产品成本既符合实际，又相对准确。一般来说，常见的分配标准有：

（1）产品的经济价值指标，如产品售价、计划成本、定额成本等；

（2）产品的技术性指标，如重量、体积、长度、含量等；

（3）产品的原材料消耗定额或工时定额或系数等。

常用的分配方法有定额比例法和系数分配法两种。

1. 定额比例法的运用

定额比例法是先确定类内各种产品的单位定额成本或定额消耗量，然后按照类内各种产成品的定额成本或定额消耗量的比例，计算各种产成品的成本的方法。其计算公式为：

$$某类产品材料（人工、制造）费用分配率=\frac{该类产品材料（人工、制造）费用总额}{该类各种产品材料（人工、制造）定额成本之和}$$

类内某产品材料（人工、制造）费用实际成本=类内该产品材料（人工、制造）定额成本×某类产品材料（人工、制造）费用分配率

上述公式可以根据成本计算要求进行变换，如某项费用分配率可以变换为类内某产品该项费用定额成本占类内全部产品该项费用定额成本的比例，再以该项费用的实际金额乘以该产品该项定额成本比例，求得该产品的该项费用成本。

### 学中做

【例 8-1】石家庄海华工厂生产的产品规格很多，其中，A 产品和 B 产品使用的原材料相同，生产工艺技术过程接近，因而将其归并为甲类，采用分类法计算成本。该公司 2013 年 8 月有关资料如表 8-1 和表 8-2 所示。

表 8-1　在产品成本和本月生产费用资料

产品类别：甲类　　　　　　　　　　　　　　　　　　　　　　　　2013 年 12 月

| 项目 | 直接材料 | 直接人工 | 制造费用 | 合计 |
|---|---|---|---|---|
| 月初在产品 | 13 200 | 11 700 | 6400 | 31 300 |
| 本月生产费用 | 314 400 | 50 030 | 136 700 | 501 130 |
| 月末在产品 | 14 400 | 12 560 | 9000 | 35 960 |

表 8-2　产品消耗定额和产量记录

产品类别：甲类　　　　　　　　　　　　　　　　　　　　　　　　2013 年 12 月

| 产品名称 | 产量 | 定额材料成本 | 定额工时 |
|---|---|---|---|
| A 产品 | 6500 | 12 | 2 |
| B 产品 | 8500 | 20 | 2.4 |

根据上述资料，采用定额比例法计算甲、乙类产品成本。

（1）根据 A 产品、B 产品的定额成本与定额工时计算定额比例

A 产品材料成本定额比例=6500×12/（6500×12+8500×20）≈31.5%

B 产品材料成本定额比例=8500×20/（6500×12+8500×20）≈68.5%

A 产品工时定额比例=6500×2/（6500×2+8500×2.4）≈38.9%

B 产品工时定额比例=8500×2.4/（8500×2+8500×2.4）≈61.1%

（2）按产品类别设置并登记产品成本明细帐（表 8-3）。

表 8-3　产品成本明细账

产品类别：甲类　　　　　　　　　生产车间：第一车间　　　　　　　　第×页

| 2013 年 | | 凭证 | | 摘要 | 成本项目 | | | 合计 |
|---|---|---|---|---|---|---|---|---|
| 月 | 日 | 字 | 号 | | 直接材料 | 直接人工 | 制造费用 | |
| 12 | 1 | | | 月初在产品 | 13 200 | 11 700 | 6400 | 31 300 |
| | 31 | | 略 | 本月生产费用 | 14 400 | 50 030 | 136 700 | 501 130 |
| | 31 | | | 生产费用合计 | 327 600 | 61 730 | 143 100 | 532 430 |
| | 31 | | | 完工产品成本 | 313 200 | 49 170 | 134 100 | 496 470 |
| | 31 | | | 月末在产品 | 14 400 | 12 560 | 9000 | 35 960 |

（3）分配计算 A 产品、B 产品的完工产品成本（表 8-4）。

表 8-4　各种产品成本计算单

产品类别：甲类　　　　　　　　　　　　　　　　　　　2013 年 12 月 31 日

| 项目 | 材料定额比例 | 直接材料 | 工时定额比例 | 直接人工 | 制造费用 | 合计 |
|---|---|---|---|---|---|---|
| 完工产品成本 | | 313 200 | | 49 170 | 134 100 | 496 470 |
| A 产品 | 31.5% | 98 658 | 38.9% | 19 127 | 52 165 | 169 950 |
| B 产品 | 68.5% | 214 542 | 61.1% | 30 043 | 81 935 | 326 520 |

据产品成本计算单和完工产品入库单，编制会计分录：

借：库存商品——A 产品　　　　　　　　　　　　169 950

　　　　　　——B 产品　　　　　　　　　　　　326 520

　　贷：生产成本——基本生产成本——甲类　　　　　　　496 470

2. 系数法的运用

系数法是将分配标准折算成相对固定的系数，按照系数在类内各种产品之间分配费用，计算产品成本。

类内各种产品之间的分配是以类别总成本为标准的。需要注意的是分配标准与成本之间要联系紧密，否则会影响类内各种产品成本计算的准确性。分配标准可以根据相关依据与产品成本的关系是否密切，采用价值指标（如销售价格、计划成本、定额成本等）或技术指标（如长度、重量、体积等），也可按成本项目进行划分，如直接材料可以按材料消耗重量比例分配，直接人工费用和制造费用按工时比例分配。在实际工作中，常常采用系数分配法。

系数分配法的有关计算公式如下：

（1）系数的确定方法。

确定系数时，一般是在同类产品中选择一种产量较大、生产较稳定或规格适中的产品为标准产品。将单位标准产品的分配标准数量的系数定为1，再将类内其他各产品的分配标准数量与标准产品的分配标准数量相比，其比率即为类内其他各产品系数。

（2）系数法的计算公式。

将各种产品的实际产量按系数折算为标准产品产量

某产品标准产量（总系数）=该产品实际产量×该产品系数

（3）计算费用分配率。

$$某类产品某项费用分配率=\frac{该类完工产品该项费用总额}{该类内各种产品标准产量之和}$$

（4）计算类内各种产品成本。

某种产品应负担的某项费用=该种产品标准产量（总系数）×该类产品该项费用分配率

 学中做

【例8-2】石家庄海华工厂为大量大批单步骤小型生产企业，设有一个基本生产车间，大量生产五种规格不同的电子元件，根据产品结构特点和耗用的原材料等不同，将这五种产品划为一类（甲类），甲类产品包括A、B、C、D、E五种不同规格的产品。根据该厂产品生产特点和成本管理要求，可先采用品种法计算出甲类产品本月完工产品的实际总成本，然后采用系数分配法将本类产品的总成本分配于类内各种规格的产品。本月生

产的甲类产品的成本已经按照品种法进行归集和分配，甲类产品的成本计算单见表 8-5。本类产品的生产费用在本月完工产品和月末在产品之间的分配采用定额比例法。甲类产品中各种产品的消耗定额见表 8-6。要求根据资料计算甲类产品中各种产品的成本。

表 8-5　产品成本计算单

产品：甲类　　　　　　　　　　　　　2013 年 12 月　　　　　　　　　　　单位：元

| 项目 | 直接材料 | 直接人工 | 制造费用 | 合计 |
|---|---|---|---|---|
| 月初在产品成本 | 24 000 | 4800 | 3600 | 32 400 |
| 本月生产费用 | 120 000 | 36 000 | 26 400 | 182 400 |
| 生产费用合计 | 144 000 | 40 800 | 30 000 | 214 800 |
| 本月完工产品总成本 | 120 000 | 38 250 | 28 050 | 186 300 |
| 月末在产品成本 | 24 000 | 2550 | 1950 | 28 500 |

表 8-6　甲类产品的材料和工时消耗定额

产品：甲类　　　　　　　　　　　　　　　　　　　　　　　　　　　　　2009 年

| 产品名称 | 材料消耗定额 | 工时消耗定额 |
|---|---|---|
| A 产品 | 3.60 | 0.84 |
| B 产品 | 3.30 | 0.72 |
| C 产品 | 3.00 | 0.60 |
| D 产品 | 2.40 | 0.54 |
| E 产品 | 2.10 | 0.48 |

1. 选定标准产品

石家庄海华工厂甲类产品中，C 产品生产比较稳定、产量较大、规格比较适中，故选择 C 产品为标准产品。

2. 确定各类产品系数

石家庄海华工厂甲类产品中，直接材料费用按材料消耗定额比例进行分配，直接人工和制造费用按工时消耗定额确定系数，类内产品系数的计算见表 8-7。

表 8-7　海华工厂甲类产品系数计算表

产品：甲类　　　　　　　　　　　　　　　　　　　　　　　　　　　　2013 年度使用

| 产品名称 | 材料消耗定额 | 系数 | 工时消耗定额 | 系数 |
|---|---|---|---|---|
| A 产品 | 3.60 | 1.2 | 0.84 | 1.4 |
| B 产品 | 3.30 | 1.1 | 0.72 | 1.2 |

续表

| 产品名称 | 材料消耗定额 | 系数 | 工时消耗定额 | 系数 |
|---|---|---|---|---|
| C 产品 | 3.00 | 1.0 | 0.60 | 1.0 |
| D 产品 | 2.40 | 0.8 | 0.54 | 0.9 |
| E 产品 | 2.10 | 0.7 | 0.48 | 0.8 |

### 3. 计算各类产品本月总系数

生产成本在类内各种产品之间分配，分配标准是总系数（标准产量），根据表 8-7 所列各种产品的系数和本月各种产品产量资料，编制"海华工厂产品总系数计算表"，见表 8-8。

表 8-8　产品总系数计算表

| 产品名称 | 产品产量 | 材料 | | 工时 | |
|---|---|---|---|---|---|
| | | 系数 | 总系数 | 系数 | 总系数 |
| A 产品 | 600 | 1.2 | 720 | 1.4 | 840 |
| B 产品 | 500 | 1.1 | 550 | 1.2 | 600 |
| C 产品 | 2000 | 1.0 | 2000 | 1.0 | 2000 |
| D 产品 | 600 | 0.8 | 480 | 0.9 | 540 |
| E 产品 | 700 | 0.7 | 490 | 0.8 | 560 |
| 合计 | | | 4240 | | 4540 |

### 4. 计算各种产品的总成本和单位成本

（1）根据表 8-5 所列甲类产品本月完工产品总成本，以及表 8-8 所列各种产品总系数，可以计算出各成本项目的费用分配率。

直接材料费用分配率=120 000÷4240≈28.3

直接人工费用分配率=38 250÷4540≈8.4

制造费用分配率=28 050÷4540≈6.2

（2）根据各种产品的总系数和费用分配率，编制"海华工厂产品成本计算表"（表 8-9），计算各种产品的总成本和单位成本

表 8-9　产品成本计算表

产品：甲类产品　　　　　　　　　　　2013 年 12 月　　　　　　　　　　单位：元

| 产品名称 | 产品产量 | 材料总系数 | 直接材料分配金额 | 工时总系数 | 直接人工分配金额 | 制造费用分配金额 | 产成品成本 | 单位成本 |
|---|---|---|---|---|---|---|---|---|
| 分配率 | | | 28.3 | | 8.4 | 6.2 | | |
| A 产品 | 600 | 720 | 20 376 | 840 | 7056 | 5208 | 32 640 | 54.4 |
| B 产品 | 500 | 550 | 15 565 | 600 | 5040 | 3720 | 24 325 | 48.65 |
| C 产品 | 2000 | 2000 | 57 000 | 2000 | 16 800 | 12 400 | 86 200 | 43.1 |
| D 产品 | 600 | 480 | 13 584 | 540 | 4536 | 3348 | 21 468 | 35.78 |
| E 产品 | 700 | 490 | 13 475 | 560 | 4818 | 3374 | 21 667 | 30.95 |
| 合计 | | 4240 | 120 000 | 4250 | 38 250 | 28 050 | 186 300 | |

E 产品分配数额是倒推出来的。

（3）根据上述产品成本计算资料，编制结转本月完工入库产品成本的会计分录。

借：库存商品——A 产品　　　　　　　　　　32 640

　　　　　——B 产品　　　　　　　　　　24 325

　　　　　——C 产品　　　　　　　　　　86 200

　　　　　——D 产品　　　　　　　　　　21 468

　　　　　——E 产品　　　　　　　　　　21 667

　　贷：生产成本——基本生产成本——甲类产品　　186 300

### 8.1.4　分类法的优、缺点及适用范围

1. 优点

（1）可以简化成本计算工作；

（2）不仅提供各种产品的成本水平信息，还提供各类产品的成本水平信息，从而便于对各类产品成本进行考核和分析。

2. 缺点

分类法按产品类别归集生产费用，类内各种产品按一定标准分配成本，分配结果具有一定的假定性。

3. 适用范围

分类法与产品的生产类型没有直接联系，可以在各种类型生产中应用。但产品的分类和分配标准的确定是否适当，是采用分类法的关键。

 做中学

**【业务操作 8.1】** 石家庄海华工厂生产的 A、B、C 三种产品，由于所耗的原材料品种相同，生产工艺过程基本相近，成本计算时合并为甲类产品，采用分类法计算成本。2013 年 12 月甲类产品的成本计算单和有关的产量及定额资料如表 8-10 和表 8-11 所示。

表 8-10　产品成本计算单

| 产品类别：甲类 | | 2013 年 12 月 | | 单位：元 |
|---|---|---|---|---|
| 成本项目 | 直接材料 | 直接人工 | 制造费用 | 合计 |
| 月初在产品成本 | 120 000 | 48 000 | 24 000 | 192 000 |
| 本月发生费用 | 440 000 | 192 000 | 184 000 | 816 000 |
| 生产费用合计 | 560 000 | 240 000 | 208 000 | 1 008 000 |
| 完工产品成本 | 513 600 | 229 520 | 193 280 | 936 400 |
| 月末在产品成本 | 46 400 | 10 480 | 14 720 | 71 600 |

表 8-11　产量及定额资料

2013 年 12 月

| 产品名称 | 实际产量（件） | 材料单耗定额（元） | 单耗工时定额（小时） |
|---|---|---|---|
| A | 9600 | 20 | 4.0 |
| B | 7200 | 18 | 3.2 |
| C | 8000 | 24 | 4.4 |

业务要求：

计算各种产品的总成本和单位成本，其中：原材料按系数法分配计算，A 产品为标准产品；其他费用按照定额工时比例分配。

## 8.2　应用定额法进行成本核算

| 学习任务单 | | | |
|---|---|---|---|
| 本单元标题：8.2　应用定额法进行成本核算 | | | |
| 重点难点 | 会应用定额法进行成本核算 | | |
| 教学目标 | 能力（技能）目标 | 知识目标 | 素质目标 |
| | 会应用定额法进行成本核算 | 了解定额法下的成本核算 | （1）工作耐心细致；<br>（2）思维严谨，逻辑清晰 |

续表

| 学习任务单 | |
|---|---|
| 本单元标题：8.2　应用定额法进行成本核算 | |
| 能力训练<br>任务及案例 | 会应用定额法进行成本核算 |
| 教学资源 | 教师：课本、课件、单元教学设计、整体教学设计 |
| | 实训条件：教学多媒体设备，手工会计用品 |

前述各种成本计算方法——品种法、分批法、分步法和分类法下，生产费用日常核算是按照生产费用的实际发生额进行的，产品的实际成本是根据实际生产费用计算的。生产费用和产品脱离定额的差异及其发生的原因，只有在月末时通过实际资料与定额资料的对比、分析才能得到反映，不能在费用发生的当时就得到反映，这样做不利于更好地加强定额管理，加强成本控制，更有效地发挥成本核算对于节约生产费用、降低产品成本的作用。而产品成本计算的定额法（也称定额成本法），就是为了及时反映和监督生产费用和产品脱离定额的差异，加强成本管理和成本控制而采用的一种成本计算方法。

### 8.2.1　定额法的含义

定额法是以定额成本为基础，根据定额成本、脱离定额差异和定额变动差异计算产品实际成本的一种成本管理和成本计算相结合的方法。

定额法核算产品成本要考虑产品定额成本、脱离定额差异、材料成本差异和定额变动差异四个因素。四个因素与产品的实际成本的关系是：

产品的实际成本=产品定额成本±脱离定额差异±材料成本差异±定额变动差异

### 8.2.2　定额法的特点

（1）需事先制订产品的各项消耗定额、费用定额和定额成本，作为成本控制的目标、成本计算的基础。

（2）在发生生产耗费的当时，就将符合定额的耗费与脱离定额的差异分别进行计量和反映，以加强对生产费用的日常控制。

（3）定额法下，成本计算建立在日常揭示差异的基础之上。月末计算产成品成本时，根据产品的定额成本，加减各种成本差异，调整计算出完工产品的实际成本，可以为成本的定期分析和考核提供依据。

（4）定额法不是一种独立的成本计算方法。无论是归集定额生产费用，还是归集脱离定额的各种差异，只要是计算生产成本，总要有一定的对象。因此，定额法必须与前述品种法、分步法、分批法相结合使用。

### 8.2.3 定额法成本计算方法

1. 计算产品定额成本

产品的定额成本包括直接材料定额成本、直接人工定额成本、制造费用定额成本，其计算公式分别如下：

直接材料定额成本=∑（某种材料消耗定额×材料计划单价）

直接人工定额成本=产品生产定额工时×计划小时薪酬率

制造费用定额成本=产品生产定额工时×计划小时费用率

确定产品定额成本，必须先制订产品的消耗定额，然后，再根据材料计划单价、计划工资率、计划费用率等确定各项费用定额和单位产品定额成本。

 **学中做**

【例8-3】石家庄海华工厂生产甲产品耗用 A、B、C 三种材料，A 材料单位消耗定额为 100 千克，计划单价为 8 元；B 材料单位消耗定额为 130 千克，计划单价为 9 元；C 材料单位消耗定额为 14 千克，计划单价为 20 元，本月投产量为 120 件。

要求：列表计算甲产品直接材料定额成本。

甲产品的直接材料定额成本如表 8-12 所示。

表 8-12　甲产品直接材料定额成本计算表　　　　　单位：元

| 材料名称 | 计量单位 | 计划单价 | 定额耗用 | | |
| --- | --- | --- | --- | --- | --- |
| | | | 单位定额消耗量 | 耗用量 | 金额 |
| A 材料 | 千克 | 8 | 100 | 12 000 | 96 000 |
| B 材料 | 千克 | 9 | 130 | 15 600 | 140 400 |
| C 材料 | 千克 | 20 | 14 | 1680 | 33 600 |
| 合计 | | | | | 270 000 |

此外，还可以根据上述公式计算直接人工和制造费用项目的定额成本（甲产品的直接人工和制造费用项目的定额成本在以后的内容中要涉及，此处略）。

2. 核算脱离定额差异

脱离定额差异包括直接材料脱离定额差异的计算、直接人工脱离定额差异的计算、制造费用脱离定额差异的计算，这是定额法的主要内容。

1）直接材料脱离定额差异的计算

在成本项目中，原材料（包括自制半成品）费用一般占有较大的比重，而且属于直接费用，因而更有必要，也有可能在费用发生的当时就按产品计算定额费用和脱离定额差异，以加强控制。原材料脱离定额差异的计算方法通常有三种：限额领料法、切割核算法和盘存法。

（1）限额领料法。限额领料法是根据产品产量和核定的单位消耗定量控制领料数量的一种方法。采用限额法计算直接材料定额差异，企业应实行限额领料制度。凡属限额之内的领料，通常应根据限额领料单向仓库领取；超过限额的领料，应填制专设的差额领料单等差异凭证。如果领用代用材料，则应按照一定比例转换成原定额确定的材料数量，仍需通过填制限额领料单或代用材料领料单领用。

采用限额法，各车间在月末应根据本月生产中未用完的剩余材料编制"退料单"，并将退料单视为差异凭证。因为退料单中所列的材料数额和限额领料单中的未领材料余额，都是材料脱离定额的节约差异。

采用限额法计算本期直接材料消耗量与定额差异时，应按下列公式计算：

本期直接材料实际消耗量=本期领用直接材料数量+期初结余直接材料数量−期末结余直接材料数量

假定限额领料单规定的产品数量为 2000 件，每件产品的原材料消耗定额为 5 千克，则领料限额为 10 000 千克；本月实际领料 9500 千克。

若本月投产产品数量符合限额领料单规定的产品数量，即 2000 件，且期初期末均无余料，则少领 500 千克的领料差异就是用料脱离定额的节约差异。

若本期投产产品的数量为 2000 件，但车间期初余料为 100 千克，期末余料为 110 千克。则：原材料实际消耗量=9500+100−110=9490（千克）

原材料脱离定额差异=9490−10 000=−510（千克）（节约）

若本月投产产品数量为 1800 件，车间期初余料为 100 千克，期末余料为 110 千克。则：原材料脱离定额差异为=（9500+100−110）−1800×5=490（千克）（超支）。

只有在产品投产数量等于规定的产品数量，而且车间没有余料或者期初、期末余料数量相等的情况下，领料的差异才是用料脱离定额差异。因此，要控制用料不超支，不仅要控制领料不超过限额，而且还要控制产品的投产量不少于计划规定的产品数量；此外，还要注意车间有无余料和余料的数量。

（2）切割核算法。切割核算法是根据材料切割消耗定额和应切割毛坯数量控制材料消耗量的一种方法，适用于使用必须经过切割的板材、棒材和棍材等材料的定额管理。采用切割核算法进行用料控制时，应先采用限额法控制领料，然后通过材料切割核算单核算用料差异，达到控制用料。材料切割核算单应该按切割材料的批别开立，单中填明发交切割材料的种类、数量、消耗定额、应切割成的毛坯数量和材料的实际消耗量。根据实际切割成的毛坯数量和消耗定额，求出材料定额消耗量，再与材料的实际消耗量相比较，确定用料脱离定额的差异。

利用材料切割核算单进行材料切割的核算，可以及时反映材料的耗用情况和发生差异的具体原因，加强材料耗用的控制。如果条件具备，材料切割也可以同车间或班组的经济核算结合起来。

（3）盘存法。盘存法是定期通过对生产领用材料的余料进行盘存，确定材料脱离定额差异的一种方法，适用于不能采用切割核算法的原材料。盘存法的计算方法是：在从严控制材料领用的前提下，按一定的间隔日数，对生产中的余料进行盘点，根据材料领用数和盘点所确定的余额，算出一定期间材料的实际耗用量，以材料的实际耗用量和这一期间投产的产品数量乘以单位产品耗用定量所求得的定额耗用量相比较，计算出材料脱离定额的数量差异，进行计算出材料费用脱离定额的差异。原材料脱离定额差异的计算公式为：

直接材料脱离定额差异=实际消耗量×材料计划单价-定额消耗量×材料计划单价

=（实际消耗量-定额消耗量）×材料计划单价　（量差）

在定额法下，原材料的日常核算一般按计划成本进行，原材料脱离定额差异只是按计划单价反映的消耗量上的差异（量差），并未考虑材料计划价格与实际价格不一定相同的因素。因此，月末计算产品的实际材料费用时，还需要单独计算各种产品应负担的原材料成本差异。

**学中做**

- - - - - - - - - - - - - - - - - - - - - - - - - - - - - - - - - - - - - - - -

【例8-4】依上例，假设甲产品实际耗用 A 材料 10 800 千克，实际耗用 B 材料 15 900

千克，实际耗用 C 材料 1800 千克。试计算甲产品直接材料脱离定额差异。

解答：甲产品直接材料脱离定额差异=（10 800−12 000）×8+（15 900−15 600）×9+（1800
−1680）× 20=−4500（元）

2）直接人工费用脱离定额差异的计算

（1）计件工资制度下直接人工脱离定额差异的计算

在计件工资形式下，生产工人薪酬费用属于直接计入费用，其定额差异的核算与直
接材料定额差异的计算基本类似。计算方法如下：

计件单价=计划单位工时的直接人工费用÷每工时定额产量

直接人工定额费用=计件数量×计件单价

（2）计时工资制度下直接人工脱离定额差异的计算

在计时工资制下，直接人工一般为间接计入费用，其脱离定额的差异不能在平时分
产品（成本计算对象）计算，只有在月末确定本月实际直接人工费用总额和产品生产总
工时后才能计算。有关计算如下：

计划小时工资率=计划产量的定额直接人工费用÷某车间计划产量的定额生产工时

实际小时工资率=某车间实际直接人工费用总额÷某车间实际生产总工时

某产品定额直接人工费用=该产品实际完成的定额生产工时×计划小时工资率

某产品实际直接人工费用=该产品实际生产工时×实际小时工资率

某产品直接人工脱离定额的差异=该产品实际直接人工费用−该产品定额直接人工费
用

上列计算公式表明，要降低单位产品的计时工资，必须降低单位小时的生产工资和
单位产品的生产工时。为此，要进行以下三个方面的日常控制：

第一，控制生产工资总额不超过计划。

第二，控制非生产工时不超过计划，即在工时总数固定的情况下充分利用工时，使
生产工时总额不低于计划。这样，如果其他条件不变，可以控制单位小时的生产工资不
超过计划。

第三，控制单位产品的生产工时不超过工时定额。这样，如果单位小时的生产工资
不变，就可以控制单位产品的生产工资不超过定额。

 学中做

- - - - - - - - - - - - - - - - - - - - - - - - - - - - - - - - - - - - - - - - - - - - - - - - - -

【例 8-5】石家庄海华工厂生产甲、乙、丙三种产品实际生产工时为 200 000 小时，其

中，甲产品85 000小时，乙产品50 000小时，丙产品65 000小时，本月三种产品实际完成定额工时205 000小时，其中甲产品86 000小时，乙产品55 000小时，丙产品64 000小时；本月实际产品生产工人薪酬为822 000元，本月计划小时工资率为4元，实际小时工资率为 4.11（822 000÷200 000）元。要求根据上述资料，编制直接人工费用定额和脱离定额差异汇总表，如表8-13所示。

表8-13 直接人工费用定额和脱离定额差异汇总表

2013年12月　　　　　　　　　　　　　　　　　　　　　　　　单位：元

| 产品名称 | 定额人工费用 | | | 实际人工费用 | | | 脱离定额差异 |
|---|---|---|---|---|---|---|---|
| | 定额工时（小时） | 计划小时工资率 | 定额工资 | 实际工时（小时） | 实际小时工资率 | 实际工资 | |
| 甲产品 | 86 000 | | 344 000 | 85 000 | | 349 350 | 5350 |
| 乙产品 | 55 000 | | 220 000 | 50 000 | | 205 500 | −14 500 |
| 丙产品 | 64 000 | | 256 000 | 65 000 | | 267 150 | 11 150 |
| 合计 | 205 000 | 4 | 820 000 | 200 000 | 4.11 | 822 000 | 2000 |

3）制造费用定额差异的计算

制造费用通常与计时工资一样，属于间接计入费用，在日常核算中不能按照产品直接计算脱离定额的差异，只能在月末实际费用总额计算出来后才能与定额费用对比，确定差异定额。月末按工时分配计入产品的制造费用时，比照计时工资下计算脱离定额差异的公式进行计算，计算时要注意将小时薪酬率改为小时制造费用率，计算公式如下：

计划小时制造费用分配率=某车间计划制造费用总额÷某车间计划产量的定额生产工时总数

实际小时制造费用分配率=某车间实际制造费用总额÷某车间实际生产工时总数

某产品定额制造费用=该产品定额生产工时×计划小时制造费用分配率

某产品实际制造费用=该产品实际工时×实际小时制造费用分配率

某产品制造费用定额差异=某产品实际制造费用−某产品定额制造费用

 **学中做**

- - - - - - - - - - - - - - - - - - - - - - - - - - - - - - - - - - - - - - - -

【例 8-6】石家庄海华工厂本月各种产品实际生产工时和实际完成定额工时同【例

8-3】，本月实际制造费用总额为 411000 元，本月制造费用计划分配率为每小时 2 元（表 8-14）；实际分配率为每小时 2.055（411000÷200000）元。要求根据上述资料，编制"制造费用定额和脱离定额差异汇总表"，如表 8-14 所示。

表 8-14　海华公司制造费用定额和脱离定额差异汇总表

2013 年 12 月　　　　　　　　　　　　　　　　　　　　　　　　　　单位：元

| 产品名称 | 定额制造费用 | | | 实际制造费用 | | | 脱离定额差异 |
|---|---|---|---|---|---|---|---|
| | 定额工时（小时） | 计划小时费用率 | 定额费用 | 实际工时（小时） | 实际小时费用率 | 实际费用 | |
| 甲产品 | 86000 | | 172000 | 85000 | | 174675 | 2675 |
| 乙产品 | 55000 | | 110000 | 50000 | | 102750 | −7250 |
| 丙产品 | 64000 | | 128000 | 65000 | | 133575 | 5575 |
| 合计 | 205000 | 2 | 410000 | 200000 | 2.055 | 411000 | 1000 |

　　**3．计算材料成本差异**

　　采用定额法计算产品成本，为了便于产品成本的分析和考核，原材料的日常核算必须按计划成本进行。正因如此，原材料的定额费用和脱离定额差异都按原材料的计划成本计算。前者是原材料的定额消耗量与其计划单位成本的乘积，后者是原材料实际消耗量与定额消耗数量之间的差异与其计划单位成本的乘积。两者之和，就是原材料的实际消耗量与其计划单位成本的乘积。因此，月末计算产品的实际原材料费用时，还必须计算所耗原材料应分摊的成本差异，即所耗原材料的实际成本与计划成本之间的价格差异（价差）。定额法下材料成本差异计算公式如下：

　　某产品应负担的原材料成本差异=（该产品的原材料定额费用±原材料脱离定额差异）×材料成本差异率

　　为简化核算，各种产品应分配的材料成本差异，一般由各该产品的完工产品成本负担，月末在产品不负担材料成本差异。在实际工作中，材料成本差异的计算和分配是通过编制"耗用材料汇总表"、"材料成本差异分配表"进行的。

 学中做

　　**【例 8-7】** 甲产品所耗直接材料定额费用为 270000 元（表 8-12），材料脱离定额差异

为节约 4500 元（见【例 8-2】），本月材料成本差异率为节约 1.1%，要求计算甲产品应负担的材料成本差异。

甲产品应负担的材料成本差异=（270 000-4500）×（-1.1%）=-2920.5（元）

4. 计算定额变动差异

定额变动差异，是指由于修订消耗定额或生产耗费的计划价格而产生的新旧定额之间的差额。在消耗定额或计划价格修订以后，定额成本也应随之及时修订。定额成本一般在月初、季初或年初定期进行修订，但在定额变动的月份，月初在产品的定额成本并未修订，它仍然是按照旧的定额计算的。为了将按旧定额计算的月初在产品定额成本和按新定额计算的本月投入产品的定额成本，在新定额的同一基础上相加起来，以便计算产品的实际成本，还应计算月初在产品的定额变动差异，用以调整月初在产品的定额成本。

月初在产品定额变动的差异，可以根据定额发生变动的在产品盘存数量或在产品账面结存数量和修订前后的消耗定额，计算月初在产品消耗定额修订前和修订后的定额消耗量，从而确定定额消耗量的差异和差异金额。这种计算要按照零、部件和工序进行，工作量较大。为了简化计算工作，也可以按照单位产品采用下述系数折算的方法计算：

系数=按新定额计算的单位产品费用÷按旧定额计算的单位产品费用

月初在产品定额变动差异=按旧定额计算的月初在产品费用×（1-系数）

月末，对计算出的定额成本、脱离定额差异、定额变动差异以及材料成本差异，应在完工产品和月末在产品之间按照定额成本比例进行分配。

**学中做**

- - - - - - - - - - - - - - - - - - - - - - - - - - - - - - - - - - - - - - - - - - - - - - - - - - -

【例 8-8】石家庄海华工厂甲产品的一些零件从 12 月 1 日起修订原材料消耗定额，单位产品新的直接材料费用为 2250 元（表 6-12），旧的直接材料费用定额为 2343.75 元，甲产品月初在产品按旧定额计算的直接材料费用为 46 875 元。要求：根据以上资料，计算甲产品月初在产品定额变动差异。

定额变动系数=2250÷2343.75=0.96

甲产品月初在产品定额变动差异=46 875×（1-0.96）=1875（元）

消耗定额变动一般表现为不断降低的趋势，因而月初在产品定额变动差异通常表现为月初在产品价值的降低，即贬值。这时，一方面应如上述从月初在产品定额费用中扣除该项差异；另一方面，还应将属于月初在产品生产费用实际支出的该项差异，加入本月产品成本中。相反，如果消耗定额不是降低而是提高，月初在产品增值的差异则应加入月初在产品定额费用之中，同时从本月产品成本中予以扣除（因为实际并未发生该部分支出）。也就是说，本月产品成本总额未变，即月初在产品费用与本月生产费用之和，或者本月完工产品费用与月末在产品费用之和都不变，只是内部的表现形式有所改变：定额降低时，减少了定额成本，增加了定额变动差异；定额提高时，情况相反，否则账目就不平。

甲产品月初在产品定额成本减少了 1875 元，甲产品实际成本中就应当加上定额变动差异 1875 元。

5. 计算产品实际成本

1）登记本月发生的生产费用

根据本月实际发生的生产费用，将符合定额的费用和脱离定额的差异分别核算，编制有关会计分录，计入产品生产成本明细账（产品成本计算单）中的相应项目。

 学中做

------------------------------------------------------------

【例 8-9】根据【例 8-3】和【例 8-4】，计入石家庄海华工厂甲产品生产成本明细账。【例 8-8】的月初在产品定额调整不属于实际发生费用，可以直接计入甲产品生产成本明细账相应栏内，不编制会计分录。

（1）结转产品生产领用材料计划成本，编制会计分录如下：

借：生产成本——甲产品（定额成本）　　　　　　　　　　270 000

　　　　　　　——甲产品（脱离定额差异）　　　　　　　　−4 500

　　贷：原材料　　　　　　　　　　　　　　　　　　　265 500

（2）分配职工薪酬。根据【业务实例 3】，本月应付产品生产工人薪酬为 822 000 元（表 8-13），编制会计分录如下：

借：生产成本——甲产品（定额成本）　　　　　　　　　　344 000

　　　　　　　——甲产品（脱离定额差异）　　　　　　　　5 350

　　　　　　　——乙产品（定额成本）　　　　　　　　　220 000

　　　　　　　——乙产品（脱离定额差异）　　　　　　　−14 500

　　　　　　　——丙产品（定额成本）　　　　　　　　　256 000

|　|　|　|　|
|---|---|---|---|
|　——丙产品（脱离定额差异）|　|　|11 150|
|　贷：应付职工薪酬——工资|　|　|822 000|

（3）分配结转制造费用。根据【例8-4】本月实际制造费用411 000元（表8-14），编制会计分录如下：

|　|　|
|---|---|
|借：生产成本——甲产品（定额成本）|172 000|
|　　　——甲产品（脱离定额差异）|2 675|
|　　　——乙产品（定额成本）|110 000|
|　　　——乙产品（脱离定额差异）|-7 250|
|　　　——丙产品（定额成本）|128 000|
|　　　——丙产品（脱离定额差异）|5 575|
|　贷：制造费用|411 000|

（4）分配结转材料成本差异。根据【例8-5】中海华工厂甲产品应负担的材料成本差异为2 920.5元，编制会计分录如下：

|　|　|
|---|---|
|借：材料成本差异|2 920.5|
|　贷：生产成本——甲产品|2 920.5|

2）分配脱离定额差异

### 学中做

【例8-10】登记本月生产费用后，应将月初在产品成本、月初在产品定额变动和本月生产费用各相同项目分别汇总，计算出生产费用合计数（表8-15）。生产费用合计数包括定额成本、脱离定额差异、材料成本差异和定额变动差异。为了简化计算，材料成本差异和定额变动差异可以全部由完工产品成本负担，脱离定额差异则要在本月完工产品和月末在产品之间进行分配。脱离定额差异一般按照本月完工产品和月末在产品定额成本的比例进行分配，具体方法如下：

表8-15　海华工厂产品成本计算单

产品：甲产品　　　　　产量：120件　　　　　2013年12月　　　　　单位：元

| 项目 | 行次 | 直接材料 | 直接人工 | 制造费用 | 合计 |
|---|---|---|---|---|---|
| 一、月初在产品成本 |　|　|　|　|　|
| 　定额成本 | 1 | 46 875 | 31 000 | 15 500 | 93 375 |

续表

| 项目 | 行次 | 直接材料 | 直接人工 | 制造费用 | 合计 |
|---|---|---|---|---|---|
| 脱离定额差异 | 2 | −850 | 410 | 225 | −215 |
| 二、月初在产品定额调整 | | | | | |
| 定额成本调整 | 3 | −1875 | 0 | 0 | −1875 |
| 定额变动差异 | 4 | 1875 | 0 | 0 | 1875 |
| 三、本月发生生产费用 | | | | | |
| 定额成本 | 5 | 270 000 | 344 000 | 172 000 | 786 000 |
| 脱离定额差异 | 6 | −4500 | 5350 | 2675 | 3525 |
| 材料成本差异 | 7 | −2920.5 | | | |
| 四、生产费用合计 | | | | | |
| 定额成本 | 8 | 315 000 | 375 000 | 187 500 | 877 500 |
| 脱离定额差异 | 9 | −5350 | 5760 | 2900 | 3310 |
| 材料成本差异 | 10 | −2920.5 | | | −2920.5 |
| 定额变动差异 | 11 | 1875 | 0 | 0 | 1875 |
| 差异分配率 | 12 | −1.7% | 1.54% | 1.55% | |
| 五、完工产品成本 | | | | | |
| 定额成本 | 13 | 290 000 | 360 000 | 182 000 | 832 000 |
| 脱离定额差异 | 14 | −4930 | 5544 | 2821 | 3435 |
| 材料成本差异 | 15 | −2920.5 | | | −2920.5 |
| 定额变动差异 | 16 | 1875 | 0 | 0 | 1875 |
| 实际成本 | 17 | 284 024.5 | 365 544 | 184 821 | 834 389.5 |
| 六、月末在产品 | | | | | |
| 定额成本 | 18 | 25 000 | 15 000 | 5500 | 45 500 |
| 脱离定额差异 | 19 | −420 | 216 | 79 | −125 |

（1）直接材料项目。

直接材料脱离定额差异分配率＝（−5350）÷（290 000＋25 000）≈−1.7%

完工产品分配脱离定额差异＝290 000×（−1.7%）＝−4930（元）

月末在产品分配脱离定额差异＝−5350−（4930）＝−420（元）

（2）直接人工项目。

直接人工脱离定额差异分配率=5760÷（360 000+15 000）≈1.54%

完工产品分配脱离定额差异=360 000×1.54%=5544（元）

月末在产品分配脱离定额差异=5760-5544=216（元）

（3）制造费用项目。

制造费用脱离定额差异分配率=2900÷（182 000+5500）≈1.55%

完工产品分配脱离定额差异=182 000×1.55%=2821（元）

月末在产品分配脱离定额差异=2900-2821=79（元）

（4）本月在完工产品和在产品之间分配脱离定额差异。

本月完工产品分配脱离定额差异= –4930+5544+2821=3435（元）

月末在产品分配脱离定额差异=-420+216+79= –125（元）

3）计算结转完工产品实际成本

通过以上分配和计算，石家庄海华工厂本月完工甲产品120件的实际总成本为834 389.5=[832 000+3435+（-2920.5）+1875]元。编制的会计分录如下：

借：库存商品——甲产品　　　　　　　　　　　834 389.5

　贷：生产成本——甲产品（定额成本）　　　　　　832 000

　　　　　——甲产品（脱离定额差异）　　　　　　3435

　　　　　——甲产品（材料成本差异）　　　　　-2920.5

　　　　　——甲产品（定额变动差异）　　　　　　1875

### 8.2.4　定额法的优、缺点及适用范围

1．定额法的主要优点

（1）通过生产耗费及其脱离定额和计划的差异的日常核算，能在各项耗费发生的当时反映和监督脱离定额（或计划）的差异，以便及时有效地节约生产耗费，降低产品成本。

（2）对产品的实际成本按定额成本和各种差异分别反映，便于对各项生产耗费和产品成本进行定期分析，有利于挖掘降低成本的潜力。

（3）通过脱离定额差异和定额变动差异的核算，有利于提高成本的定额管理和计划管理水平。

（4）利用现有的定额成本资料，能够比较合理、简便地解决完工产品和月末在产品

之间分配费用（即分配各种成本差异）的问题。

**2. 定额法的主要缺点**

采用定额法计算产品成本，必须制定定额成本，单独核算脱离定额差异，在定额变动时还必须修订定额成本资料，因此核算工作量较大。

**3. 定额法的适用范围**

定额法与生产类型没有直接关系。无论何种生产类型，只要同时具备下列两个条件，都可采用定额法计算产品成本。其一，企业的定额管理制度比较健全，定额管理工作基础较好；其二，产品的生产已经定型，消耗定额比较准确、稳定。由于大批大量生产比较容易具备这些条件，因而定额成本法最早应用在大批大量生产的机械制造企业中，以后才逐渐扩散应用到具备上述条件的其他工业企业中。

 做中学

- - - - - - - - - - - - - - - - - - - - - - - - - - - - - - - - - - - - - - - - - - - - - -

【**业务操作 8.2**】石家庄海华工厂专业生产甲产品。该公司的定额管理制度比较健全、稳定，为此，采用定额法计算产品成本。2013 年 12 月，甲产品成本计算的有关资料如表 8-16、表 8-17、表 8-18、表 8-19 所示。

**表 8-16    产品定额成本**

产品名称：甲产品 　　　　　　　　　　　　2013 年 12 月 　　　　　　　　　　　　单位：元

| 材料编号及名称 | 计量单位 | 材料消耗定量 | | 计划单价 | 材料费用定额 |
| --- | --- | --- | --- | --- | --- |
| A 材料 | 千克 | 50 | | 10 | 500 |
| 工时定额 | 直接人工 | | | 制造费用 | | 产品定额成本合计 |
| | 小时薪酬率 | 金额 | | 小时费用率 | 金额 | |
| 50 | 3 | 150 | | 2.5 | 125 | 775 |

**表 8-17    月初在产品定额成本和脱离定额差异**

产品名称：甲产品 　　　　　　　　　　　　2013 年 12 月 　　　　　　　　　　　　单位：元

| 成本项目 | 定额成本 | 脱离定额差异 |
| --- | --- | --- |
| 直接材料 | 5000 | −100 |
| 直接人工 | 750 | +50 |
| 制造费用 | 625 | +25 |
| 合　计 | 6375 | −25 |

表 8-18　产品投产情况

产品名称：甲产品　　　　　　　　　　2013 年 12 月　　　　　　　　　　单位：件

| 月初在产品 | 本月投产 | 本月完工 | 月末在产品 |
|---|---|---|---|
| 10 | 100 | 80 | 30 |

注：月初、月末在产品完工程度均为 50%。

表 8-19　生产费用发生情况

产品名称：甲产品　　　　　　　　　　2013 年 12 月　　　　　　　　　　单位：元

| 投入定额工时（小时） | 实际领用材料 | | | 实际工人薪酬 | 实际制造费用 |
|---|---|---|---|---|---|
| | 数量（千克） | 计划成本 | 材料成本差异率 | | |
| 4500 | 4800 | 48 000 | 2% | 13 950 | 10 800 |

材料在生产开始时一次性投入。由于工艺技术的改进，于 2013 年 12 月 1 日起对材料消耗定额进行修订，原材料消耗定量为 50 千克，修订后材料费用定量为 47.5 千克。

业务要求：

（1）计算本月定额成本和脱离定额差异并编制表如表 8-20 所示。

表 8-20　定额成本和脱离定额差异汇总表

产品：甲　　　　　　　　　　2013 年 12 月　　　　　　　　　　单位：元

| 成本项目 | 定额成本 | 实际费用 | 脱离定额差异 |
|---|---|---|---|
| 直接材料 | | | |
| 直接人工 | | | |
| 制造费用 | | | |
| 合计 | | | |

（2）计算材料成本差异。

（3）计算月初在产品定额变动差异。

（4）编制生产费用分配的记账凭证。

（5）编制产品成本计算表（表 8-21），采用定额法计算完工产品和月末在产品的实际成本。

表 8-21　产品成本计算单

产品名称：甲　　　　　　　　　　2013 年 12 月　　　　　　　　　　产量：80 件

| 成本项目 3 | | 直接材料 | 直接人工 | 制造费用 | 合计 |
|---|---|---|---|---|---|
| 月初在产品<br>成本 | 定额成本 | | | | |
| | 脱离定额差异 | | | | |

续表

| 成本项目 3 | | 直接材料 | 直接人工 | 制造费用 | 合计 |
|---|---|---|---|---|---|
| 月初在产品<br>定额变动 | 定额成本调整 | | | | |
| | 定额变动差异 | | | | |
| 本月生产<br>费用 | 定额成本 | | | | |
| | 脱离定额差异 | | | | |
| | 材料成本差异 | | | | |
| 生产费用<br>合计 | 定额成本 | | | | |
| | 脱离定额差异 | | | | |
| | 材料成本差异 | | | | |
| | 定额变动差异 | | | | |
| 脱离定额差异分配率 | | | | | |
| 完工产品<br>成本 | 定额成本 | | | | |
| | 脱离定额差异 | | | | |
| | 材料成本差异 | | | | |
| | 定额变动差异 | | | | |
| | 实际成本 | | | | |
| 月末在产品<br>成本 | 定额成本 | | | | |
| | 脱离定额差异 | | | | |

（6）编制结转完工产品成本的会计分录。

## 想一想

1. 分类法成本计算的特点和适用范围如何？
2. 定额法成本计算的特点和适用范围如何？
3. 定额法成本计算中产品实际成本的计算方法是怎样的？

## 项目9 成本报表的编制与分析

| 学习任务单 | | | |
|---|---|---|---|
| 本单元标题：项目9　成本报表的编制与分析 | | | |
| 重点难点 | 成本报表的分类<br>成本报表的作用<br>全部产品生产成本表的结构<br>全部产品生产成本表的填制要求、主要产品单位成本表的结构<br>主要产品单位成本表的填制方法<br>各类费用明细表的结构<br>各类费用明细表的填制方法、成本分析的意义<br>各种成本分析的方法<br>影响企业各项成本指标计划完成情况的原因分析、成本分析报告的撰写规范 | | |
| | 能力（技能）目标 | 知识目标 | 素质目标 |
| 教学<br>目标 | （1）会编制全部产品生产成本表；<br>（2）会编制主要产品单位成本表；<br>（3）会编制各类费用明细表；<br>（4）能对全部产品生产成本表进行分析；<br>（5）能对主要产品单位成本表进行分析；<br>（6）能对各类费用明细表进行分析；<br>（7）能根据成本报表及其分析结果撰写成本分析报告 | （1）成本报表的作用及分类；<br>（2）全部产品生产成本表的编制方法；<br>（3）掌握主要产品单位成本表的编制方法；<br>（4）掌握各类费用明细表的编制方法；<br>（5）全部产品生产成本表的常规分析方法；<br>（6）主要产品单位成本表的常规分析方法；<br>（7）各类费用明细表的常规分析方法；<br>（8）成本分析报告的作用与内容；<br>（9）成本分析报告的撰写规范 | （1）工作耐心细致；<br>（2）思维严谨，逻辑清晰 |
| 能力训练<br>任务及案例 | 9.1 成本报表认知<br>9.2 商品产品成本报表的编制<br>9.3 主要产品单位成本报表的编制<br>9.4 制造费用明细表的编制<br>9.5 成本报表分析 | | |
| 教学资源 | 教师：课本、课件、单元教学设计、整体教学设计 | | |
| | 实训条件：教学多媒体设备，手工会计用品 | | |

**案例导入**

　　林月知道，会计有自己的一整套报表体系，综合地反映出企业生产经营情况的全貌，那么对于企业生产经营中重要的一环——企业的成本情况，也应该有自己的报表做出具体的反映啊。为此，她特别请教了会计师老许。老许说，反映成本情况当然有自己的报表，而主要的报表是商品产品成本报表、主要产品单位成本表等几种，而成本信息对于企业来说，是一种内部信息，有的企业甚至视其为机密，所以和传统的资产负债表等会计报表不一样，一般是不会对外公布的。并且，对于成本报表而言，企业管理者更应重视的是对其的分析，以便于在今后的生产经营中做出更有利的决策。那么，成本报表到底应该如何编制？如何对其进行分析呢？

## 9.1　成本报表认知

　　成本报表是根据企业日常产品成本和期间费用的核算资料以及其他有关资料编制的，用以综合反映企业一定时期成本费用水平和构成情况及其变动情况的一种报告性书面文件，是会计报表体系的重要组成部分。编制和分析成本报表是成本会计日常工作的一项重要内容。

### 9.1.1　成本报表的特点

　　成本报表作为对内报表，与现行的对外报表（财务报表）相比较，具有如下特点：

　　（1）编报目的主要为满足企业内部经营管理的需要，具有针对性

　　企业编制的财务报表主要是为政府部门、企业投资人和债权人及企业内部经营管理者服务，主要反映企业的财务状况和经营成果。但在市场经济条件下，成本资料属于商业秘密，一般不宜对外公开，因而成本报表主要是为内部经营管理服务，满足企业领导及各车间、部门和岗位责任人员对成本管理的需要。因此，企业编制成本报表时，应遵循实质重于形式的要求，力求简明扼要，讲求实效；报表的内容要具有针对性，而不是千篇一律地简单提供情况；管理者通过观察、分析、考核成本的动态变化，有利于控制计划成本目标的实现和为企业进行成本预测、决策和修订成本计划提供重要依据。

　　（2）成本报表的种类、内容和格式由企业自行决定，更具有灵活性

　　外部报表的种类、内容、格式及报送对象等均由企业会计准则统一规定，企业不能

随意改动。而成本报表属于内部报表，其种类、内容、格式及编制方法均由企业自行决定、自己设计，不受企业外部的种种因素的制约和影响。因此，企业可以根据管理要求对某一方面的成本问题，或从某一侧面对某一方面的成本情况进行重点反映；报表格式可以灵活多样，内容指标可多可少；可以事后编报，也可以事中编报或事前预报。

（3）成本报表更注重时效性

对外财务报表一般都是定期编制和报送，并规定在一定时间必须报送。而内部成本报表主要是为企业内部成本管理服务，所以，除了为满足定期考核和分析成本计划的完成情况，需要定期编报一些报表外，为了及时反馈成本信息，及时揭示成本工作中存在的问题，还可采用日报、周报或旬报的形式，定期或不定期地向有关部门和人员提供成本报表，并尽可能地使提供的信息与其反映的内容在时间上保持一致，以发挥成本报表及时指导生产的作用。

（4）按生产经营组织体系上报。

内部成本报表是根据企业生产经营组织体系逐级上报，或者是为解决某一特定问题的权责范围内进行传递，使有关部门和成本责任者及时掌握成本计划目标执行的情况，揭示差异，查找原因和责任，评价内部环节和人员的业绩。而对外报表一般是按时间编报的，目前主要是报送税务、财政、银行和主管部门。

### 9.1.2　成本报表的作用

正确、及时地编报与分析成本报表，对于加强成本管理，降低成本费用支出，提高企业的经济效益具有十分重要的作用。

（1）企业的主管部门或上级机构通过成本报表，可以了解企业的成本状况，检查企业成本计划的执行情况，考核企业成本工作的业绩，对企业成本工作进行评价。

（2）通过成本报表分析，可以揭示影响产品成本指标和费用项目变动的因素，从生产技术、生产组织和经营管理等各方面挖掘节约费用和降低产品成本的潜力，提高企业经济效益。

（3）成本报表提供的实际产品成本和费用资料，不仅可以满足企业、车间和部门加强日常成本、费用管理的需用，而且是企业进行成本、利润的预测、决策，编制产品成本和各项费用计划，制定产品价格的重要依据。

### 9.1.3　成本报表的分类

成本报表属于内部报表，主要是为满足企业内部经营管理的需要而编制的，一般不对外公开。因此，成本报表的种类、格式、内容、编制方法和报送对象等，企业会计准则均未统一规范，而是由企业自行设计和确定。业务主管部门或上级机构为了对本系统所属企业的成本管理工作进行领导和指导，也可以要求企业将其成本报表作为会计报表的附表上报。这时，企业成本报表的种类、格式、内容和编制方法，应由业务主管部门或上级机构会同企业共同商定。

1. 按成本报表反映的内容分类

（1）反映产品成本情况的报表。主要反映企业为生产一定种类和数量的产品所耗费的生产费用水平及其构成情况，并与计划、上年实际、历史最好水平或同行业同类产品先进水平相比较，反映产品成本的变动情况和变动趋势。此类报表有全部产品生产成本表、主要产品单位成本表等。

（2）反映费用支出情况的报表。主要反映企业在一定时期内各种费用支出的总额及其构成情况，并与计划（预算）、上年实际对比，反映费用支出的变动情况和变动趋势。此类报表有制造费用明细表、销售费用明细表、管理费用明细表和财务费用明细表等。

2. 按成本报表编制的时间分类

成本报表按编制的时间可分为年报、季报、月报。成本报表根据管理上的要求一般可按月、按季、按年编报。此外，为了加强成本的日常管理，对于成本耗费的某些主要指标，也可以按旬、周、日编报，甚至按班编报，及时提供给有关部门和人员，以便对生产进行及时指导。

## 9.2 商品产品成本报表的编制

| 学习任务单 | | | |
|---|---|---|---|
| 本单元标题：9.2 商品产品成本报表的编制 | | | |
| 重点难点 | 全部产品生产成本表的结构；全部产品生产成本表的填制要求 | | |
| 教学目标 | 能力（技能）目标 | 知识目标 | 素质目标 |
| | 会编制全部产品生产成本表 | 全部产品生产成本表的编制方法 | （1）工作耐心细致；（2）思维严谨，逻辑清晰 |
| 能力训练任务及案例 | 会编制全部产品生产成本表 | | |
| 教学资源 | 教师：课本、课件、单元教学设计、整体教学设计 | | |
| | 实训条件：教学多媒体设备，手工会计用品 | | |

商品产品成本报表是反映企业在报告期内生产的全部商品产品总成本和各种主要商品产品（含可比产品和不可比产品）单位成本及总成本的报表。该表一般分为两种形式反映，一种按成本项目，另一种按产品种类。

商品产品成本报表按其反映内容的范围和编报时间的不同，一般可编制两种报表：商品产品成本表和主要产品单位成本表。

商品产品成本表的作用在于：

可以考核全部商品产品和各种主要商品产品成本计划的执行结果，对商品产品成本节约或超支情况进行评价；

可以考核可比产品成本降低计划的执行结果，计算各种因素对计划执行结果的影响程度，分析其中有利的因素和不利的因素，挖掘进一步降低产品成本的潜力。

### 9.2.1 按产品种类反映的商品产品成本报表的编制

1. 按产品种类反映的商品产品成本报表的结构

按产品种类反映的商品产品成本表，是按产品种类汇总反映企业在报告期内生产的全部商品产品的单位成本和总成本的报表。该表将全部产品分为可比产品和不可比产品，列示各种产品的单位成本、本月总成本、本年累计总成本。

该表分为基本报表和补充资料两部分。

基本报表部分应按可比产品和不可比产品分别填列。

可比产品是指企业过去曾经正式生产过，有完整的成本资料可以进行比较的产品。

不可比产品是指企业本年度初次生产的新产品，或虽非初次生产，但以前仅属试制而未正式投产、缺乏可比的成本资料的产品。

在成本计划中，对不可比产品只规定有本年的计划成本，而对可比产品不仅规定有计划成本指标，而且规定有成本降低计划指标，即本年度可比产品计划成本比上年度（或以前年度）实际成本的降低额和降低率。

基本报表部分，应反映各种可比和不可比产品本月及本年累计的实际产量、实际单位成本和实际总成本。对于其中各种主要产品，还分别反映其实际产量、单位成本、本月总成本和本年累计总成本。

本月数应根据本月产品成本明细账中的有关记录填列，本年累计实际产量和累计实际总成本应根据本月数加上上月本表的累计数计算填列，累计实际平均单位成本应根据累计实际总成本除以累计实际产量计算填列。

为了反映企业当年产品成本计划的完成情况，表中还应反映各种可比产品和不可比产品本月和本年累计按计划单位成本计算的总成本。计划单位成本应根据本年计划填列，本月和本年累计计划总成本应根据计划单位成本分别乘以本月实际产量和本年累计实际产量计算填列。

为了计算可比产品成本降低额和降低率，表中还应反映可比产品本月和本年按上年实际平均单位成本计算的总成本。上年实际平均单位成本应根据上年度 12 月份本表全年累计实际平均单位成本填列，本月和本年累计实际总成本应根据上年实际平均单位成本分别乘以本月实际产量和本年累计实际产量计算填列。

补充资料部分，主要反映可比产品成本的降低额和降低率等资料。

可比产品成本的降低额=可比产品按上年实际平均单位成本计算的本年累计总成本－本年累计实际总成本

$$可比产品成本降低率=\frac{可比产品成本降低额}{上年实际平均单位成本\ 计算的本年累计总成本}$$

 **学中做**

**【例 9-1】**按产品种类反映的商品产品生产成本表的格式见表 9-1。

表 9-1 商品产品成本表

编制单位：石家庄海华工厂　　　　　　　2013 年 12 月　　　　　　　单位：元

| 产品名称 | 计量单位 | 实际产量 | | 单位成本 | | | | 本月总成本 | | | 本年累计总成本 | | |
|---|---|---|---|---|---|---|---|---|---|---|---|---|---|
| | | 本月 | 本年累计 | 上年实际平均 | 本年计划 | 本月实际 | 本年累计实际平均 | 按上年实际平均单位成本计算 | 按本年计划单位成本计算 | 本月实际 | 按上年实际平均单位成本计算 | 按本年计划单位成本计算 | 本年实际 |
| | | (1) | (2) | (3) | (4) | (5)=(9)÷(1) | (6)=(12)÷(2) | (7)=(1)×(3) | (8)=(1)×(4) | (9) | (10)=(2)×(3) | (11)=(2)×(4) | (12) |
| 可比产品合计 | | | | | | | | 2240 | 2112 | 2248 | | 26 400 | 27 800 |
| A 产品 | 台 | 16 | 200 | 65 | 62 | 63 | 61 | 1040 | 992 | 1008 | 28 000 | 12 400 | 12 200 |
| B 产品 | 台 | 8 | 100 | 150 | 140 | 155 | 156 | 1200 | 1120 | 1240 | 13 000 | 14 000 | 15 600 |
| 不可比产品合计 | | | | | | | | | 525 | 535 | 15 000 | 5250 | 5300 |
| C 产品 | 件 | 5 | 50 | | 105 | 107 | 106 | | 525 | 535 | | 5250 | 5300 |
| 全部商品产品成本 | | | | | | | | | 2637 | 2783 | | 31 650 | 33 100 |

补充资料（本年实际数）：

（1）可比产品成本降低额 200 元（28 000-27 800=200），本年计划降低额为 1250 元。

（2）可比产品成本降低率 0.71%（200/28 000=0.71%），本年计划降低率为 5.75%。

（3）按现行价格计算的商品产值 93 500 元。

（4）产值成本率 35.40 元/百元（本年计划产值成本率为 35 元/百元）。

2．按产品种类反映的商品产品成本报表的编制

编制商品产品生产成本表，主要依据有关产品的"产品成本明细账"、年度成本计划、上年本表等资料填列下列有关项目。

（1）"产品名称"项目。

本项目应填列主要的"可比产品"与"不可比产品"的名称。

（2）"实际产量"项目。

分为本月数和本年累计数两栏，分别反映本月和从本年 1 月 1 日起至报表编制月月末止各种主要商品的实际产量。应根据成本计算单或产品成本明细账的记录计算填列。

（3）"单位成本"项目。

按上年度本报表资料、本期成本计划资料、本期实际成本资料和本年累计成本资料分别计算填列。

①"上年实际平均单位成本"项目：根据上年度本表所列各种可比产品的全年累计实际平均单位成本填列。

②"本年计划单位成本"项目：根据年度成本计划的有关资料填列。

③"本月实际单位成本"项目：根据有关产品成本明细账中的资料，按下述公式计算填列：某产品本月实际单位成本=该产品本月实际总成本÷该产品本月实际产量

④"本年累计实际平均单位成本"项目，根据有关产品成本明细账资料计算填列，计算方法为：某产品本年累计实际平均单位成本=该产品本年累计实际总成本÷该产品本年累计实际产量。

（4）"本月总成本"项目。

包括本月实际总成本、按上年实际平均单位成本计算的总成本和本年计划单位成本计算的总成本三项内容。具体如下：

①"本月实际"项目：根据本月有关产品成本明细账的记录填列。

②"按上年实际平均单位成本计算"项目：本月实际产量与上年实际平均单位成本

之积。

③ "按本年计划单位成本计算"项目：本月实际产量与本年计划单位成本之积。

（5）"本年累计总成本"各项目。

包括按上年实际平均单位成本计算、按本年计划单位成本计算和本年实际总成本三栏。具体计算如下：

① "按上年实际平均单位成本计算"项目：本年累计实际产量与上年实际平均单位成本之积。

② "按本年计划单位成本计算"项目：本年累计实际产量与本年计划单位成本之积。

③ "本年实际成本"项目：根据有关的产品成本明细账资料填列。

（6）补充资料部分只填列本年累计实际数。

其中：

① 可比产品成本降低额。指可比产品累计实际总成本比按上年实际单位成本计算的累计总成本降低的数额，超支用负数表示。其计算公式如下：

可比产品＝可比产品按上年实际平均－可比产品本年累计

成本降低额＝单位成本计算的总成本计实际总成本

根据表 9-1 的资料可计算如下：

可比产品成本降低额＝ 28 000－27 800 ＝200（元）

本年计划降低额为 1250 元。

② 可比产品成本降低率。指可比产品本年累计实际总成本比按上年实际平均单位成本计算的累计总成本降低的比率，超支率用负数表示。其计算公式如下：

$$可比产品成本降低率 = \frac{可比产品成本降低额}{可比产品按上年实际单位成本计算的总成本}$$

根据表 9-1 的资料可计算如下：

$$可比产品成本降低率 = \frac{200}{28000} \times 100\% = 0.71\%$$

本年计划降低率为 5.75%。

（7）按现行价格计算的商品产值。根据有关的统计资料填列。

（8）产值成本率。指商品产品总成本与商品产值的比率，通常以每百元商品产值总成本表示。计算公式如下：

$$产值成本率 = \frac{商品产品成本}{商品产值} \times 100$$

根据表 9-1 的资料可计算如下：

$$产值成本率 = \frac{33100}{93500} \times 100 = 35.40（元/百元）$$

### 9.2.2 按成本项目反映的商品产品成本报表的编制

**1. 按成本项目反映的商品产品成本报表的结构**

按成本项目反映的商品产品成本表，是按成本项目汇总反映企业在报告期内发生的全部生产费用以及商品产品生产总成本的报表。

该表可以分为生产费用和生产成本两部分，其格式见表 9-2。

表 9-2　商品产品成本表（按成本项目反映）

编制单位：石家庄海华工厂　　　　　　　　2013 年 12 月　　　　　　　　单位：元

| 项目 | 上年实际 | 本年计划 | 本月实际 | 本年累计实际 |
|---|---|---|---|---|
| 生产费用 | | | | |
| 直接材料费用 | | 116 788 | 21 573 | 123 705 |
| 直接人工费用 | | 64 160 | 10 152 | 64 430 |
| 制造费用 | | 76 992 | 11 267 | 67 316 |
| 生产费用合计 | | 257 940 | 42 992 | 255 451 |
| 加：在产品、自制半成品期初余额 | | 8000 | 10 200 | 10 980 |
| 减：在产品、自制半成品期末余额 | | 8500 | 10 092 | 8371 |
| 商品产品生产成本合计 | | 257 440 | 43 100 | 258 060 |

该表可以反映报告期内全部商品产品生产费用的支出情况和各种费用的构成情况。通过该表可以对企业的生产费用进行一般评价。

**2. 按成本项目反映的商品产品成本报表的编制方法**

表中的"本月实际"栏的生产费用数，应根据各种产品成本明细账所记本月生产费用合计数，按照成本项目分别汇总填列。在此基础上，加上在产品和自制半成品的期初余额，减去在产品和自制半成品的期末余额，就可以计算出本月完工的商品产品成本合计。

**做中学**

- - - - - - - - - - - - - - - - - - - - - - - - - - - - - - - - - - - - - - - - - - - - - - - - - - -

【**业务操作 9.1**】石家庄海华工厂设有两个基本生产车间。一车间生产甲产品，二车间生产乙、丙两种产品。其中甲、乙产品为可比产品，丙产品为不可比产品。该厂 2013 年 12 月份有关成本资料如表 9-3 所示。

### 表9-3 商品产品生产资料

2013 年 12 月　　　　　　　　　　　　　　　　　　　　　　　　　　　单位：元

| | 可比产品（甲） | 可比产品（乙） | 不可比产品（丙） |
|---|---|---|---|
| 单位生产成本（元） | | | |
| 上年实际成本 | 600 | 420 | |
| 本月实际 | 555 | 414 | 276 |
| 本年累计实际平均 | 573 | 417 | 273 |
| 本年计划 | 580 | 400 | 270 |
| 生产量（件） | | | |
| 本月实际 | 90 | 105 | 60 |
| 本年累计实际 | 765 | 960 | 630 |
| 本年计划 | 720 | 890 | 650 |
| 销售量（件） | | | |
| 本月实际 | 75 | 105 | 60 |
| 本年累计实际 | 780 | 870 | 48 |
| 年初结存数量（件） | 120 | 90 | 135 |

（1）可比产品本年计划降低额 32 200 元。
（2）可比产品本年计划降低率 4%。
（3）按现行价格计算的商品产值 1 698 450 元。
（4）本年计划的产值率 56 元/百元。

业务要求：
根据上述资料编制海华工厂 20××年 12 月份商品产品成本表（表 9-4）。

### 表9-4 商品产品成本表

编制单位：石家庄海华工厂　　　　　　2013 年 12 月　　　　　　　单位：元

| 产品名称 | 计量单位 | 实际产量 | | 单位成本 | | | | 本月总成本 | | | 本年累计总成本 | | |
|---|---|---|---|---|---|---|---|---|---|---|---|---|---|
| | | 本月 | 本年累计 | 上年实际平均 | 本年计划 | 本月实际 | 本年累计实际平均 | 按上年实际平均单位成本 | 按本年计划单位成本 | 本月实际 | 按上年实际平均单位成本计算 | 按本年计划单位成本计算 | 本年实际 |
| | | (1) | (2) | (3) | (4) | (5)=(9)÷(1) | (6)=(12)÷(2) | (7)=(1)×(3) | (8)=(1)×(4) | (9) | (10)=(2)×(3) | (11)=(2)×(4) | (12) |

**续表**

| 可比产品合计 | | | | | | | | | | | | |
|---|---|---|---|---|---|---|---|---|---|---|---|---|
| 　1. 甲产品 | 件 | | | | | | | | | | | |
| 　2. 乙产品 | 件 | | | | | | | | | | | |
| 不可比产品合计 | 件 | | | | | | | | | | | |
| 　丙产品 | 件 | | | | | | | | | | | |
| 全部商品产品成本 | | | | | | | | | | | | |

补充资料（本年累计实际成本）

（1）可比产品成本降低额为：_____（本年计划降低额_____）。

（2）可比产品成本降低率为：_____（本年计划降低率_____）。

（3）按现行价格计算的商品值_____元。

（4）产值成本率_____元/百元（本年计划为_____元/百元）。

## 9.3　主要产品单位成本报表的编制

| 学习任务单 | | |
|---|---|---|
| 本单元标题：9.3　主要产品单位成本报表的编制 | | |
| **重点难点** | 主要产品单位成本表的结构 | |
| | 主要产品单位成本表的填制方法 | |
| **教学目标** | 能力（技能）目标 / 知识目标 / 素质目标 | |
| | 会编制主要产品单位成本表　掌握主要产品单位成本表的编制方法　（1）工作耐心细致；（2）思维严谨，逻辑清晰 | |
| **能力训练任务及案例** | 会编制主要产品单位成本表 | |
| **教学资源** | 教师：课本、课件、单元教学设计、整体教学设计 | |
| | 实训条件：教学多媒体设备，手工会计用品 | |

主要产品单位成本表是反映企业在报告期内生产的各种主要产品单位成本构成情况和各项主要技术经济指标报告情况的报表。该表按主要产品分别编制，它是对商品产品成本表的有关单位成本做进一步补充说明，该表通常每月编制。

所谓主要产品是指企业经常生产，在企业全部产品中所占比重比较大，能概括反映企业生产经营面貌的那些产品。

成本核算与控制

主要产品单位成本表的作用是：

可以按照成本项目分析和考核主要产品单位成本计划的执行情况；

可以按照成本项目将本月实际和本年累计实际平均单位成本，与上年实际平均单位成本和历史先进水平进行对比，了解单位成本的变动情况；

可以分析和考核各种主要产品的主要技术经济指标的执行情况，进而查明主要产品单位成本升降的具体原因。

### 9.3.1 主要产品单位成本表的结构

主要产品单位成本表的结构可分为表首、基本部分（正表）和补充资料三大部分。

该表内容一般包括：产量、单位成本和主要技术经济指标三部分。

产量部分：反映报告期的计划产量和实际产量，以及本年累计的计划产量和实际产量，此外还反映产品的销售单价。

单位成本部分：按照成本项目分别反映历史先进、上年实际平均、本年计划、本月实际和本年累计实际平均的单位成本。

技术经济指标部分：主要反映原料、主要材料、燃料和动力的消耗数量。

主要产品单位成本表的格式如表 9-5 所示。

**表 9-5 主要产品单位成本表**

编制单位：石家庄海华工厂　　　　　　　2013 年 12 月　　　　　　　单位：元

| 产品名称 | | B 产品 | | 本月计划产量 | 6 |
|---|---|---|---|---|---|
| 规格 | | | | 本月实际产量 | 8 |
| 计量单位 | | 台 | | 本年累计计划产量 | 80 |
| 销售单价 | | 150 | | 本年累计实际产量 | 100 |
| 成本项目 | | 历史先进水平 | 上年实际平均 | 本年计划 | 本月实际 | 本年累计实际平均 |
| 直接材料 | | 98 | 108 | 100 | 121 | 120 |
| 直接人工 | | 20 | 24 | 25 | 20 | 23 |
| 制造费用 | | 12 | 18 | 15 | 14 | 13 |
| 生产成本 | | 130 | 150 | 140 | 155 | 156 |
| 主要技术经济指标 | 单位 | 用量 | 用量 | 用量 | 用量 | 用量 |
| 1. 主要材料 | 千克 | 10 | 10.8 | 10 | 11 | 10.75 |
| 2. 生产工时 | 小时 | 8 | 9 | 8.5 | 8 | 8.2 |

补充资料：

| 项　目 | 上　年　实　际 | 本　年　实　际 |
|---|---|---|
| 成本利润率（%） | | |
| 资金利润率（%） | | |
| 净产值率（%） | | |
| 流动资金周转次数（次） | | |
| 实际利润总额 | | |
| 职工工资总额 | | |
| 年末职工人数 | | |
| 全年平均职工人数 | | |

### 9.3.2　主要产品单位成本表的编制方法

编制主要产品单位成本表，主要依据有关产品的"产品成本明细账"资料、成本计划、历年有关成本资料、上年度本表有关资料及产品产量、材料和工时的消耗量等资料。该表应按主要产品分别编制。主要产品单位成本表各项目的填列方法如下：

（1）"本月计划产量"和"本年累计计划产量"项目：根据本月和本年产品产量计划资料填列。

（2）"本月实际产量"和"本年累计实际产量"项目：根据统计提供的产品产量资料，或产品入库单填列。

（3）"主要技术经济指标"项目：反映主要产品每一单位产量所消耗的主要原材料、燃料、工时等的数量。应根据产品成本计算资料（包括领料单等凭证）以及统计资料整理填列。

（4）"历史先进水平"栏各项目：指本企业历史上该种产品成本最低年度的实际平均单位成本和实际单位用量。应根据有关年份成本资料填列。

（5）"上年实际平均"栏各项目：反映上年实际平均单位成本和单位用量，根据上年度本表的"本年累计实际平均"单位成本和单位用量的资料填列。

（6）"本年计划"栏各项目：是指本年计划单位成本和单位用量，应根据年度成本计划中的资料填列。

（7）"本月实际"栏各项目：指本月实际单位成本和单位用量。应根据本月完工的该种产品成本明细账上的有关数字计算后填列。

（8）"本年累计实际平均"栏各项目：反映本年年初至本月月末该种产品的平均实际单位成本和单位用量，根据年初至本月月末的已完工产品成本明细账等有关资料，采用加权平均法计算后填列。

其计算公式如下：

$$某产品的实际平均单位成本 = \frac{该产品累计总成本}{该产品累计产量}$$

$$某产品的实际平均单位用量 = \frac{该产品累计总用量}{该产品累计产量}$$

（9）补充资料：

有关指标的计算公式如下：

$$成本利润率 = \frac{产品销售利润}{产品销售成本} \times 100\%$$

$$资金利润率 = \frac{利润总额}{资金总额} \times 100\%$$

$$净产值率 = \frac{工业净产值}{产品销售收入} \times 100\%$$

$$流动资金周转次数（次） = \frac{产品销售收入}{流动资金平均余额}$$

由于主要产品单位成本表是商品产品成本表的补充报表，因此，本表中按成本项目反映的"上年实际平均"、"本年计划"、"本月实际"、"本年累计实际平均"的单位成本合计，应与产品生产成本表中的各该产品单位成本金额分别相等。

 做中学

- - - - - - - - - - - - - - - - - - - - - - - - - - - - - - - - - - - - - - - -

【业务操作9.2】石家庄海华工厂甲产品2013年12月有关资料如表9-6和表9-7所示。

**表9-6　甲产品成本资料**

2013 年 12 月　　　　　　　　　　　　　　　　　　　　　　　　单位：元

| 单位生产成本（元） | 直接材料 | 直接人工 | 制造费用 | 合计 |
|---|---|---|---|---|
| 历史先进水平 | 279 | 135 | 114 | 528 |
| 上年实际平均 | 315 | 156 | 129 | 600 |
| 本年计划 | 300 | 150 | 130 | 580 |
| 本月实际 | 285 | 147 | 123 | 555 |
| 本年累计实际平均 | 294 | 153 | 126 | 573 |

表 9-7　甲产品其他资料

2013 年

| 项目 | 单位 | 上年实际 | 本年实际 |
|---|---|---|---|
| 单位产品售价 | 元 | 900 | 930 |
| 单位产品税金 | 元 | 120 | 123 |
| 产品计划销售量 | 件 | 765 | 770 |
| 产品实际销售量 | 件 | 750 | 780 |

业务要求：根据以上资料和实训一的有关资料编制该厂甲产品的主要产品单位成本表（表 9-8）。

表 9-8　主要产品单位成本表

编制单位：石家庄海华工厂　　　　　　　2013 年 12 月　　　　　　　单位：元

| 产品名称 | | | 本月实际产量 | | | |
|---|---|---|---|---|---|---|
| 规格 | | | 本年累计实际产量 | | | |
| 计量单位 | | | 销售单价 | | | |
| 成本项目 | 行次 | 历史先进水平 19×× 年 | 上年实际平均 | 本年计划 | 本月实际 | 本年累计实际平均 |
| | | (1) | (2) | (3) | (4) | (5) |
| 直接材料<br>直接人工<br>制造费用 | | | | | | |
| 产品生产成本 | | | | | | |

## 9.4　制造费用明细表的编制

| 学习任务单 | | | |
|---|---|---|---|
| 本单元标题：9.4　制造费用明细表的编制 | | | |
| 重点难点 | 各类费用明细表的结构<br>各类费用明细表的填制方法 | | |
| 教学目标 | 能力（技能）目标 | 知识目标 | 素质目标 |
| | 会编制各类费用明细表 | 掌握各类费用明细表的编制方法 | （1）工作耐心细致；<br>（2）思维严谨，逻辑清晰 |

续表

| 学习任务单 | |
|---|---|
| 本单元标题：9.4　制造费用明细表的编制 | |
| 能力训练<br>任务及案例 | 会编制费用明细表 |
| 教学资源 | 教师：课本、课件、单元教学设计、整体教学设计 |
| | 实训条件：教学多媒体设备，手工会计用品 |

制造费用明细表是反映企业在报告期内发生的制造费用及其构成情况的一种成本报表。由于辅助生产车间的制造费用已通过辅助生产费用的分配转入基本生产车间的制造费用和管理费用等有关的成本费用账户，因而本表只反映基本生产车间的制造费用，不包括辅助生产车间制造费用。

制造费用明细表是反映工业企业在报告期内发生的制造费用及其构成情况的报表。利用制造费用明细表所提供的资料，可以分析各项制造费用的构成情况及增减变动的原因，以便进一步采取措施，节约开支，降低费用，并为编制下期制造费用预算提供可靠的参考资料。制造费用明细表一般按月编制。

### 9.4.1　制造费用明细表的结构

制造费用明细表的结构是按规定的制造费用项目，分别反映"本年计划"、"上年同期实际数"、"本月实际"和"本年累计实际数"的数据，使报表使用者可以通过表中的数据进行对比分析，了解制造费用的构成与变动情况，以便加强对制造费用的管理。

制造费用明细表的格式和内容，如表9-9所示。

表9-9　制造费用明细表

2013 年 12 月

| 项目 | 本年计划 | 上年同期实际数 | 本月实际数 | 本年累计实际 |
|---|---|---|---|---|
| 工资 | （略） | （略） | （略） | 4300 |
| 职工福利费 | | | | 560 |
| 折旧费 | | | | 7800 |
| 办公费 | | | | 780 |
| 取暖费 | | | | 1230 |

续表

| 项目 | 本年计划 | 上年同期实际数 | 本月实际数 | 本年累计实际 |
|---|---|---|---|---|
| 水电费 | | | | 1430 |
| 机物料消耗 | | | | 2790 |
| 低值易耗品摊销 | | | | 680 |
| 劳动保护费 | | | | 780 |
| 租赁费 | | | | 0 |
| 运输费 | | | | 540 |
| 保险费 | | | | 4100 |
| 设计制图费 | | | | 1500 |
| 试验检验费 | | | | 800 |
| 在产品盘亏和毁损（或盘盈） | | | | 460 |
| 其他 | | | | 0 |
| 制造费用合计 | | | | 27 750 |

### 9.4.2　制造费用明细表的编制方法

此表应按照制造费用项目分别反映各该费用的本年计划数、上年同期实际数、本月实际数和本年累计实际数。其中：

"本年计划数"应根据成本计划中的制造费用计划填列；

"上年实际数"应根据上年同期制造费用明细表"本年累计实际数"填列；

"本月实际数"应根据"制造费用"账户所属各基本生产车间制造费用明细账的本月合计数汇总计算填列；

"本年累计实际数"填列自年初起至编报月末止的累计实际数。应根据各车间制造费用明细账的本月末累计数汇总计算填列。或根据本月实际数加上期本表的本年累计实际数填列。

做中学

- - - - - - - - - - - - - - - - - - - - - - - - - - - - - - - - - - - - - - - - - - -

【业务操作9.3】石家庄海华工厂2013年12月生产车间制造费用有关资料如表9-10

所示。

表 9-10　制造费用明细资料

2013 年 12 月　　　　　　　　　　　　　　　　　　　　　　　　　　单位：元

| 项目 | 12 月份资料 | | | 1—11 月份实际累计 |
|---|---|---|---|---|
| | 上年同期实际 | 本月计划 | 本月实际 | |
| 职工薪酬 | 2655 | 2712 | 2769 | 30 280 |
| 办公费 | 700 | 800 | 800 | 9200 |
| 折旧费 | 3000 | 3300 | 3350 | 36 860 |
| 修理费 | 1040 | 1160 | 1180 | 12 440 |
| 运输费 | 1380 | 1500 | 1300 | 15 700 |
| 租赁费 | 450 | 600 | 650 | 7400 |
| 保险费 | 700 | 800 | 820 | 9120 |
| 水电费 | 400 | 500 | 500 | 5460 |
| 劳动保护费 | 300 | 400 | 430 | 4880 |
| 机物料消耗 | 180 | 210 | 220 | 2470 |
| 其他 | 127 | 153 | 170 | 1400 |
| 合计 | 10 932 | 12 135 | 12 189 | 135 210 |

业务要求：编制海华工厂 2013 年 12 月份制造费用明细表（表 9-11）。

表 9-11　制造费用明细表

编制单位：北方工具厂　　　　　　　　2013 年 12 月　　　　　　　　单位：元

| 费用项目 | 行次 | 本月计划 | 上年同期实际 | 本月实际 | 本年累计实际 |
|---|---|---|---|---|---|
| 职工薪酬 | 1 | | | | |
| 办公费 | 2 | | | | |
| 折旧费 | 3 | | | | |
| 修理费 | 4 | | | | |
| 运输费 | 5 | | | | |

续表

| 费用项目 | 行次 | 本月计划 | 上年同期实际 | 本月实际 | 本年累计实际 |
|---|---|---|---|---|---|
| 租赁费 | 6 | | | | |
| 保险费 | 7 | | | | |
| 水电费 | 8 | | | | |
| 劳动保护费 | 9 | | | | |
| 机物料消耗 | 10 | | | | |
| 其他 | 11 | | | | |
| 合计 | 12 | | | | |

## 9.5　成本报表分析

| 学习任务单 | | | |
|---|---|---|---|
| 本单元标题：9.5　成本报表分析 | | | |
| 重点难点 | 成本分析的意义；<br>各种成本分析的方法；<br>影响企业各项成本指标计划完成情况的原因分析 | | |
| 教学目标 | 能力（技能）目标 | 知识目标 | 素质目标 |
| | （1）能对全部产品生产成本表进行分析；<br>（2）能对主要产品单位成本表进行分析；<br>（3）能对各类费用明细表进行分析； | （1）全部产品生产成本表的常规分析方法；<br>（2）主要产品单位成本表的常规分析方法；<br>（3）各类费用明细表的常规分析方法； | （1）工作耐心细致；<br>（2）思维严谨，逻辑清晰 |
| 能力训练任务及案例 | 分析全部产品生产成本表、主要产品单位成本表及费用明细表 | | |
| 教学资源 | 教师：课本、课件、单元教学设计、整体教学设计 | | |
| | 实训条件：教学多媒体设备，手工会计用品 | | |

　　成本报表分析属于事后分析。它以成本报表所提供的、反映企业一定时期成本水平和构成情况的资料和有关的计划、核算资料为依据，运用科学的分析方法，通过分析各项指标的变动以及指标之间的相互关系，揭示企业各项成本指标计划的完成情况和原因，从而对企业一定时期的成本工作情况获得比较全面的、本质的认识。

### 9.5.1 成本报表分析的作用

企业进行成本分析，就是为了改进企业内部生产经营管理，节约生产耗费，降低成本，提高经济效益。成本分析的意义在于：

（1）可以检查企业成本计划的完成情况，分析原因，并对成本计划本身和成本计划执行结果进行评价，为以后的成本管理服务。

（2）可以明确生产各部门各环节的成本管理责任，有利于考核和评估其管理业绩。

（3）可以促使企业不断降低成本，节约费用，从而提高产品在市场上的竞争力。

（4）可以为企业编制成本计划、预算和进行经营决策提供可靠的依据。

### 9.5.2 成本报表分析的方法

1. 比较分析法

比较分析法也称对比分析法。它是通过实际数与基数的对比来揭示实际数与基数之间的差异，借以了解经济活动的成绩和问题的一种分析方法。它是成本分析中最简便、运用范围最广泛的一种方法。

在成本分析中运用比较分析法，主要有以下几种对比方式：

（1）实际数与计划数对比。主要了解企业计划完成情况，找出脱离计划的差距和产生差距的原因。

（2）报告期实际数与基期实际数据对比。基期实际数据可以是本企业上期、上年同期或历史上最好水平。主要是了解企业成本动态变化，找出差距，总结经验，进而改进企业成本管理工作。

（3）企业与同类先进企业的相同指标实际数据相对比。主要是了解企业与国内外先进企业之间的差距，以便采取措施，挖掘潜力，提高企业在同行业中的竞争力。

比较分析法是一种绝对数分析法，一般适用于同类型企业、同类指标进行对比分析。采用此法进行成本分析时，必须注意指标间的可比性，注意指标计算的口径，计价的基础是否一致等。在进行与同类先进企业进行对比时，要注意它们在技术经济上的可比性。

## 学中做

【例9-2】石家庄海华工厂对生产的 A 产品单位消耗材料进行分析，编制产品材料消耗对比表，如表 9-12 所示。

表 9-12　甲产品材料消耗比较分析表

产品名称：甲产品　　　　　　　　　2013 年 12 月 31 日　　　　　　　　　单位：元

| 指标 | 上年实际 | 本年 | | 先进企业实际 | 差异 | | |
|---|---|---|---|---|---|---|---|
| | | 计划 | 实际 | | 比计划 | 比上年 | 比先进 |
| 材料消耗 | 60 | 58 | 56 | 52 | −2 | −4 | 4 |

由表 9-12 可知，甲产品的材料消耗量本年实际比计划、比上年实际都有所降低，但与先进水平相比还有较大差距，说明在降低材料消耗方面企业还有很大潜力可挖。

2．比率分析法

比率分析法是指通过计算和对比经济指标的比率，进行数量分析的一种方法。采用这一方法，先要将对比的数值变成相对数，求出比率，然后再进行对比分析。一般有以下三种形式：

（1）相关比率。

即将两个性质不同而又相关的指标进行对比相除，得出各种指标的比率，并据以分析成本管理活动的质量、水平和结构。在实际的工作中，由于各个企业的规模不同，单纯采用比较分析法进行对比，很难说明企业经济效益和成本管理的优劣。如将利润与成本相比计算的成本利润率，可以反映每耗费一元成本所获得的盈利额。其计算公式为

相关比率=（某项经济指标的绝对数值/另一有联系的经济指标的绝对值）×100%

（2）构成比率。

主要是计算某项指标的各个组成部分在总体中所占的比重，即部分与总体的比率，进行数量分析构成内容的变化，以便进一步掌握该项经济活动的特点和变化趋势。通过计算分析，了解这些构成变化与技术改造、经营管理之间的相互关系，从而确定加强管理的重点。其计算公式为

某项结构比率=（某项经济指标的部分数值/某项经济指标的总体数值）×100%

（3）趋势比率。

指对某项经济指标不同时期数值进行对比，求出比率，揭示该项成本指标发展方向和增减速度，以观察成本费用的变化趋势的一种分析方法，也称为动态比率分析法。主要有两种形式：

① 定基比率。也称为定基发展速度，就是将报告期水平与某一固定基期水平相除，用来反映现象在较长时间内变化的相对程度。其计算公式为

定基发展速度＝（报告期发展水平/某一固定基期水平）×100%

② 环比比率。也称为环比发展速度，就是将报告期水平与其前一期的发展水平相除，用来反映现象在相应的时期内变化的相对程度。其计算公式为

环比发展速度＝（报告期水平/前一期发展水平）×100%

通过比率计算，把一些平时不可比的企业变成可比的企业，可以为外部或内部决策者在选择决策方案时进行比较分析。但其也存在不足，指标比率只反映比值，不能说明其绝对数额的变动；且同比较分析法一样，无法说明指标变动的具体原因，达不到成本分析的目标。

3. 因素分析法。

因素分析法是依据分析指标与其影响因素之间的关系，确定各因素对各分析指标影响程度的一种技术方法。

连环替代法是因素分析法的一种主要形式，是根据因素之间的内在依存关系，依次测定各因素变动对经济指标差异影响的一种分析方法。运用此方法可以测算各因素的影响程度，有利于查明原因，分清责任，评估业绩，并针对问题提出相应的措施，可解决比较分析法和比率分析法无法说明和解决的问题。

（1）连环替代法的程序。

① 确定分析指标与其影响因素之间的关系。确定分析指标与其影响因素之间的关系，通常采用指标分解法，即将经济指标在计算公式的基础上进行分解或扩展，得出各影响因素与分析指标之间的关系式。如对于材料费用指标，要确定它与影响因素之间的关系，可分解为：

材料费用＝产品产量×单位产品材料费用

＝产品产量×单位产品材料消耗量×材料单价

分析指标与影响因素之间的关系式，既说明哪些因素影响分析指标，又说明这些因素与分析指标之间的关系及顺序。如上式中影响材料费用的有产品产量、材料消耗和材料单价三个因素。它们都与材料费用成正比关系。它们的排列顺序是：产品产量在先，其次是材料消耗，最后是材料单价。

注意各因素排列的顺序：要根据指标与各因素的内在联系加以确定，一般是数量因素排列在前，质量因素排列在后；用实物与劳动量表示的因素排列在前，用货币表示的因素排列在后；主要因素与原始因素排列在前，次要因素与派生因素排在后。

②　根据分析指标的报告期数值与基期数值列出关系式或指标体系，确定分析对象。如材料费用的指标体系是：

基期材料费用=基期产品产量×基期材料单耗×基期材料单价

实际材料费用=实际产品产量×实际材料单耗×实际材料单价

分析对象（材料费用差异额）=实际材料费用-基期材料费用

③　连环顺序替代，计算替代结果。连环顺序替代，就是以基期指标体系为计算基础，用实际指标体系中的每一因素的实际数顺序地替代其相应的基期数。每进行一次替代，替代的实际数保留下来。有几个因素就替代几次，并相应确定计算结果。

④　比较各因素的替代结果，确定各因素对分析指标的影响程度。比较替代结果是连环进行的，即将每次替代所计算的结果与这一因素被替代前的结果进行对比，二者的差额就是替代因素对分析对象的影响程度。

⑤　检验分析结果。即将各因素对分析指标的影响额相加，其代数和应等于分析对象。如果二者相等，说明分析结果可能是正确的；如果二者不相等，则说明分析结果一定是错误的。

（2）因素分析法的计算原理。

连环替代法的程序和原理也可用简单的数学公式表示。

设某一经济指标 $N$ 是由相互联系的 $a$、$b$、$c$ 三个因素组成（假定该经济指标是以组成因素的乘积的形态出现），其计划指标 $N_0$ 是由 $a_0$、$b_0$、$c_0$ 三个因素综合影响的结果，其实际指标 $N_1$ 是由 $a_1$、$b_1$、$c_1$ 三个因素综合影响的结果，即：

$$N_0 = a_0 \times b_0 \times c_0 \qquad\qquad (1)$$

$$N_1 = a_1 \times b_1 \times c_1 \qquad\qquad (2)$$

该指标实际脱离计划差异 $d = (N_1 - N_0)$ 同时受 $a$、$b$、$c$ 三个因素变动的影响。现在要测定各因素变动对 $N$ 的影响，必须补充两个中间环节。

假定变动 $a$ 因素

$$N_2 = a_1 \times b_0 \times c_0 \qquad\qquad (3)$$

在 $a$ 因素变动的基础上再变动 $b$ 因素

$$N_3 = a_1 \times b_1 \times c_0 \qquad\qquad (4)$$

这样就可以计算各个因素的影响程度，计算结果是：

式（3）-式（1）= $N_2 - N_0$，是由 $a_0 - a_1$ 产生的影响。

式（4）−式（3）=$N_3-N_2$，是由 $b_0-b_1$ 产生的影响。

式（2）−式（4）=$N_1-N_3$，是由 $c_0-c_1$ 产生的影响。

把各个因素加以综合

（$N_2-N_0$）＋（$N_3-N_2$）＋（$N_1-N_3$）=$N_1-N_0$= $d$

下面举例说明连环替代法的步骤和应用。

 **学中做**

- - - - - - - - - - - - - - - - - - - - - - - - - - - - - - - - - - - - - - - - - - - - - -

【例 9-3】假设石家庄海华工厂有关产量、单位产品材料消耗量、材料单价及材料费用总额资料如表 9-13 所示。

表 9-13　甲产品材料成本资料

| 指标 | 单位 | 计划数 | 实际数 |
| --- | --- | --- | --- |
| 产品产量 | 件 | 90 | 100 |
| 单位产品材料消耗量 | 公斤 | 7 | 6 |
| 材料单价 | 元 | 4 | 5 |
| 材料费用总额 | 元 | 2520 | 3000 |

要求：采用连环替代法计算各因素变动对材料费用总额的影响程度。

根据表 9-13 中的资料采用连环替代法计算分析如下：

分析对象：3000 −2520=480（元）

材料费用总额计划指标：　　　　90×7×4=2520（元）　　　　　　　　　（1）

第一次替代：　　　　　　　　100×7×4=2800（元）　　　　　　　　　（2）

第二次替代：　　　　　　　　100×6×4=2400（元）　　　　　　　　　（3）

第三次替代（实际指标）：　　100×6×5=3000（元）　　　　　　　　　（4）

（2）−（1）=2800−2520=280（元）　　　　　　产量增加的影响

（3）−（2）=2400−2800=−400（元）　　　　　材料单位消耗的节约的影响

（4）−（3）=3000−2400=600（元）　　　　　　材料单价提高的影响

280−400+600=480（元）　　　　　　　　　全部因素的影响

可见，虽然单位产品材料消耗量降低使直接材料费用节约 400 元，但由于产量增加和材料单价升高使直接材料费用增多 880 元，最终使直接材料费用总额超支 480 元。应进一步分析查明材料价格升高的原因。

（3）应用连环替代法应注意的问题。

连环替代法作为因素分析方法的主要形式，在实践中主要用于分析计算综合经济指标变动的原因及其各因素影响程度。但该方法也有一定的局限性，在应用的过程中必须注意以下几个问题：

① 因素分解的相关性。所谓因素分解的相关性，是指分析指标与其影响因素之间必须真正相关，即有实际经济意义，各影响因素的变动确实能说明分析指标差异产生的原因。这就需要我们在因素分解时，根据分析的目的和要求，确定合适的因素分解式，以找出分析指标变动的真正原因。

② 分析前提的假定性。所谓分析前提的假定性，是指分析某一因素对经济指标差异的影响时，必须假定其他因素不变，否则就不能分清各单一因素对分析对象的影响程度。一般在分析数量指标时，质量指标固定在基期；分析质量指标时，数量指标固定在报告期。且并非分解的因素越多越好，而应根据实际情况，具体问题具体分析，尽量减少相互影响较大的因素再分解。

③ 替换因素的顺序性。因素分解不仅要准确，而且因素排列顺序不能交换，不存在乘法交换率问题。因为分析前提假定性的原因，按不同顺序计算的结果是不同的。传统的方法是依据数量指标在前，质量指标在后的原则进行排列。

④ 替代因素的连环性。连环替代法是严格按照各因素排列顺序逐次以一个因素的实际数替换其基数。除第一次替换外，每个因素的替换都是在前一个因素替换的基础上进行的。只有保持这一连环性，才能使所计算出来的各因素的影响等于所要分析的综合经济指标的总差异。

4. 差额分析法

差额分析法是直接利用各因素的实际数和基期数之间差额计算确定各因素变动对综合指标影响程度的方法，是因素分析法的简化形式。

学中做

- - - - - - - - - - - - - - - - - - - - - - - - - - - - - - - - - - - - - - - - - - -

【例 9-4】仍以【例 9-3】的资料，采用差额计算法测算如下：

1. 分析对象：3000−2520=480（元）

2．各因素影响程度：

（1）产量变动的影响＝（100-90）×7×4=280（元）

（2）单位产品材料消耗量变动的影响=100×（6-7）×4=-400（元）

（3）材料单价变动的影响=100×6×（5-4）=+600（元）

合计：280-400+600=480（元）

可见，差额计算法与连环替代法的计算分析结果完全相同。由于此方法计算简便，在实际中应用比较广泛，特别是对只有两个影响因素的经济指标进行分析时更为适用。

### 9.5.3　商品产品成本报表的分析

商品产品成本表的分析，就是要揭示商品产品总成本计划的完成情况，找出影响成本升降的因素，确定各个因素对成本计划完成情况的影响程度，进一步挖掘降低成本的潜力，为寻求降低成本途径指明方向。商品产品成本表的分析主要包括商品产品成本计划完成情况分析和可比产品成本分析。

1．商品产品成本计划完成情况的分析

商品产品成本计划完成情况分析，主要分析本期全部产品的实际总成本与计划总成本的升降情况，分析和研究升降的原因，为进一步寻求降低成本的途径和措施提供线索。在实际工作中，分析商品产品总成本计划完成情况，可以从产品类别和成本项目两个方面进行。

（1）按产品类别分析全部产品成本计划完成情况

按产品类别分析全部产品成本计划完成情况，可以确定全部产品的实际成本脱离计划成本的差异，查明差异主要是由哪几种产品造成的，以便采取措施，挖掘降低成本的潜力。

## 学中做

--------

【例9-5】以表9-1所列的石家庄海华工厂2013年12月份商品产品成本报表资料为列，说明按产品类别分析全部产品成本计划完成情况的方法。

（1）将全部产品的实际总成本与计划总成本进行对比，确定实际总成本比计划总成本的成本降低额与成本降低率。

成本降低额=计划总成本-实际总成本

$$=\Sigma[实际产量\times（计划单位成本-实际单位成本）]$$

$$=31\,650-33\,100=-1450$$

计划总成本=$\Sigma$（各种产品实际产量×各该产品计划单位成本）

$$成本降低率=\frac{成本降低额}{全部产品计划总成本}\times100\%$$

$$=\frac{-1450}{31\,650}\times100\%=-4.58\%$$

（2）按产品类别分析考核可比产品和不可比产品成本计划完成情况，分别计算可比产品和不可比产品的成本降低额和降低率。

可比产品成本降低额=可比产品计划总成本-可比产品实际总成本

$$=26\,400-27\,800=-1400（元）$$

$$可比产品成本降低率=\frac{可比产品成本降低额}{可比产品计划总成本}\times100\%$$

$$=\frac{-1400}{26\,400}\times100\%=-5.3\%$$

不可比产品成本降低额=不可比产品计划总成本-不可比产品实际总成本

$$=5250-5300=-50（元）$$

$$不可比产品成本降低率=\frac{不可比产品成本降低额}{不可比产品计划总成本}\times100\%$$

$$=\frac{-50}{5250}\times100\%=-0.95\%$$

（3）按每种产品考核其成本计划的完成情况，计算每种产品的降低额和降低率。根据计算结果编制全部商品产品成本计划完成情况表，如表 9-14 所示。

表 9-14　全部商品产品成本计划完成情况表（按产品类别）

| 产品名称 | 单位 | 产量 | | 单位成本 | | | 总成本 | | | 降低指标 | |
|---|---|---|---|---|---|---|---|---|---|---|---|
| | | 计划 | 实际 | 上年 | 计划 | 实际 | 按上年计算 | 按计划计算 | 按实际计算 | 降低额 | 降低率 |
| 可比产品 | | | | | | | 28 000 | 26 400 | 27 800 | -1400 | -5.3% |
| A | 台 | 180 | 200 | 65 | 62 | 61 | 13 000 | 12 400 | 12 200 | 200 | 1.61% |
| B | 台 | 100 | 100 | 150 | 140 | 156 | 15 000 | 14 000 | 15 600 | -1600 | -11.43% |
| 不可比产品 | | | | | | | | 5250 | 5300 | -50 | -0.95% |
| C | 件 | | 50 | | 105 | 106 | | 5250 | 5300 | -50 | -0.95% |
| 全部商品产品 | | | | | | | | 31 650 | 33 100 | -1450 | -4.58% |

从以上分析中可以看出，该企业全部商品产品未能完成成本降低任务，实际成本比

计划成本超支 1450 元，成本降低率为-4.58%。其中，可比产品总成本超支 1400 元。降低率为-5.3%，不可比产品成本超支 50 元，降低率为-0.95%。在可比产品成本中，B 产品成本比计划成本超支了 1600 元，A 产品成本较计划成本降低了 200 元。显然，对产品成本进行进一步分析的重点，是查明 B 产品超支的原因。

（2）按成本项目分析全部产品成本计划完成情况

该种分析是将全部商品产品的总成本按成本项目汇总，以实际总成本的成本项目构成与计划总成本的成本项目构成进行对比，确定每个成本项目的降低额和降低率。

 学中做

【例 9-6】仍以表 9-1 资料为例，假设石家庄海华工厂 2013 年度生产的全部商品产品成本的各成本项目的计划与实际构成情况，如表 9-15 所示。

表 9-15　全部商品产品成本计划完成情况表（按成本项目类别）

| 成本项目 | 全部商品产品成本 | | 降低指标 | |
| --- | --- | --- | --- | --- |
| | 计划 | 实际 | 降低额 | 降低率 |
| 直接材料 | 21 300 | 24 000 | -2700 | -12.68% |
| 直接人工 | 6200 | 5360 | 840 | 13.55% |
| 制造费用 | 4150 | 3740 | 410 | 9.88% |
| 生产成本 | 31 650 | 33 100 | -1450 | -4.58% |

从上表可以看出，全部商品产品总成本超支的原因，主要是直接材料成本项目超支造成的，而直接人工和制造费用等成本项目是降低的。所以，还需要进一步对各成本项目进行分析，特别是直接材料成本项目。通过分析找出成本超支和降低的具体原因。

2．可比产品成本降低任务完成情况的分析

可比产品成本降低任务，是指本年度可比产品计划总成本与按上年实际单位成本计算的产品总成本进行对比所要求达到的降低额和降低率。可比产品成本降低任务完成情况分析，就是将可比产品的实际总成本比上年实际总成本的降低额和降低率与成本计划中确定的降低额和降低率进行对比，以检查可比产品成本降低任务的完成情况，分析各项因素的影响程度，提出改进措施。若实际的成本降低额和降低率等于或大于后者，说

明完成或超额完成了任务，反之，则说明没有完成。

可比产品成本计划降低额和计划降低率、实际降低额和实际降低率的计算公式如下：

计划成本降低额＝Σ[计划产量×（上年实际单位成本-计划单位成本）]

$$计划成本降低率 = \frac{计划成本降低额}{\Sigma(计划产量 \times 上年实际单位成本)} \times 100\%$$

实际成本降低额＝Σ[实际产量×（上年实际单位成本-本年实际单位成本）]

$$实际成本降低率 = \frac{实际成本降低额}{\Sigma(实际产量 \times 上年实际单位成本)} \times 100\%$$

在计算确定可比产品成本的计划降低额和降低率、实际降低额和降低率的基础上，通过实际成本降低额与计划成本降低额、实际成本降低率与计划成本降低率进行对比，确定实际成本降低额和降低率脱离计划成本降低额和降低率的差异，明确计划完成情况。

 学中做

- - - - - - - - - - - - - - - - - - - - - - - - - - - - - - - - - - - - - - - - - - - - - - - -

【例9-7】承表9-1资料，石家庄海华工厂生产A、B两种可比产品，该公司确定的可比产品成本降低计划如表9-16所示。其成本降低任务完成情况如表9-17所示。

表 9-16　可比产品成本降低任务表

2013 年　　　　　　　　　　　　　　　　　　　　　　　　　　　　　　　　　　　　　　　　单位：元

| 可比产品名称 | 计划产量 | 单位成本 | | 总成本 | | 计划成本降低任务 | |
|---|---|---|---|---|---|---|---|
| | | 上年 | 计划 | 上年 | 计划 | 降低额 | 降低率 |
| A | 180 | 65 | 62 | 11 700 | 11 160 | 540 | 4.62% |
| B | 100 | 150 | 140 | 15 000 | 14 000 | 1000 | 6.67% |
| 合计 | 280 | | | 26 700 | 25 160 | 1540 | 5.77% |

表 9-17　可比产品成本降低任务完成情况分析表

2013 年　　　　　　　　　　　　　　　　　　　　　　　　　　　　　　　　　　　　　　　　单位：元

| 可比产品名称 | 实际产量 | 单位成本 | | | 总成本 | | | 降低情况 | |
|---|---|---|---|---|---|---|---|---|---|
| | | 上年 | 计划 | 实际 | 上年 | 计划 | 实际 | 降低额 | 降低率 |
| A | 200 | 65 | 62 | 61 | 13 000 | 12 400 | 12 200 | 800 | 6.15% |
| B | 100 | 150 | 140 | 156 | 15 000 | 14 000 | 15 600 | −600 | −4% |
| 合计 | 300 | | | | 28 000 | 26 400 | 27 800 | 200 | 0.71% |

从表 9-16 中可知，该厂可比产品成本计划降低额为 1540 元，计划降低率为 5.77%。通过表 9-17 的计算得知，该厂可比产品成本实际降低额为 200 元，降低率为 0.71%。

从总体上看出，该厂的可比产品成本计划降低额和成本计划降低率均未完成。针对可比产品而言，A 产品计划成本降低额为 540 元，实际成本降低额为 800 元；计划成本降低率 4.62%，实际成本降低率 6.15%；成本降低额和降低率计划均超额完成。而 B 产品的计划成本降低额和降低率分别为 1000 元和 6.67%，执行的结果不但没有降低成本，反而超支了 600 元，成本降低率为 -4%。

实际脱离计划差异如下：

降低额=200－1540=－1340（元）

降低率=0.71%－5.77%= －5.06%

由此可见，本期可比产品成本降低额和降低率都没有完成计划。为此，应对成本降低计划执行情况做进一步的分析。

影响可比产品成本降低任务完成情况的因素有三个：可比产品的产量变动、可比产品的品种结构变动和可比产品单位成本变动。

（1）产量变动。

成本降低计划是根据计划产量制订的，实际降低额和降低率是根据实际产量计算的。因此，产量的增减必然会影响可比产品成本降低计划的完成情况。但是，产量变动影响有其特点：假定其他条件不变（即产品品种构成和产品单位成本不变），单纯产量变动，只影响成本降低额，不影响成本降低率。

产品产量变动对可比产品总成本降低额的影响可采用差额分析法进行分析。其计算公式如下：

产品产量变动对成本降低额影响=[Σ（实际产量×上年单位成本）-Σ（计划产量×上年单位成本）]×计划降低率

根据表 9-16 和表 9-17 的资料计算如下：

产品产量变动对成本降低额的影响=（28 000－26 700）×5.77%=75.01（元）

由于产品产量变动使实际成本降低额比计划多 75.01 元。

产品产量变动不影响成本降低率。

（2）品种结构变动。

全部可比产品成本降低率实质上是以各种产品的个别降低率为基础的，以各种产品的产量比重（即品种结构）为权数计算的平均成本降低率。由于各种产品的产量比重不同，因而各种产品成本降低的幅度也不相同。由于产品的成本降低程度不同，如果成本降低程度大的产品在全部可比产品产量中所占比重比计划提高，全部可比产品成本降低额和降低率的计划完成程度就会增大；相反，则会缩小。其计算公式如下：

产品品种结构变动对成本降低额的影响＝∑[按上年实际单位成本计算的实际总成本×（某产品实际产品结构－该产品计划产品结构）×该产品的计划成本降低率]

$$某产品的产品结构=\frac{该产品产量×该产品上年实际单位成本}{\sum(某产品产量×某产品上年实际单位成本)}×100\%$$

## 学中做

----------------------------------------------------------------

【例 9-8】根据表 9-16、表 9-17 所示，计算可比产品品种结构变动对成本降低计划的影响如下：

（1）A、B 可比产品的计划产品品种结构分别为：

A 产品比重＝$\frac{11\,700}{26\,700}$×100%=43.82%

B 产品比重＝$\frac{15\,000}{26\,700}$×100%=56.18%

（2）A、B 可比产品的实际产品品种结构分别为：

A 产品比重＝$\frac{13\,000}{28\,000}$×100%=46.43%

B 产品比重＝$\frac{15\,000}{28\,000}$×100%=53.57%

（3）结构变动对成本降低额的影响为：

A 产品结构变动的影响=28 000×（46.43%–43.82%）×4.62% = 33.76（元）
B 产品结构变动的影响=28 000×（53.57%–56.18%）×6.67%= –48.74（元）
合计：33.76–48.74= –14.98（元）

（4）结构变动对成本降低率的影响=

$$产品品种结构变动对成本降低率的影响=\frac{产品品种结构变动对成本降低额的影响}{\sum(某产品实际产量×某产品上年实际单位成本)}×100\%$$

$$=\frac{-14.98}{28000}×100\%= -0.05\%$$

（5）单位成本变动：

可比产品成本计划降低额是本年计划成本比上年实际成本的降低数；而实际降低额则是本年实际成本比上年实际成本的降低数。因此，当本年可比产品实际单位成本比计划单位成本降低或升高时，必然会引起成本降低额和降低率的变动。

在其他因素保持不变的前提下，单位产品成本的变动正好与成本降低额和成本降低率相反。产品实际单位成本比计划降低得越多，成本降低额和降低率就越大，反之，就越小。

 **学中做**

**【例9-9】** 以表9-17中的资料为例，运用公式计算如下：

单位成本的变动对成本降低额的影响=

[∑（某产品的实际产量×该产品计划单位成本）−∑（某产品的实际产量×该产品实际单位成本）]=26 400−27 800= −1400 （元）

单位成本的变动对成本降低率的影响=

$$\frac{\text{单位成本变动对成本降低额的影响}}{\sum(\text{某产品实际产量} \times \text{某产品上年实际单位成本})} \times 100\%$$

$$=\frac{-1400}{28000} \times 100\% = -5.0\%$$

通过计算可以看出，单位产品成本变动对成本降低额的影响值为−1400元，对成本降低率的影响为−5.0%。

将各因素对成本降低计划的影响结果进行汇总，如表9-18所示。

表9-18　各因素对成本降低额和降低率的影响

2013年　　　　　　　　　　　　　　　　　　　　　　　　　　　　单位：元

| 影响因素 | 影响程度 | |
|---|---|---|
| | 降低额 | 降低率（%） |
| 产品产量变动 | 75.01 | 0 |
| 产品品种结构变动 | −14.98 | −0.05 |
| 产品单位成本变动 | −1400 | −5 |
| 合计 | −1340 | −5.05 |

根据计算可对石家庄海华工厂2013年度可比产品成本降低任务完成情况做出评价。该企业的可比产品成本降低任务未能完成，计划成本降低额为1540元，实际成本降低额仅为200元，未完成成本降低额1340元；成本降低率为0.71%，脱离计划5.05%。

就具体产品而言，A产品的成本降低任务完成良好，而B产品成本降低计划未能完成。从具体影响因素分析，造成实际成本超支的根本原因是产品单位成本提高，特别是 B 产品，实际单位成本比计划单位成本提高了 16 元之多，单项超支 1600 元，应进一步查明原因；产量变动使产品成本降低了 75.01 元；产品品种结构变动使产品成本超支了 14.98 元。这些说明该企业在成本管理方面取得了一定成绩，但尚需加强成本管理。

### 9.5.4　主要产品单位成本报表的分析

主要产品是指企业经常生产、在企业全部产品中所占比重较大，能概括反映企业生产经营面貌的那些产品。

主要产品单位成本表是反映企业在报告期内生产的各种主要产品单位成本水平和构成情况的报表。该表应按主要产品分别编制，是对产品生产成本表（按产品种类反映）所列各种主要产品成本的补充说明。

利用此表，可以按照成本项目分析和考核主要产品单位成本计划的执行情况；可以按照成本项目将本月实际和本年累计实际平均单位成本，与上年实际平均单位成本和历史先进水平进行对比，了解单位成本的变动情况；可以分析和考核各种主要产品的主要技术经济指标的执行情况，进而查明主要产品单位成本升降的具体原因。

主要产品单位成本分析包括的内容是：主要产品单位成本计划完成情况的分析，产品单位成本项目的因素分析，技术经济指标对产品单位成本的影响分析。

1. 主要产品单位成本计划完成情况的分析

对主要产品单位成本计划完成情况分析，要依据产品单位成本各项目的实际数与计划数，确定其差异额和差额率以及各成本项目变动对单位成本计划的影响程度。

 学中做

【例 9-10】根据表 9-3 资料，对石家庄海华工厂的主要产品 B 产品的单位成本进行分析，比较分析表如表 9-19 所示。

表 9-19　B 产品单位成本分析表

单位：元

| 项目 | 计划成本 | 实际成本 | 升降情况 | | 各项目升降对单位成本的影响（%） |
| --- | --- | --- | --- | --- | --- |
| | | | 升降额 | 升降率（%） | |
| 直接材料 | 100 | 120 | 20 | 20 | 14.29 |
| 直接人工 | 25 | 23 | −2 | −8 | −1.43 |
| 制造费用 | 15 | 13 | −2 | −13.33 | −1.43 |
| 合计 | 140 | 156 | 16 | 11.43 | 11.43 |

从表 9-19 中可以看出，B 产品单位成本实际比计划的增加额为 16 元，降低率为 -11.43%，主要是直接材料成本超支导致，直接人工与制造费用比计划均有所降低。从降低额对单位成本的影响看，由于材料成本的上升，使 B 产品的单位成本有大幅增加，直接人工费用与制造费用的降低相对减缓了 B 产品单位成本上升的速度。说明企业在加强生产管理和提高劳动生产力方面取得了较好的成绩，但材料费用上升过快，需要查明其原因，并提出改进措施。

2．主要成本项目分析

（1）直接材料费用的分析。

直接材料费用的变动主要受单位产品材料消耗数量和材料价格两个因素的变动影响。

单位产品材料成本=∑（单位产品材料消耗量×材料单价）

其变动影响可用差额计算法计算如下：

单耗变动对单位材料成本的影响=∑［（实际单耗-计划单耗）×计划材料单价］

单价变动对单位材料成本的影响=∑［实际单耗×（实际材料单价-计划材料单价）］

 学中做

【例 9-11】根据海华工厂的主要产品单位成本表（表 9-3）所列 B 产品单位材料成本资料，整理后如表 9-20 所示。

表 9-20　B 产品单位材料成本资料

单位：元

| 材料名称 | 计划 | | | 实际 | | | 差异 | | |
|---|---|---|---|---|---|---|---|---|---|
| | 单耗（千克） | 材料单价 | 材料成本 | 单耗（千克） | 材料单价 | 材料成本 | 单耗（千克） | 单价 | 材料成本 |
| 甲材料 | 10 | 10 | 100 | 10.75 | 11.16 | 120 | 0.75 | 1.16 | 20 |
| 合计 | | | 100 | | | 120 | | | 20 |

根据表 9-20 的资料，分析计算 B 产品单位材料成本的变动情况。

分析对象=120-100=20（元）

单位材料成本=单耗材料数量×材料单价

单耗变动对单位材料成本的影响=（10.75-10）×10=7.5（元）

材料单价变动对单位材料成本的影响=10.75×（11.16-10）=12.5（元）

两因素影响合计：7.5+12.5=20（元）

　　上述分析说明，B产品材料成本实际比计划上升20元，是单耗与材料单价两个因素共同变动影响的结果。其中：单耗变动使单位材料成本比计划上升了7.5元，材料单价变动使单位材料成本比计划上升了12.5元。

　　单耗上升或下降，与企业的生产管理有关，需要进一步分析引起单耗变动的原因。通常而言，影响单耗变动的原因有：材料质量的变化、材料加工方式的改变、利用废料或代用材料、材料利用程度的变化、产品零部件结构的变化、废料回收情况，等等，应结合上述原因深入生产环节进行具体分析。

　　发生材料单价变动，同样要分析其升高的原因。影响材料单价变动的原因有：材料采购地点、采购方式、材料买价、运费、运输途中的损耗、材料入库前的逃选整理费用等因素的变动，这些原因既有主观的因素，又有客观的因素，也应结合具体情况加以深入分析。

　　（2）直接人工费用的分析。

　　在计件工资制度下，计件单价不变，单位成本中的工资耗用一般也不变，除非生产工艺或劳动组织方面有所改变，或者出现了问题。

　　在计时工资制度下，如果企业生产多种产品，产品成本中的人工费用一般是按生产工时比例分配计入的。这时，产品单位成本中人工费用的多少，取决于生产单位产品的工时消耗和每小时工资两个因素。生产单位产品消耗的工时越少，成本中分摊的工资费用也越少，而每小时工资的变动则受计时工资总额和生产工时总数的影响，其变动原因需从这两个因素的总体去查明。

　　因此，分析单位成本中的工资费用，应结合生产技术、工艺和劳动组织等方面的情况，重点查明单位产品生产工时和每小时工资变动的原因。

　　① 单一产品的人工成本的分析。当企业只生产一种产品时，单位产品的人工成本，是根据人工成本总额除以产品总量求得的，计算公式为：

$$单位产品人工成本 = \frac{生产工人薪酬总额}{完工产品产量}$$

　　该种情况下，影响单位产品人工成本的因素只有两个，即工人薪酬因素和产品产量因素。两个因素变动对单位人工成本的影响，可用如下公式计算：

$$产品产量变动对单位产品人工成本的影响 = \frac{计划工人薪酬总额}{实际产品产量} - \frac{计划工人薪酬总额}{计划产品产量}$$

$$工人薪酬总额变动对单位产品人工成本的影响 = \frac{实际工人薪酬总额 - 计划工人薪酬总额}{实际产品产量}$$

**学中做**

---

【例 9-12】石家庄海华工厂一车间只生产一种甲产品，2013 年 12 月份产量、工时、工资资料如表 9-21 所示。

**表 9-21　甲产品产量、工时、工资资料**

编制单位：石家庄海华工厂　　　　　　　　　　　　　　　　　　　　　2013 年 12 月

| 项目 | 计划 | 实际 | 差异 |
|---|---|---|---|
| 产量 | 500 | 600 | 100 |
| 工资总额 | 15 000 | 15 600 | +600 |
| 单位产品人工费用 | 30 | 26 | -4 |

从表 9-21 中可以看出，甲产品 12 月份单位产品中人工费用实际比计划节约 4 元。而其影响因素主要有两个，即产品产量和工资总额。具体影响分析如下：

产量变动的影响额＝（15 000/600）-（15 000/500）=-5（元）

工资总额变动的影响额＝（15 600/600）-15 000/600）=1（元）

两因素产生的共同影响=-5+1=-4（元）

人工成本总额的变动与企业工资政策、岗位定员、出缺勤等情况有关，所以应结合有关因素深入分析；产品总量的变动应结合企业生产和销售的具体情况进行分析。

② 多种产品的人工成本的分析。

在多数企业中，往往生产多种产品，各产品的人工费用一般按生产工时比例分配计入各种产品成本。因此，单位产品人工成本的高低取决于单位产品的生产工时和小时薪酬分配率这两个因素，其公式为：

单位产品人工成本=单位产品生产工时×小时工资率

每个因素变动对单位产品人工成本的影响，可以用下列公式计算：

单位产品工时变动对单位产品人工成本的影响=

（单位产品实际工时-单位产品计划工时）×计划小时薪酬率

小时薪酬率的变动对单位产品人工成本的影响=

单位产品实际工时×（实际小时薪酬率-计划小时薪酬率）

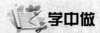
**学中做**

---

【例 9-13】根据石家庄海华工厂的主要产品单位成本表（表 9-3）所列 B 产品定额工

时和单位产品人工成本资料，整理后如表 9-22 所示。

表 9-22　B 产品单位产品人工费用分析资料

| 项目 | 计划 | 实际 | 差异 |
|------|------|------|------|
| 单位产品工时 | 8.5 | 8.2 | 0.3 |
| 小时薪酬率 | 2.94 | 2.8 | −0.14 |
| 单位产品人工费用 | 25 | 23 | −2 |

单位产品人工费用变动额=23−25=−2（元）

单位产品人工费用=生产工时×小时薪酬率

单位产品工时变动对单位工资成本的影响=（8.2−8.5）×2.94=−0.88（元）

小时薪酬率变动对单位工资成本的影响=8.2×（2.80−2.94）=−1.15（元）

两因素影响程度合计= −0.88+（−1.15）≈−2（元）

以上分析计算表明：该种产品直接人工费用节约 2 元，是由工时消耗节约和每小时的薪酬费用减少所致的，应当进一步查明单位产品工时消耗节约和每小时薪酬费用变动的原因。

单位产品所耗工时的节约，可能是由于改进了生产技术或工人提高了劳动的熟练程度，从而提高了劳动生产率的结果；每小时工资的提高，由于它受计时工资和生产工时总数两个因素的变动影响，因而应结合这两个因素的分析查明原因。

通过分析，企业若想降低产品的直接材料费用，应在生产车间加大改革生产工艺，加强成本管理，但决不能偷工减料，影响产品质量，破坏企业的信誉；也可以对材料价格实施监督管理，坚决杜绝由于企业采购人员不得力或是从中谋取私利，导致企业材料买价偏高或是材料运杂费增加。

（3）制造费用的分析。

制造费用在生产两种以上产品的企业是间接计入费用的，与生产工人计时工资一样，一般是根据生产工时等分配标准分配计入产品成本。因此，产品单位成本中制造费用的分析与计时工资制度下的直接人工费用分析相类似。

① 单一产品制造费用的分析。

企业只生产一种产品时，单位产品制造费用的因素分解公式为：

$$单位产品制造费用=\frac{制造费用总额}{完工产品产量}$$

上式中各因素变动对单位产品制造费用的影响的计算公式为：

$$产品产量变动对单位产品制造费用的影响=\frac{计划制造费用}{实际产品产量}-\frac{计划制造费用}{计划产品产量}$$

$$制造费用总额变动对单位产品制造费用的影响=\frac{实际制造费用总额-计划制造费用总额}{实际产品产量}$$

 学中做

- - - - - - - - - - - - - - - - - - - - - - - - - - - - - - - - - - - - - - - - - -

【例9-14】仍以石家庄海华工厂甲产品为例，有关资料如表9-23所示。

表9-23 海华工厂甲产品产量、制造费用资料

2013 年 12 月

| 项目 | 计划 | 实际 | 差异 |
|---|---|---|---|
| 产量 | 500 | 600 | +100 |
| 制造费用总额 | 8000 | 8400 | +400 |
| 单位产品制造费用 | 16 | 14 | −2 |

从表中可以看出，甲产品单位产品中制造费用实际比计划节约 2 元（14−16）。根据影响甲产品单位产品制造费用的两因素，即产量和制造费用总额，进行具体分析：

产量变动的影响额=（8000/600）−（8000/500）=−2.67（元）

制造费用总额变动的影响额=（8400−8000）/600=0.67（元）

两因素影响合计=−2.67+0.67=−2（元）

以上分析计算表明：甲产品单位成本中，制造费用节约 2 元，是由产量提高和制造费用总额增加所致，产量提高降低了单位产品制造费用 2.67 元，制造费用的增加使单位制造费用提高 0.67 元，应当再结合制造费用构成情况分析，查明制造费用增加的真正原因。

② 多种产品制造费用的分析。

企业生产多种产品，则单位产品的制造费用应按以下公式进行分析：

单位产品制造费用=单位产品生产工时×小时制造费用率

每个因素变动对单位制造费用的影响，可按以下公式计算：

单位产品工时变动对单位产品制造费用的影响=单位产品（实际工时单位产品−单位

产品计划工时）×计划小时费用率

小时费用率的变动对单位产品制造费用的影响＝单位产品实际工时×实际小时（费用率－计划小时费用率）

 **学中做**

- - - - - - - - - - - - - - - - - - - - - - - - - - - - - - - - - - - - - - - - - - - - - - - - -

【例9-15】根据石家庄海华工厂的主要产品单位成本表（表9-3）所列B产品定额工时和单位产品制造费用资料，整理后如表9-24所示。

表9-24  B产品单位产品制造费用分析资料

单位：元

| 项目 | 计划 | 实际 | 差异 |
|---|---|---|---|
| 单位产品工时 | 8.5 | 8.2 | −0.3 |
| 小时费用率 | 1.77 | 1.59 | −0.18 |
| 单位产品制造费用 | 15 | 13 | −2 |

根据表9-24对B产品单位产品制造费用进行分析如下：

单位产品制造费用变动额＝13−15＝−2（元）

单位产品制造费用＝生产工时×小时费用率

单位产品工时变动对单位制造费用的影响＝（8.2−8.5）×1.77≈−0.53（元）

小时薪酬率变动对单位制造费用的影响＝8.2×（1.59−1.77）≈−1.47（元）

两因素影响程度合计＝−0.53＋（−1.47）＝−2（元）

以上分析计算表明：B产品单位成本中，制造费用节约2元，是由工时消耗节约和每小时制造费用减少所致的，工时消耗节约是提高生产率的结果，制造费用的节约是加强日常制造费用控制的结果，应当结合制造费用构成情况分析，查明制造费用节约的真正原因。

在进行产品成本计划完成情况的分析中，还要注意以下问题：

第一，成本计划的正确性。如果计划不正确、不科学，就难以作为衡量的标准和考核的依据。尤其是不可比产品。

第二，成本核算资料的真实性。即使成本计划是正确的，而成本核算资料不真实，也难以正确评价企业成本计划的完成程度和生产耗费的经济效益。

第三，为了分清企业或车间在降低成本方面的主观努力和客观因素影响，划清经济责任，在评价企业成本工作时，应从实际成本中扣除客观因素和相关车间、部门工作的影响。

单位产品制造费用的分析方法，取决于车间生产的产品品种的多少。

 做中学

- - - - - - - - - - - - - - - - - - - - - - - - - - - - - - - - - - - - -

【业务操作9.4】业务资料：

1．石家庄海华工厂商品产品成本表资料（见任务9.2中【业务操作】编制的表9-4）。

2．全部商品产品成本项目构成资料如表9-25所示。

表9-25　全部商品产品成本项目构成资料

2013年　　　　　　　　　　　　　　　　　　　　　　　　　　　　　单位：元

| 成本项目 | 全部商品产品成本 | |
|---|---|---|
| | 计划 | 实际 |
| 直接材料 | 598 680 | 655 885 |
| 直接人工 | 249 450 | 219 560 |
| 制造费用 | 149 670 | 135 210 |
| 生产成本 | 997 800 | 1 010 655 |

业务要求：

（1）编制该厂全部商品产品生产成本计划完成情况分析表（表9-26、表9-27），并对全部商品产品生产成本计划完成情况进行分析。

（2）分析可比产品成本降低任务完成情况（表9-28、表9-29）。

表9-26　全部商品产品成本计划完成情况表（按产品类别）

编制单位：　　　　　　　　　　　2013年　　　　　　　　　　　单位：元

| 产品名称 | 单位 | 产量 | | 单位成本 | | | 总成本 | | | 降低指标 | |
|---|---|---|---|---|---|---|---|---|---|---|---|
| | | 计划 | 实际 | 上年 | 计划 | 实际 | 按上年计算 | 按计划计算 | 按实际计算 | 成本降低额 | 成本降低率 |
| 可比产品 | | | | | | | | | | | |
| 甲 | 件 | | | | | | | | | | |
| 乙 | 件 | | | | | | | | | | |
| 不可比产品 | | | | | | | | | | | |
| 丙 | 件 | | | | | | | | | | |
| 全部商品产品 | | | | | | | | | | | |

表 9-27 全部商品成本计划完成情况表（按成本项目类别）

编制单位 2013 年 单位：元

| 成本项目 | 全部商品产品成本 | | 降低指标 | |
|---|---|---|---|---|
| | 计划 | 实际 | 成本降低额 | 成本降低率 |
| 直接材料 | | | | |
| 直接人工 | | | | |
| 制造费用 | | | | |
| 生产成本 | | | | |

表 9-28 可比产品成本降低任务完成分析表（一）

编制单位： 2013 年 单位：元

| 可比产品名称 | 计划产量 | 单位成本 | | 总成本 | | 计划成本降低任务 | |
|---|---|---|---|---|---|---|---|
| | | 上年 | 计划 | 上年 | 计划 | 成本降低额 | 成本降低率 |
| 甲 | | | | | | | |
| 乙 | | | | | | | |
| 合计 | | | | | | | |

表 9-29 可比产品成本降低任务完成情况分析表（二）

编制单位： 2013 年 单位：元

| 可比产品名称 | 实际产量 | 单位成本 | | | 总成本 | | | 降低情况 | |
|---|---|---|---|---|---|---|---|---|---|
| | | 上年 | 计划 | 实际 | 上年 | 计划 | 实际 | 降低额 | 降低率 |
| 甲 | | | | | | | | | |
| 乙 | | | | | | | | | |
| 合计 | | | | | | | | | |

**做中学**

【业务操作 9.5】业务资料：

1. 石家庄海华工厂 2013 年主要产品单位成本表中有关数据（见任务 9.3 中【业务操作】编制的表 9-5）。

2. 该厂甲产品单耗资料如表 9-30 所示。

表 9-30　石家庄海华工厂甲产品单耗资料

2013 年　　　　　　　　　　　　　　　　　　　　　　　　　　　　　　　单位：元

| 成本项目 | 本年实际 | 本年计划 |
|---|---|---|
| 直接材料 | | |
| 消耗量（千克） | 12.50 | 12.50 |
| 单价（元/千克） | 23.52 | 24.00 |
| 直接工资 | | |
| 生产工时（小时） | 50 | 50 |
| 小时薪酬（元/小时） | 3.06 | 3.00 |
| 制造费用 | | |
| 生产工时（小时） | 50 | 50 |
| 小时费用（元/小时） | 2.52 | 2.60 |

业务要求：

根据上述资料对甲产品进行单位成本计划完成情况和单位成本项目变动情况分析，编制表 9-31～表 9-34，并做出简要的评价。

表 9-31　甲产品单位成本分析表

编制单位：　　　　　　　　　　　　　　2013 年　　　　　　　　　　　　　　单位：元

| 项目 | 计划成本 | 实际成本 | 升降情况 | | 各项目升降对单位成本的影响（%） |
|---|---|---|---|---|---|
| | | | 降低额 | 降低率（%） | |
| 直接材料 | | | | | |
| 直接人工 | | | | | |
| 制造费用 | | | | | |
| 合　计 | | | | | |

表 9-32　甲产品单位材料成本对比表

编制单位：　　　　　　　　　　　　　　2013 年　　　　　　　　　　　　　　单位：元

| 计划 | | | 实际 | | |
|---|---|---|---|---|---|
| 单耗（千克） | 材料单价 | 材料成本 | 单耗（千克） | 材料单价 | 材料成本 |
| | | | | | |

**表 9-33　甲产品单位人工费用对比表**

编制单位：　　　　　　　　　　　2013 年　　　　　　　　　　　单位：元

| 项目 | 计划 | 实际 | 差异 |
|---|---|---|---|
| 单位产品工时 | | | |
| 小时薪酬率 | | | |
| 单位产品工资成本 | | | |

**表 9-34　甲产品单位制造费用对比表**

编制单位：　　　　　　　　　　　2013 年　　　　　　　　　　　单位：元

| 项目 | 计划 | 实际 | 差异 |
|---|---|---|---|
| 单位产品工时 | | | |
| 小时制造费用 | | | |
| 单位制造费用 | | | |

## 想一想

1. 成本报表的概念和种类如何？
2. 产品生产成本表、主要产品单位成本表的结构和编制方法如何？
3. 成本分析的方法有哪些？